現代日本語文法

第8部 モダリティ

日本語記述文法研究会=編

＜参照文法＞紹介

　たいていの家には国語辞典があるが，文法書がおいてある書棚はまれである。漢字や単語とちがって，母語の文法について調べることは少ない。

　しかし，「会に出られる～会に出れる」（ラ抜きことば）や「先生にしかられた～先生からしかられた」のどちらが正しいかは，気になることがあるだろう。まして，日本語をまなんでいる外国人や，その教師なら，「山へ行く～山に行く」「雨が降ると～雨が降ったら」の違いを知りたいと思うはずである。そのようなときに，国語辞典をひくのと同じように参考にするのが，＜参照文法＞である。

　参照文法は網羅的であると同時に一貫した体系にしたがっている必要がある。各分野を記述するには大勢の協力が望ましいが，そうすると姿勢が一貫しない危険性がある。『現代日本語文法』の執筆陣は30人をこすにもかかわらず，大部分が寺村秀夫・仁田義雄という，すぐれた文法研究者の教え子であって，現在の日本で考えうる最適のグループといってよい。名実ともに日本語の参照文法といえるものは，これまで Samuel E. Martin "A Reference Grammar of Japanese"(1975) しかなかった。日本人の手で日本語で書かれた参照文法が今やっと出版されたことを，心からよろこぶ。

2003.4.25 宮島達夫

contents 目次

 はしがき xi
 凡例 xiii

第8部 モダリティ

第1章 モダリティの概観 1
第1節 モダリティとは 1
1. 命題とモダリティ 1
2. 命題・モダリティの区別と文の内部構造 2
3. モダリティの要件 3

第2節 モダリティの種類 4
1. 文の伝達的な表し分けを表すモダリティ 4
2. 事態に対するとらえ方を表すモダリティ 5
3. 先行文脈と文との関係づけを表すモダリティ
 6
4. 聞き手に対する伝え方を表すモダリティ 7

第3節 モダリティの相互関係 7
1. 表現類型のモダリティから見たモダリティの分化
 8
2. 情報系のモダリティの文における分化 8
3. 行為系のモダリティの文における分化 9
4. 感嘆のモダリティの文における分化 11

第4節 モダリティを十分にもたない文 12

第2章 表現類型のモダリティ 15
第1節 表現類型のモダリティとは 15
第2節 叙述のモダリティ 17
1. 叙述のモダリティとは 17
2. 平叙文の機能 17
3. 表出的な文 19

第3節	疑問のモダリティ	20
1.	疑問のモダリティとは	21
1.1	疑問文の性質	21
1.2	疑問文の分類	23
2.	否定疑問文	29
2.1	接続と形	29
2.2	意味と用法	30
3.	「のか」疑問文	32
3.1	接続と形	32
3.2	意味と用法	33
4.	そのほかの疑問文	34
4.1	疑いの疑問文	34
4.2	確認要求の疑問文	37
4.3	意志の疑問文	42
4.4	意見の疑問文	44
4.5	周辺的な疑問文	45
5.	質問以外の機能	49
5.1	納得	49
5.2	非難	49
5.3	反語解釈	50
第4節	意志のモダリティ	51
1.	意志のモダリティとは	52
2.	「しよう」	52
2.1	接続と形	52
2.2	意味と用法	53
3.	「する」	56
3.1	接続と形	56
3.2	意味と用法	56
4.	そのほかの意志のモダリティの形式	58
4.1	「つもりだ」	58
4.2	「気だ」	60
4.3	「まい」	60
第5節	勧誘のモダリティ	61
1.	勧誘のモダリティとは	62
2.	「しよう」	62

	2.1 接続と形	62
	2.2 意味と用法	63
3.	「しようか」	64
	3.1 接続と形	64
	3.2 意味と用法	64
4.	「しないか」	65
	4.1 接続と形	65
	4.2 意味と用法	65

第6節 行為要求のモダリティ ... 66

1. 行為要求のモダリティとは ... 66
2. 命令 ... 67
    - 2.1 「しろ」「しなさい」 ... 67
    - 2.2 そのほかの命令文 ... 69
3. 依頼 ... 71
    - 3.1 「てくれ」「てください」 ... 71
    - 3.2 「てくれないか」「てくれるか」「てもらえないか」「てもらえるか」 ... 72
    - 3.3 「して」 ... 74
    - 3.4 「てほしい」「てもらいたい」 ... 75
4. 許可・勧め・助言 ... 76
    - 4.1 「お〜ください」 ... 76
    - 4.2 「たら？」「といい」「方がいい」 ... 77
    - 4.3 「ことだ」 ... 78
5. 禁止 ... 79
    - 5.1 「するな」 ... 79
    - 5.2 そのほかの禁止文 ... 80

第7節 感嘆のモダリティ ... 82

1. 感嘆のモダリティとは ... 82
2. 文末名詞による感嘆文 ... 83
    - 2.1 修飾表現［実質名詞］！ ... 83
    - 2.2 ［名詞］の…［形容詞 - さ］！ ... 83
    - 2.3 ［名詞］の…修飾表現「こと」！ ... 84
3. 「なんと」による感嘆文 ... 85
    - 3.1 文末が「こと」で名詞化される場合 ... 86
    - 3.2 文末が「の」で名詞化される場合 ... 87

4.	感嘆文の周辺	88
4.1	疑いの疑問文から派生した詠嘆文	88
4.2	驚きを表す文	88

第3章 評価のモダリティ ... 91

第1節 評価のモダリティとは ... 91

1. 評価のモダリティの規定 ... 91
2. 評価のモダリティの主な形式と分類 ... 91
   - 2.1 形による分類 ... 91
   - 2.2 基本的意味による分類 ... 92
3. 評価のモダリティの形式の性質 ... 93
   - 3.1 形態についての性質 ... 93
   - 3.2 意味・機能の分化 ... 94

第2節 必要 ... 98

1. 「といい」「ばいい」「たらいい」 ... 98
   - 1.1 接続と形 ... 98
   - 1.2 意味と用法 ... 99
   - 1.3 形式間の違い ... 99
   - 1.4 関連する表現 ... 101
2. 「方がいい」 ... 102
   - 2.1 接続と形 ... 102
   - 2.2 意味と用法 ... 103
   - 2.3 ほかの形式との比較 ... 103
   - 2.4 関連する表現 ... 105
3. 「べきだ」 ... 105
   - 3.1 接続と形 ... 105
   - 3.2 意味と用法 ... 106
   - 3.3 ほかの形式との比較 ... 107
4. 「なくてはいけない」 ... 108
   - 4.1 接続と形 ... 108
   - 4.2 意味と用法 ... 108
   - 4.3 ほかの形式との比較 ... 109
   - 4.4 関連する表現 ... 110
5. 「ものだ」「ことだ」 ... 111
   - 5.1 接続と形 ... 111
   - 5.2 意味と用法 ... 111

    5.3　ほかの形式との比較 113
    5.4　関連する表現 113
  6.「ざるを得ない」「ないわけにはいかない」
   「しかない」.. 114
    6.1　接続と形 114
    6.2　意味と用法 114
    6.3　ほかの形式との比較 115
    6.4　形式間の違い 116
    6.5　関連する表現 116

 第3節　許可・許容 117
  1.「てもいい」.. 117
    1.1　接続と形 117
    1.2　意味と用法 118
    1.3　関連する表現 119

 第4節　不必要 122
  1.「なくてもいい」.. 122
    1.1　接続と形 122
    1.2　意味と用法 123
    1.3　関連する表現 124

  2.「ことはない」.. 126
    2.1　接続と形 126
    2.2　意味と用法 126
    2.3　関連する表現 127

 第5節　不許可・非許容 128
  1.「てはいけない」.. 128
    1.1　接続と形 128
    1.2　意味と用法 129
    1.3　関連する表現 130

第4章　認識のモダリティ 133
 第1節　認識のモダリティとは 133
  1.　認識のモダリティの規定 133
  2.　認識のモダリティの形式の諸特徴の概観 134
    2.1　認識のモダリティの形式の接続的特徴 135
    2.2　認識のモダリティの形式の形態的特徴 136

2.3　認識のモダリティの形式の従属節への出現
　　　　　.. 138
　　　2.4　認識のモダリティの形式の意味的な類型
　　　　　.. 140
第2節　断定と推量 143
　1.　概観 143
　2.　断定形 144
　　　2.1　接続と形 144
　　　2.2　意味と用法 145
　　　2.3　共起する副詞的表現 147
　3.　「だろう」 147
　　　3.1　接続と形 147
　　　3.2　意味と用法 148
　　　3.3　共起する副詞的表現 149
　　　3.4　関連する表現 150
第3節　蓋然性 151
　1.　概観 151
　2.　「かもしれない」 152
　　　2.1　接続と形 152
　　　2.2　意味と用法 153
　　　2.3　共起する副詞的表現 154
　　　2.4　関連する表現 155
　3.　「にちがいない」 157
　　　3.1　接続と形 157
　　　3.2　意味と用法 158
　　　3.3　共起する副詞的表現 159
　　　3.4　関連する表現 159
　4.　「はずだ」 160
　　　4.1　接続と形 160
　　　4.2　意味と用法 161
　　　4.3　共起する副詞的表現 162
　　　4.4　ほかの形式との比較 163
第4節　証拠性 163
　1.　概観 164
　2.　「ようだ」 164
　　　2.1　接続と形 164

2.2　意味と用法 165
　　　2.3　共起する副詞的表現 166
　　　2.4　ほかの形式との比較 166
　　　2.5　関連する表現 167
　3.「らしい」.. 167
　　　3.1　接続と形 167
　　　3.2　意味と用法 168
　　　3.3　共起する副詞的表現 168
　　　3.4　ほかの形式との比較 169
　　　3.5　関連する表現 170
　4.「(し) そうだ」... 170
　　　4.1　接続と形 170
　　　4.2　意味と用法 171
　　　4.3　共起する副詞的表現 173
　　　4.4　ほかの形式との比較 174
　5.「(する) そうだ」.. 174
　　　5.1　接続と形 174
　　　5.2　意味と用法 175
　　　5.3　共起する副詞的表現 176
　　　5.4　関連する表現 176

第5節　そのほかの認識のモダリティの形式 178
　1.「のではないか」.. 179
　　　1.1　接続と形 179
　　　1.2　意味と用法 179
　　　1.3　共起する副詞的表現 180
　　　1.4　ほかの形式との比較 181
　　　1.5　関連する表現 182
　2.　発話現場での認識の成立を表す疑問形式 182
　　　2.1　「ではないか」... 182
　　　2.2　「か」... 183
　3.　知覚動詞文・思考動詞文 183
　　　3.1　知覚動詞・思考動詞のモダリティ形式化
　　　　　 183
　　　3.2　思考動詞「思う」の諸用法 184

第 5 章　説明のモダリティ 189

第 1 節　説明のモダリティとは 189

1. 説明のモダリティの規定 189
   - 1.1　基本的な機能と形式 189
   - 1.2　用法の広がり 190
   - 1.3　文法的性質 191

2. 説明のモダリティの周辺 192
   - 2.1　形式名詞の助動詞化 192
   - 2.2　「ものだ」「ことだ」「はずだ」と
         説明のモダリティ 193

第 2 節　「のだ」 195

1. 「のだ」の全体像 195
   - 1.1　基本的性質 195
   - 1.2　用法の分類 197
   - 1.3　「のだ」が用いられない場合 198

2. 提示の「のだ」の性質と用法 199
   - 2.1　提示の「のだ」の性質 199
   - 2.2　関係づけの用法 199
   - 2.3　非関係づけの用法 201
   - 2.4　提示の「のだった」 202

3. 把握の「のだ」の性質と用法 202
   - 3.1　把握の「のだ」の性質 202
   - 3.2　関係づけの用法 203
   - 3.3　非関係づけの用法 203
   - 3.4　把握の「のだった」 204

4. 「のだ」に関連する表現 204
   - 4.1　「のだ」と「からだ」の異同 204
   - 4.2　従属節の「のだ」 205

第 3 節　「わけだ」 207

1. 「わけだ」の全体像 208
   - 1.1　基本的性質 208
   - 1.2　用法の分類 208

2. ほかの形式との比較 209
   - 2.1　「わけだ」と「のだ」 209
   - 2.2　「わけだ」と「はずだ」 212
   - 2.3　「わけだ」と「からだ」 212

3.「わけだ」の否定の形 213
　　　　3.1 「わけではない」 213
　　　　3.2 「わけにはいかない」 215
　　　　3.3 「わけがない」 217
　　第4節 「ものだ」と「ことだ」 218
　　　1.「もの」「こと」と「ものだ」「ことだ」............ 219
　　　2.「ものだ」 220
　　　　2.1 基本的性質 220
　　　　2.2 本質・傾向の用法 220
　　　　2.3 当為の用法 221
　　　　2.4 回想の用法 222
　　　　2.5 感心・あきれの用法 223
　　　　2.6 そのほかの用法 223
　　　　2.7 関連する表現 224
　　　3.「ことだ」 225
　　　　3.1 基本的性質 225
　　　　3.2 助言・忠告の用法 225
　　　　3.3 感心・あきれの用法 226
　　　　3.4 関連する表現 227

第6章　伝達のモダリティ 229
　　第1節 伝達のモダリティとは 229
　　　1. 伝達のモダリティの規定 229
　　　2. 伝達のモダリティの下位類 229
　　第2節 丁寧さのモダリティ 230
　　　1. 丁寧さのモダリティの規定 231
　　　2. 接続と形 231
　　　　2.1 肯定文における丁寧さのモダリティの形式
　　　　　　.. 231
　　　　2.2 否定文における丁寧さのモダリティの形式
　　　　　　.. 232
　　　　2.3 丁寧形の複雑さの要因 233
　　　3. 機能 235
　　　　3.1 普通体と丁寧体の基本的機能 235
　　　　3.2 スタイルの選択の要因 236

	4. 丁寧さのモダリティ以外の丁寧さ	237
第3節	伝達態度のモダリティ	239
	1. 伝達態度のモダリティの規定	239
	2. 伝達を表す終助詞	241
	2.1 「よ」	241
	2.2 「ぞ」	244
	2.3 「ぜ」	247
	2.4 「さ」	249
	2.5 「わ」	252
	3. 確認・詠嘆を表す終助詞	254
	3.1 「ね」(「ねえ」)	254
	3.2 「な」	260
	3.3 「なあ」	263
	3.4 「よね」(「よねえ」)	265
	4. 終助詞相当の形式	268
	4.1 「とも」	268
	4.2 「もの」(「もん」)	270
	4.3 「の」	272
	4.4 「っけ」	273
	4.5 「ってば」	274

参考文献 275
索引 279
現代日本語文法総目次 291
日本語記述文法研究会メンバー一覧 293

はしがき

　どのような質と内容の記述文法書・参照文法書 (reference grammar) を持ちうるかといったことは，当該言語における文法研究総体がいかほどのレベルにあるかを示している。実用的にも真に優れたものを作成するためには，優れた分析の方法や記述の枠組みが用意されていなければならない。また逆に，実用的に真に優れたものは，理論的にも貢献するところを有している。
　『現代日本語文法』と題された本シリーズでは，ある特定の理論的枠組みに偏らず，形態論的現象から，文が文章・談話の中で果たす現象まで，日本語の文法事実そのものを豊かに掘り起こし集めることに，まずもって努めた。そして，その掘り起こされた文法事実に対して，枠組みや基本概念の呈示だけでなく，なるたけ広範囲にわたってきめ細かい分析・記述を与えようと試みた。ある明確な理論的姿勢を前面には押し出していないものの，広範囲にわたる文法事実に対して，それらを組織化し，なるたけ分かりやすくかつ明示的で一貫性を持った分析・記述を与えることそのものが，我々の拠って立つ基本的立場・基本姿勢である。
　いかほどその目的を達成できたかは心もとないが，『現代日本語文法』全7巻は，かつてなかったほどに日本語の文法事実が豊かに詰まっている，日本語の文法現象について調べたいこと・知りたいことがたくさん載っている，そのような文法書になりうるよう心がけた。
　文法書を書くという作業が骨組みや基本的概念の呈示で事足りるという時代は，もはや過ぎたのではないだろうか。広くて深い内実を備えながら，文法事実そのものに対する，きめ細かくかつ組織立った分析・記述を広範囲に施すことは，一人の力ではなかなか困難なことであろう。『現代日本語文法』全7巻は，30人を超える研究者の緊密な共同研究・共同作業のもとに成り立ったものである。多人数の共同作業のもとに成り立ったものであれば，総ての参加者のそれぞれの考えが，『現代日本語文法』における記載内容と完全には一致してこない場合も存した。そのような場合，本書全体の統一性のため，小異を捨て大同

につく、という方法を選んだ。

「日本語記述文法研究会」と呼んできたこの集まりは、1996年1月20日に第1回の打ち合わせ会を開き、第1回の全体合宿を同年8月に吉野の山で行い、現在に至り、これからも続いていく。メンバーは、たとえば「モダリティ班」「格・ヴォイス班」というふうに、取り扱い対象ごとにいくつかのグループに主に分属しながらも、他の班にも参加し、共同研究・共同作業を続けてきたし、現在も続けている。その間、年1回全体合宿を行い、各領域間の調整や全体の統一を計ってきた。

今回刊行する『現代日本語文法4 第8部 モダリティ』は、この『現代日本語文法』の第1回配本にあたる。モダリティの規定を行い、様々なモダリティの表現形式を、表現類型のモダリティ・評価のモダリティ・認識のモダリティ・説明のモダリティ・伝達のモダリティを表すものに分かち、それらの形式がどのような使用条件を有するのか、どのような意味・用法を持っているのか、隣接し類似する形式と、意味・用法においてどのような異同を示すのかを、分析し記述した。一次原稿は、まず当該の班に属するメンバー相互の検討を経て、何度かにわたって書き改められ、さらに、他のメンバーの意見によって修正の筆が入れられている。そのようにして出来上がったものが本巻の原稿である。

今後、第1回配本に続いて、『現代日本語文法2 第3部格と構文 第4部ヴォイス』が第2回配本として刊行されることになっている。このように一定期間をおきながら、順次全7巻が刊行される予定である。

この間、宮島達夫さんからは、常に、内容に対する様々なアドバイスやメンバー全体へのモーラル・サポートを得た。心強い応援団長である。感謝申し上げたい。また、野田春美さん、安達太郎君は、繁多な仕事を黙々とこなし、研究会の世話役としての役目を果たしてくれた。記して感謝の意を表したい。

本シリーズ『現代日本語文法』が、研究者・日本語学習者に参照され、踏み台として活用され、書き変えられ、日本語文法に対する新しい研究を生み出すきっかけになれば、メンバー全員望外の幸せである。

  2003年　桜の咲く頃

仁田義雄

凡　例

例文が不自然に感じられるときは＊を，多少不自然に感じられるという場合には？を付した。

例文に発話状況を補う必要がある場合には，［　］でこれを示した。

第 8 部

モダリティ

第1章　モダリティの概観

第1節　モダリティとは

> ◆文は，命題とモダリティという2つの意味的な側面から成り立っている。日本語は，その意味的な違いが文構造に強く反映されるという特徴をもっており，命題レベルの要素が文の内側に，モダリティレベルの要素が文の外側に現れる傾向がある。
> ◆命題は，その文が伝える事柄的な内容を担う。一方，モダリティは，その文の内容に対する話し手の判断，発話状況やほかの文との関係，聞き手に対する伝え方といった文の述べ方を担う。

1. 命題とモダリティ

　文は，命題(proposition)とモダリティ(modality)という2つの意味的な側面から成り立っている。この2つの側面は，コトとムード，言表事態と言表態度と呼ばれることもある。

　命題は，その文が伝える事柄的な内容を担うものであり，モダリティはその文の述べ方を担うものである。次の例は，事柄的な内容は共通しているが，それぞれの文の述べ方に異なりがある。文の内側にすべての文に共通する部分があり，外側にそれぞれの文に異なる性質を与えている要素がきている。

- 鈴木さんはその本を読んでいた<u>か</u>？
- <u>たぶん</u>鈴木さんはその本を読んでい<u>ただろう</u>。
- 鈴木さんはその本を読んでいた<u>のだ</u>。
- 鈴木さんはその本を読んでい<u>まし</u>た。
- 鈴木さんはその本を読んでいた<u>よ</u>。

これらの文に共通する「鈴木さんがその本を読んでいた」という部分が命題である。この部分は，述語の動詞(「読む」)を中心として，その述語動詞が要求する動作主(「鈴木さん」)と対象(「その本」)が骨格を形作っている。この骨格に，動作の進行を表すアスペクト形式(「ている」)がつけ加わり，さらにそれが

過去のことであることがテンス形式（過去形）によって表されている。このように，命題は，その文が伝えようとする事柄的な内容を表している。

一方，「か」「だろう」「のだ」「ます」「よ」といった文末のさまざまな形式や文頭の副詞「たぶん」によって表されているのが，モダリティである。これらの形式は文の伝える内容に何らかの情報をつけ加えて，事柄的な内容をさらに豊かにしていくわけではない。「か」が担うのは，その内容の真偽が話し手には判断できないので，聞き手に回答を求めるために質問という性質をもった文にするという役割である。「だろう」が担うのは，その内容が想像や思考による間接的な認識であることを示すという役割である。「のだ」が担うのは，先行する文脈で表されている内容とその文がもっている内容とが関わりあうものであることを示すという役割である。「ます」が担うのは，その文を丁寧なスタイルで聞き手に伝えるという役割である。また，「よ」が担うのは，その文で表されている内容を聞き手が知っているべきものとして提示するという役割である。

このように，モダリティが担うのは，命題が表す事柄的な内容に対して，話し手が発話時においてどのようなとらえ方をし，それを聞き手にどのような伝え方をしようとしているのかという，文の述べ方を決定する働きである。

2. 命題・モダリティの区別と文の内部構造

文の表す意味は，命題とモダリティという2つの側面から成り立っているが，日本語の特徴は，この違いが文の構造に強く反映されるということである。基本的に，事柄的な内容を表す命題的な要素が文の内側に，モダリティ的な要素が文の外側に現れるという傾向がある。

このような日本語の特徴は，命題をモダリティが包み込むという，階層的な構造としてとらえられる。

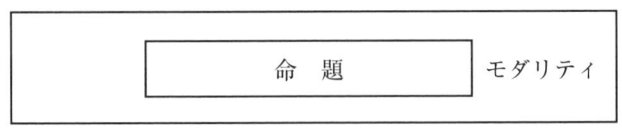

文の内部構造

3. モダリティの要件

　モダリティによって表される，命題に対するとらえ方，先行文脈との関係づけ，聞き手への伝達の仕方といったものは，基本的には，話し手の発話時における心的態度である。これがモダリティの意味的な要件となる。

　モダリティを表す形式の中には，モダリティの意味的な要件を常に満たすものと，それを欠くことがあるものがある。

　推量を表す「だろう」，命令を表す「しなさい」，終助詞「ね」などの形式は，常に話し手の発話時における心的態度を表す。

- この分だと，明日は晴れる<u>でしょう</u>。
- こら！　静かに<u>しなさい</u>。
- この部屋，暑い<u>ね</u>。

したがって，「だろう」「しなさい」「ね」のような形式は，常にモダリティの要件を満たしている形式である。

　一方，可能性の存在を表す「かもしれない」，事態の許容を表す「てもいい」といった形式は，非過去形ではモダリティの要件を満たすが，過去形をとることも可能である。このとき，これらの形式は話し手の心的態度を表してはいるものの，発話時という要件を満たしていない。

- 東京で佐藤に会える<u>かもしれなかった</u>んだけど，時間がなくて，連絡できなかった。
- 心配事があるなら，私に相談してくれ<u>てもよかった</u>んだよ。

　また，事態の必然性を表す「なければならない」には，話し手の評価的なとらえ方を表す例がある一方で，客観的な規則としてその事態が義務づけられることを表す例がある（⇒評価のモダリティの客観的必要性・許容性については，第3章第1節3.2を参照）。このとき，この形式は話し手の心的態度を表すという要件を満たしていない。

- 明日は早起きし<u>なければならない</u>。（話し手の評価的なとらえ方）
- 社員は朝9時には出社していなければならない。（客観的な規則）

　このように，モダリティを表す形式には，発話時や話し手の心的態度といった意味的な要件を満たさないことがあるものもある。これらの形式は，文中に

おける用い方によって，モダリティとしての意味を十分に発揮するか，モダリティとしての典型的な意味を表さなくなるかが決まる．

第2節　モダリティの種類

◆モダリティには，文の伝達的な表し分けを表すもの，命題が表す事態のとらえ方を表すもの，文と先行文脈との関係づけを表すもの，聞き手に対する伝え方を表すものという4つのタイプがある．
◆文の伝達的な表し分けを表すのは，表現類型のモダリティである．
◆事態のとらえ方を表すのは，評価のモダリティと認識のモダリティである．
◆文と先行文脈の関係づけを表すのは，説明のモダリティである．
◆聞き手に対する伝え方を表すのは，伝達のモダリティである．伝達のモダリティは，丁寧さのモダリティと伝達態度のモダリティからなる．

1.　文の伝達的な表し分けを表すモダリティ

　モダリティを表す要素には，文の伝達的な表し分けに関わるもの，命題が表す事態のとらえ方に関わるもの，文と先行文脈との関係に関わるもの，聞き手に対する伝え方に関わるものという4つのタイプが存在する．そのタイプがさらにいくつかの種類に分かれるものもある．

　第1のタイプは，その文がどのような伝達的な機能を担うのかという，文の基本的な性質を決定するものである．このタイプには表現類型のモダリティが属している．表現類型のモダリティには，情報系と行為系の2つのタイプがある．情報系の表現類型はすべての述語に現れることができるが，行為系の表現類型は意志的な動詞にしか現れないという違いがある．

　文のもっとも重要な機能は情報のやりとりに関わるものである．情報のやりとりに関わる情報系のモダリティには，聞き手に情報を伝達するもの（叙述のモダリティ），判断の不成立を表すことから，主として，聞き手から情報を引き出そうとする機能をもつもの（疑問のモダリティ）の2つがある．

- あの部屋には誰かがいます。(叙述のモダリティ)
- 山本さんは大学に合格しました<u>か</u>？(疑問のモダリティ)

文は，話し手や聞き手の行為の実行に関わる機能を担うこともある。行為の実行に関わる行為系のモダリティには，話し手の行為の実行を表すもの(意志のモダリティ)，話し手の行為の実行を前提として，聞き手に行為の実行を求めるもの(勧誘のモダリティ)，聞き手に行為の実行を求めるもの(行為要求のモダリティ)の3つがある。

- [独話で] ああ，疲れた。今日はもう<u>寝よう</u>。(意志のモダリティ)
- 用事，終わったの？　じゃあ，いっしょに<u>帰ろう</u>。(勧誘のモダリティ)
- 部屋が散らかってるぞ。たまには<u>掃除しろ</u>。(行為要求のモダリティ)

情報系と行為系のモダリティは，文としての性質を十分にかねそなえた文(分化文)であるが，表現類型のモダリティの中には，さらに，物事に触れて引き起こされる話し手の感動の気持ちを表出するもの(感嘆のモダリティ)もある。このような文は，独立語文(一語文)のような未分化文に近い性質をもっている。

- <u>なんて</u>きれいな花<u>なんだ</u>！(感嘆のモダリティ)

2. 事態に対するとらえ方を表すモダリティ

　第2のタイプは，命題によって表される事態に対する話し手のとらえ方を表すものである。このタイプには評価のモダリティと認識のモダリティという2つの下位類型がある。

　評価のモダリティは，その事態に対する必要，不必要，あるいは許容できる，できないといった話し手の評価的なとらえ方を表すものである。

- 風邪をひいているときは，安静にし<u>なくてはならない</u>。　……(1)
- ここにある本は自由に手にとっ<u>ていい</u>ですよ。　　　　……(2)

(1)の「なくてはならない」は「安静にする」という事態が「必要だ」という話し手の評価を表している。また，(2)の「ていい」は「本を手にとる」という事態が「許容される」という話し手の評価を表している。

　一方，認識のモダリティは，その事態に対する話し手の認識的なとらえ方を

表すものである。認識的なとらえ方には，現実に対する基本的な認識的態度である断定・推量，その事態の成立の蓋然性を表す可能性・必然性，何らかの証拠によって事態をとらえていることを表す推定・伝聞などがある。

- 山の向こうでは雨が降っている<u>だろう</u>。（推量）
- 明日も雨が降る<u>かもしれない</u>。（可能性）
- どうやら昨夜雨が降った<u>ようだ</u>。（推定）
- 天気予報によると，明日も雨が降る<u>そうだ</u>。（伝聞）

事態に対するとらえ方を表す評価のモダリティと認識のモダリティは，叙述的な文におけるそのとらえ方が必須的かどうかに違いがある。

認識的なとらえ方は文中に必ず反映される。したがって，「だろう」や「ようだ」のような認識のモダリティの形式が存在しない無標(unmarked)の文には，断定といった認識的なとらえ方が表されることになる。

- 昨日は雨が降った。（断定）

しかし，文の意味において，評価的なとらえ方は必須的ではない。したがって，評価のモダリティの形式が現れない場合は，その文には話し手の評価的なとらえ方が表されていないことになる。

3. 先行文脈と文との関係づけを表すモダリティ

第3のタイプは，先行文脈と文との関係づけを表すものである。このタイプには説明のモダリティが属している。

説明のモダリティは，その文を先行文脈と関係があるものとして示すことによって，先行文脈の内容が聞き手に理解しやすくなるようにするものである。

- 遅れてすみません。渋滞していた<u>んです</u>。

この文では，先行文脈で表されている，話し手が遅れたという事実に対して，道路が渋滞していたという後続文で表されている事実が，「のだ」によって関係づけられて示されている。

説明のモダリティは，事態に対するとらえ方を表すモダリティと聞き手に対する伝え方を表すモダリティの中間的な存在である。基本的にはその文を先行文脈と関連づけて聞き手に示すという伝達的な性質をもっている。しかし，次

のような文は，先行文脈で示された内容の事情を話し手が把握したことを表しており，事態に対するとらえ方を表すという性質をもっている。

- あいつ，遅いなあ。きっと渋滞している<u>んだ</u>。

4. 聞き手に対する伝え方を表すモダリティ

第4のタイプは，聞き手に対する伝え方を表すものである。このタイプは伝達のモダリティと呼ばれる。伝達のモダリティには，丁寧さのモダリティと伝達態度のモダリティが属している。

丁寧さのモダリティは，聞き手に対してその文を通常のスタイルで伝えるか，丁寧なスタイルで伝えるかという，スタイルの選択に関わるものである。

- 私は昨日，本屋で雑誌を<u>買った</u>。（普通体）
- 私は昨日，本屋で雑誌を<u>買いました</u>。（丁寧体）

普通体と丁寧体の選択は，親疎や年齢・上下関係といった聞き手と話し手の関係，うちとけた場面かあらたまった場面かといった発話状況などの要因によって決まる。丁寧さのモダリティはその状況においてその文をどちらのスタイルで発話するのがふさわしいのかという話し手の配慮が表されるものである。

伝達態度のモダリティは，その文を発話する際に，話し手の認識状態を示したり，聞き手に伝えるにあたっての微調整をしたりするものである。伝達態度のモダリティは「よ」や「な」のような終助詞によって表される。

- あそこに誰かいる<u>よ</u>。
- 今日は疲れた<u>なあ</u>。

伝達的な態度には，聞き手に伝達することを意図するか，独話的に発話するか，という区別がある。「よ」は対話的な性質をもつ終助詞であり，「なあ」は独話的な性質をもつ終助詞である。

第3節　モダリティの相互関係

◆さまざまな種類のモダリティは，相互に関係しながら体系をなしている。
◆文の基本的な性質を決める表現類型のモダリティが，その文にどんなモ

ダリティが現れることができるかを決める。

1. 表現類型のモダリティから見たモダリティの分化

さまざまな種類のモダリティは，相互に関係しながら，日本語のモダリティの体系を形作っている。その文にどのモダリティが現れることができるかは，文の基本的な性質を決める表現類型のモダリティのうち何が選択されるかによって決まる。

表現類型のモダリティに基づくと，日本語のモダリティの相互関係は次のように整理される。この表は，それぞれの表現類型について，どのようなモダリティが分化することができるかを簡略化して示したものである。

モダリティの相互関係

			評価	認識	説明	丁寧さ	伝達態度
表現類型	情報系	叙述	○	○	○	○	○
		疑問	○	△	○	○	○
	行為系	意志	×	×	×	○	△
		勧誘	×	×	×	○	○
		行為要求	×	×	×	△	○
		感嘆	×	×	×	△	○

ここでは，それぞれのモダリティの主要な形式の分布がまとめられている。表中の○はそのモダリティが分化できることを，×は分化できないことを表す。△はそのモダリティの分化に留保や例外現象があるものである。

2. 情報系のモダリティの文における分化

情報のやりとりという言語活動のもっとも基本となる機能を担う情報系のモ

ダリティには，一般的に，すべての種類のモダリティが分化する。

評価のモダリティと認識のモダリティは，事態のとらえ方を表すという性質をもっており，情報系の表現類型だけに分化することができる。

- そこに行って<u>いい</u>？（疑問・評価）
- 今日の会議は長くなる<u>だろう</u>。（叙述・認識）

ただし，認識のモダリティは，「だろう」のように疑問文になるものもあるが，「かもしれない」のように疑問文になりにくい形式もあり，認識のモダリティが表現類型のモダリティ（特に疑問のモダリティ）において分化するかどうかには留保が必要である（⇒認識のモダリティの形式と疑問文の関係については，第4章第1節2.2を参照のこと）。

- 今晩は雨になる<u>だろうか</u>。（疑問・認識）
- ?今晩は雨になる<u>かもしれないか</u>？（疑問・認識）

説明のモダリティは，先行文脈と文との関係づけを表すものであり，情報系の表現類型の文に分化するものである。

- 遅刻してすみません。渋滞していた<u>ん</u>です。（叙述・説明）
- あれ。傘をさしている人がいる。雨が降ってる<u>の</u>？（疑問・説明）

丁寧さのモダリティと伝達態度のモダリティも，情報系のモダリティに分化することができる。これらは，聞き手に対する伝達に関わるという一般性の高い性質をもつので，基本的にどの表現類型にも分化する。

- そこに誰かい<u>ます</u>。（叙述・丁寧さ）
- そんなこと，君は信じているの<u>かね</u>？（疑問・伝達態度）

3. 行為系のモダリティの文における分化

行為の発動に関わる行為系の表現類型を表す文は，述語が意志的な動詞に限られる。そのため，情報系の表現類型に比べると，ほかのモダリティの分化にも制限が加わる。

評価や認識といった，命題内容に対する話し手のとらえ方を表すモダリティは，行為系のモダリティの文には分化しない。

説明のモダリティも，行為系のモダリティの文には分化しない。「のだ」の

文が行為要求的な機能を派生することはあるものの(例(1))，「のだ」「わけだ」が命令形・意志形になることは不可能であるし，これらが命令形や意志形に付加されることもない(例(2))。

- こっちに来るんだ。　　　　　……(1)
- ＊こっちに ｛来い／来よう｝ のだ。　……(2)

伝達のモダリティは，一般性の高いモダリティである。丁寧さのモダリティや伝達態度のモダリティは，行為系のモダリティにも分化することがある。

- 私が参りましょう。(意志・丁寧さ)
- ちょっとこっちに来いよ。(行為要求・伝達態度)

ただし，これには留保が必要な現象や例外となる現象がある。

留保が必要なのは，意志のモダリティと伝達態度のモダリティの関係である。意志のモダリティの基本形式である「しよう」は，話し手が意志を決定したことを表すものであり，基本的な用法では，聞き手に対する伝達が意図されないという性質をもつ。そのため，終助詞は付加しにくい。

- ［独話で］＊もう5時だから，そろそろ帰ろうね。
- ＊体の調子が悪いから，明日は仕事を休もうよと思った。

しかし，終助詞が付加しにくいということは，意志のモダリティを表す文が伝達態度のモダリティを分化しないということを意味するわけではない。意志の決定を表すという機能が，終助詞を付加せずに言い切るという伝達態度に適しているのである。聞き手を意識しながら意志を表明する用法では，終助詞が付加されることもある。

- じゃあ，私がそれを彼に伝えておきましょうね。

また，例外的なのは行為要求のモダリティと丁寧さのモダリティの関係である。行為要求のモダリティの代表形式である命令形「しろ」自体には丁寧さは分化しない。

- ＊ちょっとこっちに来ませ。

行為要求のモダリティは，話し手の望む行為の実行を聞き手に求めるという機能を表す。聞き手にその負担を引き受けさせるには，丁寧さは非常に重要な役割をもっている。「しろ」という形式に丁寧さが分化しないことは，「しなさ

い」「して」「てください」といった形式が行為要求という機能に関わってくることで補われている。

- ちょっとこっちに来なさい。
- ちょっとこっちに来て。
- ちょっとこっちに来てください。

4. 感嘆のモダリティの文における分化

　感嘆のモダリティは，独立語文（一語文）のような，文としての性質を十分にもたない未分化文に近い特徴を示す。そのため，そこに分化するモダリティにも強い制限がある。

　感嘆を表す文には評価のモダリティや認識のモダリティは分化しない。

- ＊なんと君は帰ってもいいことだろう。（感嘆・評価）
- ＊田中はなんと疲れているようなんだろう。（感嘆・認識）

　感嘆のモダリティを表す文には説明のモダリティも分化しない。「の」や「こと」は現れるが，これは説明のモダリティを表しているのではなく，文を名詞化するという機能を担っているだけである。

- 佐藤先生の授業はなんておもしろい{の／こと} だろう。

　伝達のモダリティは一般性が高く，あらゆる表現類型に分化するものである。しかし，感嘆のモダリティを表す文には留保が必要な現象が見られる。

　丁寧さのモダリティに関しては，感嘆文のタイプによって分化するかどうかが決まる。「なんと（なんて）〜のだ」型の感嘆文には丁寧さは分化しないが，「なんと（なんて）〜のだろう」型の感嘆文には丁寧さが分化することが可能である。

- ＊なんときれいな花なんです！（感嘆・丁寧さ）
- なんときれいな花なんでしょう！（感嘆・丁寧さ）

　伝達態度のモダリティは，感嘆のモダリティにも分化することができる。感嘆文には，「なあ」のような終助詞が自然に付加される。

- このビルはなんて高いんだろうなあ。（感嘆・伝達態度）

第4節　モダリティを十分にもたない文

◆文としての形をしていながら，モダリティを十分にもたない文がある。
・<u>政治家と政治資金との関係を明らかにする</u>。それが事実解明の第一歩だ。
◆モダリティを十分にもたない文は，伝達性が欠けている。そのため，聞き手に対するスタイルの選択を表す丁寧さのモダリティが現れない。
・?<u>政治家と政治資金の関係を明らかにします</u>。それが事実解明の第一歩です。

日本語の文は，基本的に，命題とモダリティという2つの意味的な側面から成り立つものである。しかし，文としての形はもっているものの，モダリティを十分にもっていない文もある。次の(1)(2)の最初の文がこれにあたる。

・政治家と政治資金との関係を明らかにする。それが事実解明の第一歩だ。……(1)
・教師を雑用から解放する。そうすれば，もっと教育に専念できるはずだ。……(2)

これらの例は，複数の文から構成されるテキストの中で，後続文によって指示される内容を文の形で提示するものである。(1)は「それ」という名詞と同等の内容を表す文であり，(2)は条件節の内容を表す文である。どちらも，独立した文の形をしていながら，意味的には後続文に依存しており，後続文の一部となっている。

日本語の一般的な文は，命題においてその文の内容を組み立て，モダリティにおいてそれに対するとらえ方，述べ方を決定して，聞き手に伝えるという意味的な構造をもっているが，これらの文には伝達性が欠けている。そのため，これらには聞き手あてのモダリティである丁寧さのモダリティが現れない。

・?政治家と政治資金との関係を<u>明らかにします</u>。それが事実解明の第一歩です。
・?教師を雑用<u>から解放します</u>。そうすれば，もっと教育に専念できるは

ずです。

丁寧体にすると，後続文との関連性が失われてしまい，不自然になる。

　文中にモダリティの形式が現れていても，その文が十分にモダリティとしての性質を備えていないという場合もある。

- あの名選手にとってこの試合が最後になる<u>かもしれない</u>。それが私には信じられない。　……(3)
- 現在直面している経済危機をどうやって切り抜ける<u>か</u>。それが最大の問題だ。　……(4)

(3)(4)の最初の文には，認識のモダリティの形式「かもしれない」，疑問のモダリティの形式「か」が現れているので，モダリティをもつことは明らかである。しかし，これらの文も，後続文の「それ」の指示内容を表しており，(1)(2)と同様，意味的に後続文に依存している。

　(3)(4)の最初の文は，意味的に後続文の一部であるため，伝達性に欠けている。そのため，最初の文を丁寧体にすることができない。

- ？あの名選手にとってこの試合が最後になる<u>かもしれません</u>。それが私には信じられません。
- ？現在直面している経済危機をどうやって切り抜けます<u>か</u>。それが最大の問題です。

認識のモダリティや表現類型のモダリティをもっていても，丁寧さのモダリティのように，聞き手に対する伝え方を決定する性質が備わっていない文も存在するのである。これらも，モダリティを十分にもたない文の例である。

第2章　表現類型のモダリティ

第1節　表現類型のモダリティとは

> ◆表現類型のモダリティとは，伝達的な機能の表し分けという，文の基本的な性質を決めるものである。
> ◆表現類型のモダリティは，情報系のモダリティと行為系のモダリティに分かれる。
> ◆情報のやりとりに関わる情報系のモダリティは，叙述のモダリティ，疑問のモダリティからなる。
> ・　昨日，映画を見に行きました。(叙述)
> ・　君のうちの近くには，喫茶店，ある？(疑問)
> ◆行為の実行に関わる行為系のモダリティは，意志のモダリティ，勧誘のモダリティ，行為要求のモダリティからなる。
> ・　これ，ぼく，食べよう。(意志)
> ・　君もいっしょに帰ろう。(勧誘)
> ・　もっと大きな声で話せ。(行為要求)
> ◆周辺的な表現類型として感嘆のモダリティがある。
> ・　なんてさわやかな朝なんだろう！(感嘆)

　話し手はさまざまな目的をもって「文」を発話する。そのような多種多様な目的を果たすためには，話し手はまずどのような伝達的な機能をもつ文にそれを託すかを選択しなければならない。このような文の種類が表現類型である。
　表現類型という文の基本的な性質の決定に関わるのが表現類型のモダリティである。表現類型のモダリティには，その機能に応じて，情報系のモダリティと行為系のモダリティとがある。
　情報系のモダリティは，話し手と聞き手との情報のやりとりに関わるモダリティである。情報系のモダリティには，叙述のモダリティと疑問のモダリティがある。

- 昨日，映画を見に行きました。（叙述）
- 君のうちの近くには，喫茶店，ある？（疑問）

情報系のモダリティは述語の意味や種類を選ばない。動詞述語，形容詞述語，名詞述語のすべてのタイプに分化することができるのが情報系のモダリティの特徴である。

　行為系のモダリティは，話し手や聞き手が実行する行為の発動に関わるモダリティである。行為系のモダリティには，意志のモダリティ，勧誘のモダリティ，行為要求のモダリティの３つのタイプがある。

- これ，ぼく，<u>食べよう</u>。（意志）
- 君もいっしょに<u>帰ろう</u>。（勧誘）
- もっと大きな声で<u>話せ</u>。（行為要求）

話し手の行為の実行を表明するのか，話し手の行為の実行を前提として，聞き手に行為の実行を求めるのか，あるいは聞き手に行為の実行を求めるのかといった選択に関わるのが行為系のモダリティである。行為系のモダリティは行為の実行に関わるので，形容詞述語や名詞述語には分化できない。また，動詞述語の中でも意志動詞を中心に分化するという制限がある。

　情報系と行為系という２つの主要なタイプは，どちらも，文としての性質を十分にかねそなえた文（分化文）に分化するものである。しかし，表現類型の１つである感嘆文は，文としての性質を十分にもっていない。感嘆文は事物によって引き起こされた話し手の感動を表出するものである。独立語文（一語文）のような未分化文に近い性質をもち，「の」や「こと」によって，文末を名詞的に終結しなければならないという特徴がある。感嘆文が帯びるモダリティを感嘆のモダリティという。

- <u>なんて</u>さわやかな朝<u>なんだろう</u>！（感嘆）

第2節　叙述のモダリティ

◆叙述のモダリティは，その文が表す内容，話し手の判断を聞き手に伝えるという伝達的な機能をもつモダリティである。叙述のモダリティを担う文を平叙文という。

◆平叙文は，情報伝達という，言語のもっとも重要な機能を担うので，さまざまな文法カテゴリーやモダリティの類型が豊富に分化する。

◆叙述のモダリティをもつ文の中には，感情述語のように，主体にしかわからない内容を表す表出的な文がある。表出的な文には主体に人称制限が出てくる。

- 　私は<u>うれしい</u>。
- ＊佐藤は<u>うれしい</u>。

1. 叙述のモダリティとは

　叙述のモダリティは，その文が表す内容，話し手の判断などを聞き手に伝えることを表すモダリティである。叙述のモダリティを担う文を平叙文という。

　平叙文は，聞き手への情報の伝達という，文のもっとも基本的な機能を担う文である。コミュニケーションにおいては非常に複雑な情報の伝達が行われるが，この目的を果たすことができるように，平叙文には述語の文法カテゴリーやモダリティのさまざまな類型がもっとも豊富に分化する。

2. 平叙文の機能

　平叙文が担っているもっとも基本的な機能は，聞き手に情報や話し手の判断を伝えることである。

- 　あそこにだれかがいるよ。
- 　昨日，駅前で友達に会いました。
- 　山本はたぶんもう来ないよ。

　一方で，平叙文は，聞き手が存在しない状況において独話的に発話されたり，心の中での思考を表すこともある。

- あれ？　田中さん，来ていないぞ。
- うーん，これじゃあ，だめだなあ。
- ［心内で］明日の試合はきっと厳しいものになる。

平叙文が聞き手に伝えることのできる内容は，非常に多岐にわたる。たとえば，平叙文は動作，変化などの動的な事態を伝えることもできるし，存在，性質などの静的な事態を伝えることもできる。

- 飛行機が飛んでいった。（動作）
- 教室にはたくさんの人がいる。（存在）
- 佐藤さんはとても優しい。（性質）

さらに，平叙文は，話し手が直接体験したことや事実として知っていることだけでなく，未知のことや事実としては確認されていないことも表すことができる。

次のような文は，話し手が直接体験したことや，事実として知っている知識を表している。

- 私は，去年，1ヶ月ほど入院した。
- 目が疲れると，頭痛になることもあるよ。

一方，次のような文は，未知のことや事実としては確認されていないことを表している。これらは，想像における認識や，可能性の存在や，推論をとおして認識したことを表す文である。このような文において認識のモダリティが分化する。

- 今では，みんな幸せに生活している<u>だろう</u>。
- 勝負においては，力が劣る相手に負けることもある<u>かもしれない</u>。
- 会議室では激しい議論が戦わされている<u>ようだ</u>。

また，平叙文は，時間の流れの中に位置づけられた特定の出来事を表すこともできるし，時間の流れから切り離された一般的な真理を表すこともできる。

特定の出来事を表す文には，テンスが分化する。

- 最終電車はすでに出た後だった。
- もうすぐバスが来る。

一方，一般的な真理を表す文は，過去形をとらない。

- 月は地球の周りを {回っている／*回っていた}。
- 三角形の内角の和は180度で {ある／*あった}。

3. 表出的な文

　文には，表出という伝達的な特徴をもつものがある。表出とは，話し手の感情や感覚が，聞き手への伝達性を帯びることなく，自発的に発話されるというものである。

　感情や感覚は，その主体だけが知り得るものである。話し手は，自分が知り得ない内容を断定することはできないので，表出的な述語からなる平叙文では，主体は1人称者である話し手に限られる。疑問文では，主体は2人称者である聞き手に限られる。

　表出的な文を成り立たせる代表的な述語は，主体の感情を表す形容詞である。

- うれしい！
- 友達が転校して，私はとてもさびしい。
- 君も，さびしい？

感情を表す述語の主体は，基本的に，話し手に限られる。3人称の主体をとることはできない。

- *佐藤はうれしい。
- *友達が転校して，山本はとてもさびしい。

「たい」や「てほしい」のように希望を表す文も，感情を表す述語と同様，表出的な文であり，その主体は話し手に限られる。

- 私，コーヒーが飲みたい。
- 私はあのチームに勝ち上がってほしい。

「うれしい」「さびしい」と違って，「好きだ」「きらいだ」のような述語は表出的ではない。そのため，3人称の主体をとることができる。

- 佐藤はサッカーが好きだ。

　感情形容詞に動詞性の接辞「がる」をつければ，3人称の主体をとることが可能になる。

- 佐藤は<u>うれしがっている</u>。
- 友達が転校して，山本はとても<u>さびしがっている</u>。

動詞化することによって，その感情が動作として発露していることを表しているため，表出的な文ではなくなり，3人称の主体をとることができるのである。

感情形容詞以外にも表出的な性質をもつ述語がある。感覚を表す述語はその1つである。感覚述語は主体を文中に明示しにくい場合もあるが，意味的には，知覚主体は話し手に限られる。

- ［机の角に足をぶつけて］<u>痛い</u>！
- ［冷房のきいた部屋を出て］<u>暑い</u>！

評価的な意味をもつ述語も表出的な性質をもっている。評価の述語では，主体は明示されないことが多い。しかし，意味的には話し手の評価を表すものであるし，文中に主体として示すことも可能である。

- このスープ，<u>おいしい</u>。
- ｛私には／？佐藤には｝，君の話はとても<u>面白い</u>。

第3節　疑問のモダリティ

◆疑問のモダリティは，その命題に対して話し手の判断が成り立たないことを表す。

◆疑問のモダリティの中心的な機能は質問である。質問には，1)話し手に不明な情報があるため判断が成り立たず，2)聞き手に問いかけることによって疑問の解消を目指すという2つの基本的性質がある。

- 佐藤さんに電話した？
- 今，何時ですか？

◆質問の2つの基本性質のうち，1)を欠くのが確認要求の疑問文であり，2)を欠くのが疑いの疑問文である。

- 晩ごはん，すぐ食べる<u>でしょ</u>？（確認要求の疑問文）
- 鈴木は間に合う<u>か</u>な。（疑いの疑問文）

◆確認要求の疑問文や，疑いの疑問文のほかにも，質問を行う時点での話

> し手の見込みや，状況や文脈との関係，あるいは情報の得られ方などから疑問文にはさまざまなタイプが存在する。

1. 疑問のモダリティとは

　疑問のモダリティは，話し手にとって不明なことがあるために，その命題に対して話し手の判断が成り立たないということを表すモダリティである。疑問のモダリティを担う文を疑問文という。疑問文の中心的な機能は疑問の解消を目指す質問であるが，疑問文の機能は質問にとどまらない。

　日本語の疑問文は，質問しようとしている情報の性質や聞き手がその情報を知っていると見込まれるかどうかなどによって，さまざまな形式が発達している。

1.1　疑問文の性質

　疑問文が表すもっとも中心的な機能は質問である。平叙文が基本的に聞き手に情報を与えることを目的とするのに対して，質問を表す疑問文（質問文）は聞き手から情報を引き出すことを目的とする。

　質問という機能をもつ疑問文は，1)その内容に関して不明の点があるために話し手の判断が成り立たず，2)話し手は聞き手に問いかけることによってその疑問を解消しようとするという，2つの性質をもっている。

　質問を表す疑問文は次のようなものである。

　　・　佐藤さんに電話した？　……(1)
　　・　今，何時ですか？　　　……(2)

(1)は電話したかどうか，(2)は現在の時刻が話し手にとって不明の情報であり，聞き手に問いかけることによってその不明な点を解消しようとしている。不明な点を解消するためには聞き手が必要なので，質問を表す疑問文は対話的な性質をもつ文である。疑問文において，話し手は，聞き手が知識をもっていると想定していることになる。

　疑問文の中にはこの2つの性質のどちらかが欠けているものがある。確認要求の疑問文は話し手の判断が成り立っていないという性質を欠いている（例

(3))。また，疑いの疑問文は聞き手に対して問いかけるという性質を欠いている(例(4))。

- 晩ごはん，すぐ食べる<u>でしょ</u>？　……(3)
- 鈴木は間に合う<u>かな</u>。　……(4)

(3)において，聞き手が晩ごはんをすぐ食べると話し手は思っている。話し手にはそのような判断が成立しているが，聞き手の考えがわからないので確認するのが確認要求の疑問文である(⇒確認要求の疑問文については，4.2を参照)。また，(4)において，話し手は鈴木が間に合うかどうかわからないでいるが，その疑問を聞き手に問いかけて解消しようとしていない。基本的に，聞き手の存在を前提としないということが疑いの疑問文の特徴である(⇒疑いの疑問文については，4.1を参照)。

質問を表す疑問文は，一般的に，ある主題(「～は」)に対して何かを質問する，という性質をもつ有題文である。

- あなたは，明日の授業に出ますか？

この例では「あなた」という主題に対して，「授業に出るか出ないか」が疑問のフォーカス(焦点)になっている。主題が2人称者である場合は，話しことばでは省略されることも多い。

- 昨日，何を食べた？

疑問文は一般に「～は」という主題をもつ文であるが，例外もある。たとえば，補充疑問文のガ格名詞が疑問語になる場合は「は」では表せない。これは，疑問語自体が疑問のフォーカスになるためである。

- {だれが／*だれは} 幹事さんですか？

次のような例も，ガ格名詞がその文のフォーカスになるので，文中に「～は」が現れない。

- あなたがこの会の代表ですか？

また，確認的な意味をもつ疑問文でも「～は」が出てこないことがある。

- 留守中に電話がかかってこなかった？

1.2 疑問文の分類

疑問文は，話し手にとって何が不明なのかという観点から，真偽疑問文(yes-no question)，選択疑問文(alternative question)，補充疑問文(wh question)の3つのタイプに分けられる。

[真偽疑問文]

真偽疑問文は，その情報の真偽が不明であることを表す疑問文である。動詞述語やイ形容詞述語の場合，普通体では「か」を付加することも付加しないこともある。普通体に「か」が付加された疑問文は，おもに男性が用いる。

- 昨日，あの番組，見た {か／φ} ?
- この部屋，暑い {か／φ} ?

丁寧体の場合，動詞述語では「か」の有無による違いはあまり大きくないが，イ形容詞述語では「か」が付加されるのが普通である。「か」が付加されない場合は，容認性がやや低くなる。

- もう出かけます {か／φ} ?
- あなたのお父さんは，背が高いです {か／?φ} ?

名詞述語やナ形容詞述語の場合，普通体では「か」を付加せず，上昇イントネーションで質問の意味を表すことが多い。

- 君は大学生？
- 紅茶，好き？

「か」を付加するときは，「だ」を脱落させて「か」を付加する。おもに男性が用いる表現である。

- 君は大学生 {φ／*だ} か？
- 紅茶，好き {φ／*だ} か？

また，丁寧体では「です」に直接「か」を付加するが，このとき「か」は脱落しにくい。

- 君は大学生です {か／?φ} ?
- 紅茶，好きです {か／?φ} ?

述語の種類にかかわらず，文末が「かい」になることがある。これはくだ

けた口調の疑問形式であり，男性が用いることが多い。丁寧体には接続しにくい。

- そこに座っても｛いいかい／*いいですかい｝？

述語以外の要素がフォーカスになる場合は，「のか」を文末に付加してスコープをひろげる(⇒「のか」疑問文については3.を参照。また，「のだ」によるスコープの拡張については第7部第3章第1節を参照)。

- あなたは，ここまで自転車で来た<u>の</u>ですか？

この文では，聞き手がここに来たことは話し手はすでに知っており，その手段が自転車かどうかが疑問のフォーカスになっている。述語以外の要素がフォーカスになるので，「のか」疑問文が用いられている。

また，名詞述語文の文末を過去形にすることによって，記憶を探りながら聞き手に尋ねる文になることがある。

- あなたは東京の生まれでしたか？

［真偽疑問文に対する応答］

真偽疑問文には，「はい」「ええ」「うん」や「いいえ」などの表現によって真偽判断を伝えることで応答するのが一般的である。

- A「先週，佐藤さんはここに来ましたか？」
- B「｛はい／ええ／うん／いいえ｝」

述語部分を繰り返すことによって応答されることも多い。

- A「先週，佐藤さんはここに来ましたか？」
- B「｛来ましたよ／来ませんでしたよ｝」

名詞述語の真偽疑問文に対しては，「はい」「いいえ」などの応答表現以外に，「そうです」「違います」で応答することもできる。

- A「あなたは田中さんですか？」
- B「｛そうです／違います｝」

「のか」疑問文に対しても，「そうです」「違います」で応答できる。

- A「昨日は早めに寝たのですか」
- B「｛そうです／違います｝」

動詞述語やイ形容詞・ナ形容詞述語では，このような応答はできない。

- A「昨夜は早めに寝ましたか」
  B「{*そうです／*違います}」
- A「弟さん，背が高い？」
  B「{*そうです／*違います}」
- A「お父さんは元気ですか？」
  B「{*そうです／*違います}」

[選択疑問文]

　選択疑問文は，複数の可能性のうちどれが正しいかが話し手にとって不明なので，それを選択肢として提示する疑問文である。

- 　コーヒー，飲む？　それとも，紅茶にする？
- 　和食にしますか，洋食にしますか，中華にしますか？

　選択疑問文は，形の上では真偽疑問文に似ているが，機能の上では補充疑問文と近い性質をもっている。回答の候補が選択肢として文中に提示されているため，「はい」や「いいえ」で応答することはできず，いずれかの選択肢を選んで答えなければならない。

- A「コーヒー，飲む？　それとも，紅茶にする？」
  B「コーヒーをお願いします」

　選択疑問文は，選択肢を聞き手に提示して，その中から１つを選ぶよう求めるものである。これは，普通は選択肢を限定する働きをするだけであるが，聞き手に対して決定を迫るようなニュアンスを帯びることがある。

- 　ねえ，いっしょに行くの，行かないの？　　……(1)
- 　私を選ぶの？　それとも佐藤さんを選ぶの？　……(2)

(1)のように述語の肯否を選択肢とする場合は，選択肢を限定しなくても，可能性は「行くか行かないか」の２つしかない。また，(2)のようにその状況で，選択肢が２つしかないような場合もある。２つしかない選択肢をあえて聞き手に掲示することから，決定を強制するニュアンスが生じてくる。

　選択疑問文の一種として，文末を「かどうか」で終えるものもある。

- うーん，鈴木さんに事実を伝えるべきかどうか。

このような文は「わからない」のような述語の補文部分だけで言いさしたものが形式として固定化したものであり，どちらにも決めかねている話し手の迷いを表す。

[補充疑問文]

補充疑問文は，その命題の中に不明な情報が含まれていることを表す疑問文である。不明な情報を疑問語で表して，その部分を補充することを聞き手に求めるのが補充疑問文による質問の機能である。

- 何を読んでいるの？
- だれが来てる？

疑問語を除いた部分(「何かを読んでいる」「だれかが来ている」)が真であることは前提とされる。

補充疑問文は，丁寧体では「か」の有無による違いはあまり大きくないが，普通体では「か」を付加しないのが普通である。「か」が付加されると質問としては容認性が低くなり，聞き手を詰問するようなニュアンスが出る。

- 鈴木さんは，どこにいます {か／φ}？
- 鈴木さんは，どこにいる {？か／φ}？

文末には「のだ」(「んだ」)が現れることが多いが，このとき，「(ん)だい」という形になることがある。これはややくだけた疑問形式であり，おもに男性が用いる。

- そんなに急いで，どこに行くんだい？

[補充疑問文における疑問語の使い分け]

不明な情報の意味的な性質によって，疑問語にはさまざまなものがある。名詞が表すもの一般を受けるもっとも基本的な疑問語は「何」である。「何」は物を受けることもあるし，出来事を受けることもある。

- 夕飯には何を食べる？
- この騒ぎは，一体何があったんですか？

「何」は語の構成要素として用いられることも多い。
- 待ち合わせは何時にする？
- この前のオリンピックには何カ国が出場していたの？

聞き手の意図を漠然と受けるような用法もある。
- 何をばかなこと言っているんだ！
- A「ねえねえ」
  B「何？」

人を尋ねるのには「だれ」が用いられる。「どなた」という丁寧な疑問語もある。
- だれがあなたにそんなことを話したの？
- 待ち合わせですか？　どなたとお会いになるんですか？

時を尋ねるのには「いつ」が用いられる。
- あ，早いね。いつ着いたの？
- この仕事，いつまでに仕上げればいいんですか？

場所を尋ねるのには「どこ」が用いられる。
- その人，どこにいますか？
- どこから電話をかけてるの？　早く来いよ。

「どこ」には，物の一部や人の性格などを受ける用法もある。これは，全体から見た部分が場所としてとらえられるからである。
- テレビの映りが悪いんですよ。どこが悪いんだろう？
- 私のどこが好き？

理由や原因を尋ねるのには「なぜ」「どうして」「なんで」が用いられる。
- なぜそんな嘘をついたの？
- どうして遅刻したんだい？
- なんでこんな事故が起こったんですか？

補充疑問文は文末が「のか」になることが多いが，理由や原因を尋ねる場合には，ほぼ必須的に「のか」になる。

手段を尋ねるのには「どうやって」が用いられる。文中に埋め込まれる場合には「どう」「どのように」が用いられることもある。

- 今日はここまで ｛どうやって／？どう／？どのように｝ 来たの？
- これは，｛どうやって／どう／どのように｝ 使えばいいのですか？

「どう」「どのように」は，様態を尋ねるのに用いられることもある。

- 今の学校では，確率は ｛どう／どのように｝ 教えられているんだろう。
- 佐藤さんの様子は，｛どう／どのように｝ 見えた？

複数の要素から何を選ぶかを尋ねるのには「どちら」（「どっち」）や「どれ」「どの」が用いられる。「どちら」（「どっち」）は2つの要素からの選択を表し，「どれ」「どの」は3つ以上の要素からの選択を表す。

- シャツが2枚あるんだけど，君，<u>どっち</u>がいいと思う？
- ｛どれ／どの本｝ を買う？

「どちら」（「どっち」）は方向を尋ねるのに用いられることもある。

- さっきの人，<u>どっち</u>へ行った？

漠然と方向を質問することで場所を知ろうとすることがある。これは聞き手への配慮を示す，丁寧な質問になる。

- あ，先生。今日は<u>どちら</u>へお出かけですか？

「言う」や「思う」のような発言・思考動詞の補文内容を尋ねるのには，「何と」（「何て」）や「どう」が用いられる。発言動詞ではどちらも可能だが「何と」が用いられることが多く，思考動詞には「どう」が用いられる。

- そのとき，山本さんは ｛何て／どう｝ 言ったんだい？
- その知らせを聞いて ｛*何て／どう｝ 思った？

名詞の性質・特徴を尋ねるのには「どんな」「どういう」が用いられる。

- ｛どんな／どういう｝ 人が好みのタイプなの？

述語動詞が表す動作を尋ねるのには「どうするか」「何をするか」が用いられる。何らかの具体的な動作を尋ねようとする場合は，「何をするか」が用いられることが多い。

- A「今，田中さんは ｛何をしてる／？どうしてる｝ ？」
  B「本を読んでいます」

漠然と状況や行動を受ける場合は「どうするか」が用いられる。

- 田中さんにも長いこと会っていないなあ。あいつ，どうしてます？
- ［食事が終わって］さあ，これからどうする？
- あ，財布を忘れた。どうしよう？

「どうしたか」は，動作そのものを尋ねるというより，眼前の状況が理解できない場合に聞き手に事情を尋ねるために用いられる。

- ずいぶん急いでいるんだね。どうしたの？
- 目が赤いよ。どうしたの？

2. 否定疑問文

2.1 接続と形

否定疑問文は，真偽疑問文の1つであり，述語の否定形に「か」が付加されるものである。ナ形容詞と名詞では「じゃないか」となることもある。

- 雨，降ってませんか？
- あの人，学生じゃないか？

話しことばでは「か」が脱落することが多い。

- 鈴木さんを探しているんだけど，そこにいない？

非存在を表すイ形容詞「ない」は，否定形ではないものの，否定疑問文を作ることができる。

- 何か問題はない？

「のではないか」は，判断に一定の方向性があるという否定疑問文の機能が固定化した形式である。話しことばでは「んじゃないか」という形で用いられるのが普通である。「か」は脱落することが多い。

- 雨が降ってるんじゃないか？
- 鈴木さんなら，あそこにいるんじゃない？

「のではないか」は，動詞・イ形容詞の非過去形・過去形，ナ形容詞の語幹・名詞＋「な／だった」に接続する。

- だれか {来る／来た} んじゃない？
- この部屋，ちょっと {暑い／暑かった} んじゃない？
- 君，鉄棒，{苦手な／苦手だった} んじゃない？

2章●3節　疑問のモダリティ

- あれ，{鈴木さんな／鈴木さんだった}んじゃない？

2.2 意味と用法
[否定疑問文]

　真偽疑問文には，述語の肯否によって肯定疑問文と否定疑問文がある。
- 雨，降ってる？（肯定疑問文）
- 雨，降ってない？（否定疑問文）

真偽疑問文はある命題の真偽を尋ねるものなので，肯定疑問文だけでもその機能を果たすことは十分に可能である。否定疑問文の機能の特徴は，命題の真偽を尋ねるという質問の中心的な機能以外のところにある。

　否定疑問文には，話し手の感情を表す用法と，ある判断への傾きを含んだ問いかけを表す用法がある。

　話し手の感情を表す用法とは，その事態の実現に対する願望や不安といった感情が否定疑問文によって表されるものである。
- ええと，どこかにハサミはないかなあ。
- 肝心なときに，間違えてしまわないか，心配だなあ。
- こんなことして，田中は怒りはしないか。

願望は，述語の否定形に「ものか」が接続されることで表されることもある。
- だれか手伝ってくれない<u>ものか</u>。

　一方，ある判断への傾きを含んだ問いかけの用法とは，否定形式を含んだ文内容（否定命題）とは逆方向の，肯定命題の成立に話し手が傾いているという前提のもとで質問するものである。
- 雨，降ってませんか？　天気予報では午後から雨だったんですけど。
- 昨日はお疲れさま。疲れ，残ってない？

これらの例は，「雨が降っているかどうか」や「疲れが残っているかどうか」がまったくわからない状態で，その真偽を尋ねているのではない。話し手は，実際に「雨が降っているかどうか」や「疲れが残っているかどうか」は知らないものの，何らかの理由で「雨が降っている」とか「疲れが残っている」という肯定命題への見込みをもっており，それを確認するために聞き手に問いかけ

ている。このように，否定疑問文は肯定命題への傾きがある場合に用いられるが，これは，一般的な肯定疑問文が話し手にとって判断不明の命題に対する回答を聞き手に要求するのと大きく異なっている。

否定疑問文には，自分もそうだということを前提として聞き手も同じかどうかを確認しようとするものや，話し手が聞き手の状態を予測してそれを確認しようとするものがある。

- お腹，{すきませんか／すいてませんか}？
- 学生時代のことを {思い出さないか／思い出してないか}？

この例において，「すきませんか」や「思い出さないか」は話し手もそのような状態にあることを前提としているが，「すいてませんか」や「思い出してないか」は話し手の状態は関わらない。これらは，聞き手の状態を推測して確認しようとするものである。

否定疑問文は，ある判断への傾きをもつことがあるため，質問としてだけでなく，応答としても用いられることもある。肯定疑問文では応答することはできない。

- A「田中さんはどこ？」
  B「あれ，部屋に {いませんか／*いますか}？」

これは，否定疑問文によって話し手が「田中が部屋にいる」という見込みをもっていることが示唆されるために，結果的に話し手の考えが聞き手に伝わるものである。ただし，応答としてはその見込みの当否を聞き手が確認しようと思えばできるという場面でしか用いられない。

- A「鈴木さんはまだ来ないのかな」
  B「*そろそろ来ませんか？」

[のではないか]

「のではないか」は，ある判断への傾きをもつという否定疑問文の機能が固定化した形式である（⇒「のではないか」については，第4章第5節1.も参照）。否定疑問文と同様，何らかの見込みをもった質問としての機能もあるし，応答のように情報を伝達する機能ももっている。

- 君,疲れてるんじゃない? ゆっくり休んだ方がいいよ。
- A「田中さんはどこ?」
  B「自分の部屋にいるんじゃない?」

否定疑問文は否定形をとることで逆の肯定命題に対する傾きを表すものであるから,否定命題に対する傾きを表すことはできない。しかし,「のではないか」は肯定命題と否定命題のどちらについても話し手の判断の傾きを表すことができる。

- 明日は雨が降るんじゃない?
- 明日は雨は降らないんじゃない?

この点で,「のではないか」は否定疑問文よりも自由に,話し手の見込みを表すことができる。

否定疑問文は含意される見込みの当否を相手が確認できるような場面でないと応答としては用いられないが,「のではないか」は見込みの当否を確認できないような状況で,話し手の不確かな意見を伝えるのに用いることもできる。

- A「鈴木さんはまだ来ないのかな」
  B「そろそろ来るんじゃありませんか?」

「のではないか」は,「のではなかったか」のように過去形で用いられることがある。これは,話し手が自分の記憶に基づいて確認しようとするものである。

- 君も,佐藤に会ったことがあるんじゃなかった?

3.「のか」疑問文

3.1 接続と形

「のか」疑問文は,説明のモダリティを表す「のだ」が疑問化されたものである(⇒「のだ」については,詳しくは第5章第2節を参照)。

「のか」は,動詞・イ形容詞の非過去形・過去形,ナ形容詞の語幹・名詞+「な/だった」に接続する。

- 学校に{行く/行った}の?
- 料理は{おいしい/おいしかった}のか?

- 山本さんは {元気な／元気だった} の？
- 昼食は、また {カレーな／カレーだった} の？

「のか」疑問文は、普通体では「の」「んか」、丁寧体では「のですか」「んですか」という形も用いられる。補充疑問文では「のだ」「んだ」という形をとることもある。

- どうしてそんなことをしたんだ？

3.2 意味と用法

「のか」疑問文には、疑問のスコープをひろげる用法と説明の用法の2つががある。

疑問のスコープをひろげる用法とは、疑問のフォーカスが述語以外の要素である場合に、「の」によって文中の先行する部分を名詞化することによって、その要素がスコープの中に入るようにするものである。この用法では、真偽疑問文と補充疑問文で「のか」の必須性に違いがある。

真偽疑問文においては述語が成立するか否かが疑問のフォーカスになるのが一般的であるが、その要素の意味的な性質や文脈からほかの情報がフォーカスとして解釈されることがある（⇒フォーカスとスコープについては、第7部第3章第1節を参照）。

- A「今度友達が遊びに来るんです」
  B「へえ、一人で {来るんですか／*来ますか} ？」
- A「今日はお客さんが多いですね。ずっと {混んでるんですか／？混んでますか} ？」
  B「日曜日は、いつもそうですね」

これらの例で、「友達が来る」ことや「（店が）混んでいる」ことは文脈や状況から明らかであり、その部分が疑問のフォーカスになっているとは考えられない。「一人で」や「ずっと」の部分をスコープに入れるために、「のか」疑問文が用いられている。

補充疑問文では、疑問語自体がフォーカスを明示するので、スコープをひろげる「のか」の役割はそれほど重要ではない。

- 今日はだれが {来るのですか／来ますか} ?

ただし，「なぜ」「どうして」のように理由を尋ねる疑問語による補充疑問文は，「のか」疑問文になるのが普通である。

- どうして今日は {渋滞しているんですか／*渋滞していますか} ?

理由を尋ねる質問文が「のか」疑問文の形を取らないと，相手を非難したり反語的な主張をしているような意味あいが強くなる。また，「のか」疑問文であっても下降イントネーションをとる場合は，非難のニュアンスを帯びやすい。

- どうして {来なかったの／来なかった} ?
- やりもしないうちに，できないってことがなぜ {わかるの／わかる} ?

次に，「のか」疑問文の説明の用法とは，発話状況から引き出された疑問を解消するために，話し手が聞き手に質問を行うというものである。

真偽疑問文に「のか」が付加されるのは，発話状況や文脈から引き出された推論や話し手の理解が正しいかどうかを聞き手に確認しようとするような場合である。

- もじもじして，どうしたの？　もしかして，照れてるの？
- A「佐藤さんって，人前では何も話せないんです」
  B「そんなにおとなしいんですか？」

補充疑問文に「のか」が付加されるのは，発話状況や文脈から与えられた情報の欠落を補うことを聞き手に求めるような場合である。

- A「最近の学生は，いいところに住んでいますよね」
  B「どんなところに住んでいるんですか？」

4. そのほかの疑問文

4.1 疑いの疑問文

[接続と形]

疑いの疑問文は，「だろうか」「かな」「かしら」によって表される。「だろうか」には「でしょうか」という丁寧形がある。「でしょうか」は男女ともに用

いられるが,「だろうか」は男性によって用いられることが多い。また,「かしら」は女性によって用いられることが多い。

これらの形式は,動詞とイ形容詞の非過去形・過去形,ナ形容詞の語幹,名詞,ナ形容詞の語幹・名詞＋「だった」に接続する。

- 雨が {降る／降った} だろうか。
- {忙しい／忙しかった} かな。
- 弟に親切にしてくれたのは佐藤さん {φ／だった} でしょうか。
- 鈴木さんは元気 {φ／だった} かしら。

疑いの疑問文にも,「だろうか」や「かな」といった形式の前に「の」が入る形がある。話しことばでは「ん」になることもある。これは,「のか」疑問文に対応するものである。

- 雨が降るのだろうか。
- だれか来たんだろうか。

話しことばでは,補充疑問文に「だろうか」が用いられる場合,「か」が脱落することが多い。

- 私の仕事をだれが肩代わりしてくれたんだろう。

［意味と用法］

疑いの疑問文は,話し手にとって不明の点があることだけを表すものであり,聞き手に問いかける機能をもたない。

- あいつ,何も言わずに寝たけど,何時に起きるつもりなんだろう。
- 遅くなっちゃったな。まだ電車は動いているかな。
- ここから東京まで,時間はどのくらいかかるのかしら。

疑いの疑問文には,独話的な用法と対話的な用法がある。疑いの疑問文は本来的には聞き手へ問いかける機能をもたないので,独話的な用法が基本である。

独話的な疑いの疑問文には,判断不明,思考過程,疑念の3つの用法がある。これらの用法は独話や心内発話として用いられるのが普通である。

判断不明の用法は,その命題の真偽や欠けている情報について,話し手がまったく見当がつかない状態にいることを表すものである。

- 佐藤はここは初めてのはずなのに，どうしてこんなに詳しいんだろう。
- もう卒業か。一体，今まで何をしていたのかな。

この用法では，現在の状況を不思議に思ったり，当惑を感じているといったニュアンスが出ることがある。

　思考過程の用法は，疑問の解消に向けてありうる可能性を検討していることを表すものである。

- 鈴木はそろそろ新幹線に乗った頃かなと思った。
- あの人は一体どういう人なんだろう。学生だろうか。社会人だろうか。

疑念の用法は，実際のところはまだわからないが，その命題に対して否定的な方向に傾いているということを表すものである。

- こんなおかしなことがありうるのだろうかと思った。
- こんなに忙しくて，明日は本当に遊びに行けるのかしら。

疑いの疑問文は独話的用法が基本であるが，その独話的な性質を利用して，対話的な用法が派生される。対話的な用法には，質問として用いられるものと応答として用いられるものがある。

　疑いの疑問文による質問は，聞き手に応答を強制しないという特徴をもっており，聞き手が答えを知っているかどうかが話し手にわからない状況で用いられる。

- A「佐藤は，本当のことをどこまで知っているのかな？」
  B「さあ，わからないな。よく知らないと思うんだけど」
- A「田中さんはどうしてそんなことを断言できるんだろう？」
  B「本人から直接話を聞いたらしいよ」

通常の疑問文のように応答を強制するわけではないので聞き手が答えを知らなくても問題なく，また，聞き手が答えを知っていれば応答が期待できるというのが疑いの疑問文による質問である。

　疑いの疑問文には，やわらげられた質問にする機能がある。これは，応答を強制しないというところから派生するものである。あらたまった場面では「で

しょうか」が用いられることが多く，くだけた場面では「かな」が用いられることが多い。

- 何をお手伝いすればいいの<u>でしょうか</u>？
- 失礼ですが，田中さん<u>でしょうか</u>？
- 帰りが遅くなることは，お父さんには，話してあるの<u>かな</u>？

このような用法では，述語の丁寧形にさらに「でしょうか」が付加されることもある。ただし，「です」に「でしょうか」が付加することはできない。

- 失礼ですが，田中さんでいらっしゃいます<u>でしょうか</u>？
- ＊失礼ですが，田中さんです<u>でしょうか</u>？

質問文を丁寧にするだけでなく，依頼文を丁寧にする機能もある。

- すみませんが，明日，時間をとっていただけません<u>でしょうか</u>？

疑いの疑問文は聞き手に何らかの情報を伝える機能をもつこともある。補充疑問文に対する応答文として，知ってはいるもののはっきり言い切れない情報を伝えるときに用いられる。

- A「広島から東京まで，新幹線でどのくらいかかる？」
  B「さあ，4時間ぐらい<u>でしょうか</u>」
- A「昨日はだれが来ていたの？」
  B「そうだなあ。山本と佐藤と鈴木<u>かな</u>」

真偽疑問文の形では，否定疑問文や「のではないか」のように，話し手の見込みを伝えることはできない。

- A「田中さんはどこにいる？」
  B「自分の部屋に ｛＊いるかな／いないか／いるんじゃないか｝」

4.2　確認要求の疑問文

[接続と形]

　確認要求を表す主要な形式は，「だろう」と「ではないか」である。終助詞の「ね」「よね」も確認要求の機能をもつことがある。

　「だろう」には「でしょう」という丁寧形がある。また，話しことばでは「だろ」「だろっ」「でしょ」「でしょっ」のような形で用いられることもある。

2章　●3節　疑問のモダリティ　　37

「だろう」は，動詞・イ形容詞の非過去形・過去形，ナ形容詞の語幹，名詞，ナ形容詞の語幹・名詞＋「だった」に接続する。
- 君，そこに {いる／いた} だろう？
- {暑い／暑かった} でしょう？　冷房を入れようか。
- 鈴木先生，70歳も近いというのに，お元気 {φ／だった} でしょう？
- 君，あの学校の学生 {φ／だった} でしょう？

確認要求の機能をもつ「でしょう」は，動詞の丁寧形に接続することもある。
- 同僚に佐藤さんという人がいらっしゃいますでしょ？

「ではないか」には「ではないですか」「ではありませんか」という丁寧形がある。また，話しことばでは「じゃないか」「じゃない」「じゃないですか」のような形で用いられることもある。

「ではないか」は，動詞・イ形容詞の非過去形・過去形，ナ形容詞の語幹，名詞，ナ形容詞の語幹・名詞＋「だった」に接続する。
- ほら，田中さんって {いる／いた} じゃない。
- あの映画，{面白い／面白かった} じゃないか。
- 静か {φ／だった} じゃない。
- 田中さん {φ／だった／φ} じゃないか。

「ね」「よね」は，動詞・イ形容詞の非過去形・過去形，ナ形容詞の語幹・名詞＋「だ／だった」に接続する。名詞に接続する場合は「だ」が脱落することもある。
- 君もそこに {行く／行った} ね。
- この料理，ちょっと {辛い／辛かった} ね。
- それは確か {だ／だった／φ} ね。
- 君，佐藤君 {だ／だった／φ} ね。

[確認要求の疑問文の性質]
　確認要求の疑問文は，話し手に何らかの判断が成立しているということを前提として，聞き手にその判断を問いかけ，確認を求めるという機能をもっているものである。

確認要求の疑問文は，質問という機能の2つの基本的な性質のうち，その命題に不明の点があるために判断が成り立たないという性質を欠いたものである。そのため，確認要求の疑問文は疑問語をとって補充疑問文になることができない。

- *だれが来る{だろ／じゃないですか／ね／よね}。

確認要求は話し手に何らかの判断が成立していることを前提とするため，疑問語を含む不完全な命題とはなじまないのである。

[「だろう」の意味と用法]
　「だろう」は話し手の推量的な判断を表す認識のモダリティの形式であるが，上昇イントネーションをとって，話し手の判断形成に聞き手をかかわらせる機能をもっている（⇒推量の「だろう」については，第4章第2節3.を参照）。
　「だろう」は，話し手が推量した内容を聞き手に問いかけたり，眼前に存在している状況について聞き手の注意を喚起したり，話し手の知識や記憶を確認したりするのに用いられる。

- 君，田中のことが心配なんだろ？　電話してやれよ。
- あそこに，郵便局が見えるでしょ？　私の家はあそこを曲がったところです。
- あなたにはどこかでお会いしたことがありますでしょ？

「だろう」には，下降イントネーションをとって自分の考えを強引に聞き手に押しつける用法もある。

- 何度も言ってるだろっ！　どうしてわからないんだ。

「だろう」に「ね」が付加された「だろうね」という形式が，そうでなければならない，そうでなければ困る，といった当然性の判断を含んだ確認を表すこともある。

- このお金，ちゃんと返してくれるだろうね。
- 君の責任で，この問題を処理してくれるんだろうね。

[「ではないか」の意味と用法]

「ではないか」は話し手と聞き手が同一の知識状態にある事柄を聞き手に想起させたり，気づかせたりする機能をもっている。対話の中では，話し手と聞き手が同一の知識状態にあることに相手が気がついていないといった状況で用いられることが多い。

「ではないか」は，話し手と聞き手に共有される知識や一般的な知識，伝聞的な知識に付加されて，相手が忘れていることを思い出させたり，会話のテーマを導入したりする。

- ほら，高校の同級生で田中さんっていた<u>じゃない</u>。覚えてない？
- 何歳になっても夏になると子供の頃を思い出すもの<u>じゃないですか</u>。
- そう言えば，こんど結婚なさるそう<u>じゃないですか</u>。

気づくべきこと，知っているはずのことに聞き手を気づかせる用法もある。このような例は非難のニュアンスを帯びやすい。

- 何をするんだ。そんなことしたら，痛い<u>じゃないか</u>。
- まだできてないんですか。ずっと前にお願いした<u>じゃないですか</u>。

「ではないか」には発見のニュアンスをもつ用法もある。この用法は独話で用いられるものである。

- ［探し物を見つけて］あれ，こんなところにある<u>じゃないか</u>。
- ［おかずを一口食べて］なかなかおいしい<u>じゃないか</u>。

[「ね」の意味と用法]

「ね」は，文が表す内容を，心内で確認しながら話し手の認識として聞き手に示す機能をもっている終助詞である（⇒「ね」については，第6章第3節3.1を参照）。文が表している内容が聞き手の個人的な情報である場合には，確認的な機能が強く出てくる。

- 失礼ですが，田中さんでいらっしゃいます<u>ね</u>？　私，鈴木と申します。
- 君は，こういうことを考えるのが好きそうだ<u>ね</u>？

話し手よりも聞き手の方がよく知っていると見込まれる事柄に「ね」が付加

されることもある。この場合には，よくわからないことを決めつけているようなニュアンスをもつことが多い。

- 佐藤はもう来ない<u>ね</u>？
- さては，田中との間で何かあった<u>ね</u>？

「のだ」の文に「ね」が付加されることがある。状況や相手の発言から引き出された話し手の考えを確認する文になる。

- A「たしかに待ち合わせ場所を鈴木に伝えたんだ<u>ね</u>？」
  B「ああ，間違いないよ」
- A「てっきり山本しかいないと思って，そこに行ったんですよ」
  B「そこにだれかいたんだ<u>ね</u>？」

一般性の高い内容を表す文に「ね」が付加されると，聞き手に応答を要求する機能はそれほど強く感じられず，聞き手に話し手の認識をもちかけているといった程度の意味になる。

- 今年は，例年以上に残暑が厳しそうです<u>ね</u>。

聞き手も同様の感覚や感情，考えを共有していると見込まれるような場合には，どちらの話し手も「ね」を付加して自分の認識として，共感を表す文として発話することがある。確認の機能はそれほど強くない。

- A「夕焼けを見ていると，なんだか寂しくなる<u>ね</u>」
  B「そうだ<u>ね</u>」
- A「うわあ，外は寒い<u>ね</u>」
  B「ほんとに寒い<u>ね</u>」

[「よね」の意味と用法]

「よね」は，文が表す内容を，聞き手にも受け入れられる一般性の高い認識として，聞き手に示すことを表す機能をもつ終助詞である（⇒「よね」については，第6章第3節3.3を参照）。

- 正直言って，人の話を聞くのが面倒くさいことってあります<u>よね</u>。そんなとき，あなたはどうなさっているんですか？
- あの人，案外，よくしゃべる<u>よね</u>。

「ね」が話し手の個人的な実感に基づくことが多いのに対して，「よね」は話し手の知識に基づいていることが多い。

- 雨の日が続くと，気持ちがめいってくる {ね／よね}。

この例で，「ね」は話し手の個人的な実感を聞き手に確認しようとする文になるが，「よね」は多くの人が感じる一般的な感覚を聞き手に確認しようとする文になる。

聞き手が当然認めるものだと考えられる事柄を確認することもある。

- 君は，佐藤さんに会ったことがある<u>よね</u>。
- A「悪いんだけど，少し用立ててくれないかな」
  B「期日までには，返してくれる<u>よね</u>」

「よね」は，「だろう」と置き換えられることが多い。

- 佐藤さん。君は先日の会議でこのような発言をした {でしょ／よね}？

「でしょ」は話し手の考えを聞き手に押しつけようとする機能が強く感じられるので，目上の聞き手に対して用いるときは，ぞんざいな印象を与えやすい。このような例で，「よね」は丁寧さに欠けることなく確認することができる。

- 先生は，先日の会議でこのような発言をなさいました {?でしょ／よね}？

4.3　意志の疑問文

[接続と形]

意志の疑問文は，動詞の意志形「しよう」に「か」が付加されて，疑問化されるものである。丁寧形は「しましょうか」である。

- ずいぶん辺りも暗くなったね。そろそろ<u>帰ろうか</u>。
- 荷物，<u>お持ちしましょうか</u>。

補充疑問文では「か」は脱落することが多い。話しことばでは「しよ」「しましょ」のような形になることもある。

- だれに留守中のことを頼んで<u>おこう</u>。
- あ，鍵を忘れちゃった。どう<u>しよ</u>。

[意味と用法]

　意志の疑問文「しようか」は，意志のモダリティを表す「しよう」が疑問化されたものである。「しよう」の機能に対応して，独話的な用法から対話的な用法へ広がっていく。

　「しようか」の独話的な用法は，意志の未決定を表すものである。いくつかの可能性を決めかねているという迷いのニュアンスが強く出る場合や思考過程にあることを表す場合がある。

- 早く帰って自炊しようか。それとも，外食しようか。
- 今日は家で何をしようかと思いながら，帰宅の途に着いた。

　意志を決定してはいないものの，決定に傾いていることを表すこともある。この用法では，「しよう」とほとんど意味が変わらない。

- さあて，そろそろ ｛帰ろうか／帰ろう｝。

決定に傾いているところから，相手に意志を表明する応答文で用いられることもある。

- A「どう？　いい人だと思うよ」
  B「そうですねえ。じゃあ，会ってみましょうか」

　「しようか」の対話的な用法としては，申し出，提案，勧誘，促しの4つの用法がある。

　申し出は，話し手が聞き手のために実行しようとしている行為を聞き手が受け入れるかどうかを尋ねるものである。

- その仕事，私がやりましょうか。
- 明日どうせ鈴木さんに会うから，ぼくから渡しておこうか。

　提案は，話し手と聞き手に関わる行為を実行しようという話し手の提案を，聞き手が受け入れるかどうかを尋ねるものである。

- そろそろ寝ようか。
- ここは騒がしいから，場所を変えましょうか。

　勧誘は，話し手が行おうとしている行為に聞き手を引き込もうとするものである（⇒勧誘の「しようか」については，第5節3.を参照）。「しようか」の勧誘の機能は，提案の用法に近いものであり，本来は話し手と聞き手が別々に行う行為

をいっしょに行うことを聞き手にもちかけるものである。
- ねえ，今日，映画でも見に行こうか。
- 一休みして，コーヒーでも飲もうか。

促しは，すでに実行することが決まっている行為に対して，行為を開始するきっかけを与えるものである。
- さあ，準備もできたし，出かけようか。

4.4　意見の疑問文
[接続と形]

意見の疑問文は，「と思うか」によって表される。「と思うか」は述語の非過去形・過去形に接続する。「と思いますか」という丁寧形をとることもある。
- ねえ，佐藤さんは約束を守ると思うか？
- この料理，おいしいと思いますか？

話しことばでは「か」は脱落することが多い。
- 明日，雨，降ると思います？
- みんな私を責めるんだけど，鈴木さんと私のどちらが悪いと思う？

[意味と用法]

「と思うか」は，聞き手が知っていると見込まれることを尋ねるのではなく，話し手同様，聞き手も知らないと見込まれる事柄に対して，聞き手の個人的な意見を質問したいときに用いられる（⇒「思う」のさまざまな用法については，第4章第5節3.2を参照）。
- 明日は雨が降ると思う？
- 今度のパーティには何人ぐらい来ると思う？

これらの例で，雨が降るかどうかや，パーティに来る人数は，聞き手が知っているとは考えにくい情報である。このような状況で，聞き手の個人的な意見を尋ねるのが「と思うか」の基本的な機能である。

尋ねられる内容が評価的な意味をもつ述語の場合もある。
- あの人，かっこいいと思う？

- あの映画，ずいぶん評判がいいけど，面白い<u>と思う</u>？

「と思うか」には，話し手が答えを知っていることに対して，聞き手が答えを知っているかどうかを尋ねる用法もある。

- ねえ，私，何歳だ<u>と思う</u>？
- あそこにいる人，何をしてるんだ<u>と思う</u>？　わからなかったら，教えてあげるよ。

聞き手の個人的な意見を尋ねる「と思うか」が，話し手も知っているし聞き手も知っていると見込まれる事柄に対して用いられることがある。この場合，応答を要求する質問の機能から離れて，聞き手に事実の再確認を求める用法になる。

- 君のことばで山本がどれだけ悩んできた<u>と思う</u>？
- あんな相手，楽勝だと思って，何人の人が負けた<u>と思う</u>？　油断しちゃ駄目だよ。

再確認を求める用法から，その内容が成立しないということを強く主張する反語解釈が出てくることがある(⇒反語解釈については，5.3を参照)。これは，疑問文で尋ねられている内容が成立しないことを聞き手が知っているということが明らかである場合である。

- だれがこんな不便なところに来る<u>と思う</u>？
- 田中さんがそんなに簡単に引き受けてくれる<u>と思う</u>？

これらの例は，「だれもこんな不便なところには来てくれない」「田中さんは引き受けてくれない」といったことを強く主張している。

4.5　周辺的な疑問文

「っけ？」

「っけ」は，以前経験したことや相手から聞いたことがあることなど，話し手の記憶を確認するときに用いられる形式である(⇒終助詞「っけ」については，第6章第3節4.4を参照)。日常会話では，知っていたことを忘れた場面や，自分の知識と相反する状況が生じたような場面で用いられることが多い。

「っけ」は動詞・イ形容詞の過去形，ナ形容詞の語幹・名詞＋「だ／だった」

に接続する。真偽疑問文，選択疑問文，補充疑問文のすべてのタイプに用いることができる。

- あれ？ 君，あの時，いた<u>っけ</u>？
- 代金，立て替えてくれたのは君だ<u>っけ</u>，田中だ<u>っけ</u>？
- 昨日の晩ごはんは何を食べた<u>っけ</u>？

丁寧形にも接続する。ナ形容詞と名詞の場合は「ですっけ」は言えず，過去形にすれば自然になる。

- あれ？ 君，あの時，いました<u>っけ</u>？
- 代金，立て替えてくれたの君 {*です／でした} <u>っけ</u>？

過去に経験したことではなく，自分が知っているはずの一般的な知識や過去に決定ずみの未来の出来事を聞き手に確認する場合には，動詞の過去形は用いにくい。このような場合には，「のだ」によって文を名詞化して「っけ」を文末に付加するのが普通である。

- この道具，こうやって {*使ったっけ／?使うっけ／使う<u>んだっけ</u>} ？
- 今度の仕事，鈴木さんが手伝ってくれる<u>んだっけ</u>？

「んだって？」

「んだって？」は話し手が自分以外の人から得た情報について述べるときに用いられる形式である。上昇イントネーションをとって質問的に用いられるだけでなく，下降イントネーションをとって聞き手に情報を伝達するために用いられることもある(⇒伝聞としての「んだって」については，第4章第4節5.4を参照)。

「んだって？」は，動詞・イ形容詞の非過去形・過去形，ナ形容詞の語幹・名詞+「な／だった」に接続する。

- 仕事，{やめる／やめた} <u>んだって</u>？
- 君の妹，{かわいい／かわいかった} <u>んだって</u>？
- このあたり，夜は {静かな／静かだった} <u>んだって</u>？
- 佐藤って，サッカーの選手 {な／だった} <u>んだって</u>？

丁寧形には接続しない。

・*鈴木が来ます<u>ん</u>ですって？

　質問を表す「んだって」の典型的な用法は，話し手が他者から得た伝聞情報を聞き手に確認しようとするものである。この用法では，普通，真偽疑問文で用いられる。

・　田中から聞いたけど，君，会社，辞める<u>んだって</u>？　何かあったの？

この用法では他者からもたらされた伝聞情報を確認するために「んだって」が用いられるので，情報に不明の点があるという補充疑問文では用いにくい。また，話し手にはすでにある伝聞情報がもたらされており，それを聞き手に確認するという性質をもっているので，複数の可能性からの選択を表す選択疑問文では用いられない。

・？だれが，会社辞める<u>んだって</u>？

・*君が会社を辞める<u>んだって</u>？　それとも，佐藤が辞める<u>んだって</u>？

　「んだって」には，聞き手のことばに聞き取りにくい部分があったり，意外で信じられない部分があった場合に用いられる問い返し疑問文的な用法もある。

・A「今度，田中さんが会社を辞めるんですよ」
　B「だれが会社を辞める<u>ん</u>ですって？」

この用法では，焦点となる部分を疑問語に置き換えた補充疑問文を用いるのが普通である。

「と言うと？」

　「と言うと」は，相手の発言の意図が理解できなかった場合や，相手の発言中に意図のわからないことばがあった場合に用いられて，さらに詳しく述べるよう催促する形式である。この形式は，相手の発言を引用的に取り上げてその意図を尋ねる質問文(「～というと，どういうことか」)の，相手の発話を取り上げる部分だけが形式として固定化したものである。

　相手の発言の意図がわからない場合には「と言うと」単独で用いられることが多く，相手の発言中に意図のわからないことばがある場合にはそのことばに「と言うと」を付加して用いられる。

- A「田中は何か悩んでいる様子はなかったかい？」
  B「と言うと？」
  A「いや，最近，どうも様子がおかしかったからさ」
- A「それ以前の山本の様子を教えてください」
  B「それ以前と言いますと？」
  A「私がここに来る前，ということです」

話しことばでは，「と言いますと」や「とおっしゃいますと」のような丁寧体で用いられることも多い。

[問い返し疑問文]

　問い返し疑問文は，相手の直前の発話が聞き取りにくかったり，話し手にとって驚きだったり意外だったりした場合に用いられる。文末を上昇イントネーションにして相手の発話をそのまま繰り返すことが多いが，文末に「って」や「だって」が付加されることもある。

- A「先日，駅で佐藤さんを見かけたよ」
  B「え，だれを見かけた｛φ／って／だって｝？」
  A「佐藤さんだよ。ほら，高校がいっしょだったじゃない」
- A「田中さんはもう帰ったそうです」
  B「帰った｛φ／って／だって｝？　仕事，まだ残ってるじゃない！」

「私」「あなた」のように話し手の視点が関わる表現や「は」のような形式は，問い返し疑問文の中では，もとの形式をそのまま問い返すか，適切な形式に変更した上で問い返すかが問題になる。相手の発言の表現やことばづかいに問い返す原因がある場合には相手の発言をそのまま繰り返す。

- A「この仕事はお前にやってほしいんだ」
  B「お前？　馴れ馴れしい言い方はしないでくれよ」
- A「先生はそうはおっしゃいませんでした」
  B「先生はだ？　自分の意見を言えないのかい？」

　一方，問い返す原因が相手の発言の内容に関わる場合には，発言そのままではなく，視点に適した形式にしたり，「は」を格助詞に換えたりするなど，適

切な形式に変更する必要がある。
- A「この仕事はぜひ君にお願いしたいんだ」
  B「えっ,<u>ぼくに</u>?」
- A「佐藤は昨日こんなことを言っていたそうだよ」
  B「<u>佐藤が</u>? 何かの間違いじゃないか?」

5. 質問以外の機能

疑問文の主要な機能は,聞き手に対して情報提供を求める質問の機能であるが,疑問文には質問以外の機能もある。納得・非難を表す機能や反語的に話し手の主張を述べるものである。

5.1 納得

納得の機能とは,聞き手に対して情報提供を求めるのではなく,会話の相手や状況から新しい情報を得て,それを心内で確認したことを表すものである。相手が直前に言った文や述語を繰り返して文末に「か」をつけ加えたり,述語を「そうだ」に置き換えて「か」をつけ加えることによって,納得を表すことができる。納得を表す疑問文は,下降イントネーションをとる。
- A「これで全員そろいました」
  B「みんなそろいました<u>か</u>。では,出発しましょう」
- A「午後から雨が降るそうですよ」
  B「そうです<u>か</u>」

納得を表す機能は話し手がその情報を受け取ったことを表すものなので,独話でも用いることができる。
- あ,そう<u>か</u>。こうやればできるのか。
- えっ,田中は来ない<u>の</u><u>か</u>。当てにしていたのに,どうしよう。

5.2 非難

非難の機能とは,相手の発言や行為が非常識であったりよくないことだという考えを伝えるものである。この機能は,話し手がそうするべきだと考えてい

ることをしていない相手に対して，その意図を尋ねたり，質問する必要がないほど当然のことをあえて質問したりすることで，すべきことと聞き手の現状とのずれを聞き手に再認識させることによって派生される。

　非難を表す疑問文としては，理由を尋ねる疑問語(「なぜ」「どうして」)をとった補充疑問文が用いられることが多いが，非難の意味はそのほかの疑問語によって表されることもある。

- どうして言ったとおりにやらないの！
- どこに立ってるんだよ。邪魔だからどいてよ。
- いつまで学生気分が抜けないんだ。しっかりしろよ。

非難の意味は真偽疑問文によって表されることもあるが，この場合は，明らかに事実とは違うことを質問することによって，聞き手にその事実を再認識させるというニュアンスが強い。

- これがテレビに見えるか？　よく見ろよ。

相手が行っている行為の意図をヲ格の疑問語「何を」で示す補充疑問文も，しばしば非難のニュアンスを帯びる。「を」は脱落することもある。

- 何をバカなことを言っているんだ！
- 何，こんなところでぼんやりしてるの！

5.3　反語解釈

　反語解釈とは，逆の判断が成り立つことを前提として聞き手に問いかけ，その前提を確認させるものである。結果として，反語解釈をもつ疑問文は，話し手の強い主張を聞き手に伝えることになる。

　反語解釈は，一般的な疑問文や「だろうか」「と思うか」「というのか」のように基本的な機能を別にもっている疑問文から派生して得られるものと，「ものか」「てたまるか」のように反語的な意味が固定化した形式で表されるものとがある。

　一般的な疑問文は，聞き手への問いかけによって，その命題が成り立たないことを聞き手に確認させるところから，反語解釈が出てくる。「だろうか」は話し手自身に問いかけることによって，反語解釈が出てくることもある。

- 君だったら，あんな厳しい状況に，耐えられるかい？
- あの弱小チームが優勝する。こんなことを予想した人がいるだろうか。

存在から非存在，可能から不可能のように逆の判断を予測させやすい意味内容が疑問化されることで反語解釈が生じることが多い。

　意見の疑問文「と思うか」は，聞き手の意見を尋ねることで，その意見が成立しないことを気づかせることによって，反語解釈が出てくる。

- あの怠け者の田中さんが協力してくれると思う？

「というのか」は相手の発言の意図を尋ねる形式である。相手の発言の意図をあえて問いかけることによって，意図が理解できないほどその発言内容がおかしいということを聞き手に示唆するところから，反語解釈が得られる。

- A「今回は，あきらめよう」
  B「何ですって？　このチャンスを逃していつ勝てるというんです？」

「ものか」「てたまるか」は反語的な意味が固定化した形式である。「ものか」は一般的な性質に基づいてそれが成り立たないことを確認させるものであり，「てたまるか」は個人的な評価に基づいて，逆の判断を訴えるものである。「ものか」は真偽疑問文としても補充疑問文としても用いられるが，「てたまるか」は真偽疑問文としてしか用いられない。

- 私たちの仕事をあいつが｛手伝うものか／手伝ってたまるか｝。
- こんな不便なところまでだれが｛来るものか／＊来てたまるか｝。

第4節　意志のモダリティ

◆意志のモダリティは，話し手が自分自身の行為の実行を決定したことを表すものである。意志のモダリティを表す基本的な形式には，「しよう」と「する」がある。

◆「しよう」は，発話時においてその行為の実行を決めたことを表す意志の表出という非対話的な機能を中心としながら，その行為を聞き手に関係づける行為の申し出や行為の提案のような対話的な機能を派生する。

> - もう帰ろう。(意志の表出)
> - 荷物，お持ちしましょう。(行為の申し出)
> - そろそろ結論を出そう。(行為の提案)
>
> ◆「する」は話し手が行為の実行を聞き手に宣言するものである。
> - 私，今日は帰る。(行為の宣言)

1. 意志のモダリティとは

　意志のモダリティは，発話時において話し手が自分自身の行為の実行を決定したことを表すモダリティである。意志のモダリティを表す文を意志文という。意志のモダリティを表す主要な形式は動詞の意志形「しよう」，非過去形「する」である。

- もうこんな時間か。そろそろ帰ろう。
- もうこんな時間ですので，そろそろ帰ります。

　意志のモダリティは，発話時において実現していない行為の実行を表すのが普通であるが，動詞のテイル形をとって，発話時にすでに実行されている行為について，その行為をしばらく維持するという意志を表すこともある。前者を達成の意志，後者を維持の意志という。

- 疲れたなあ。コーヒーを入れて一息入れよう。(達成の意志)
- 佐藤さんが来るはずだから，もう少し待っていよう。(維持の意志)

　意志のモダリティは行為系のモダリティの1つなので，これを表すのは基本的に意志動詞に限られる。無意志動詞が意志のモダリティを表す場合は，その行為の実行を表明するのではなく，その行為の実現に向けて努力することを表す。

- いやなことは全部忘れよう。

2. 「しよう」

2.1 接続と形

　「しよう」は動詞の意志形である。丁寧形は「しましょう」である。

- この雑誌，{買おう／買いましょう}。

話しことばでは「しよ(っ)」「しましょ(っ)」のような形で用いられることがある。「しようっと」のように，引用形式を伴って用いられることもある。
- この雑誌，{買お／買いましょ}。
- この雑誌，買おうっと。

2.2 意味と用法

　動詞の意志形「しよう」は，意志のモダリティのもっとも中心的な形式であり，その行為の実行を話し手が決意したことを表す。

　「しよう」は話し手が決意したことを表すのにとどまるので，本来的には，それを聞き手に伝える機能をもっていない。独話か心内発話で用いられる非対話的な用法が基本であるが，その行為が聞き手と関わってくることによって，対話的な用法が生じてくる。

[非対話的な用法]

　非対話的な「しよう」の用法としては，意志の表出がある。意志の表出は，話し手が自分自身の行為の実行について，発話の瞬間に思いついた意志が無意識のうちにことばになったり，またそのような考えが心に浮かんでいるということを表すものである。
- まだ私は勉強が足りない。もっと本を読もう。
- まだ時間があるから，もう少しテレビを見よう。
- 鈴木は夜が明けきらないうちに出発しようと思った。

　このタイプは，聞き手に話し手の意志を伝達することが意図されないので，聞き手めあての終助詞「よ」や「ね」を付加することができない。
- *もっと本を読もうよ。
- *まだ時間があるから，もう少しテレビを見ようね。

「よ」や「ね」が付加された文は，意志としては解釈できず，聞き手に対する勧誘や勧めの解釈にずれていく。

　意志の表出では，動作主が話し手であることはまったく自明なこととしてとらえられるので，実際の発話として，動作主が言語化されることは少ない。

2章 ●4節　意志のモダリティ　　53

- {?私は／?私が／?私} もっと本を読もう。
- {?私は／*私が／*私} 夜が明けきらないうちに出発しよう。

[対話的な用法]

　「しよう」は，典型的には，聞き手に伝達することを意図するものではない。しかし，対話においても「しよう」は用いられることがある。「しよう」の対話的な用法には，行為の申し出と行為の提案の2つがある。

　行為の申し出は，何らかの意味で聞き手に関係がある行為の実行を話し手が聞き手に伝えることを目的とするものである。その行為と聞き手との関わりには，さまざまなあり方がある。

　行為の申し出の主要なタイプは，その行為を実行することが，聞き手にとって直接利益になる場合である。

- 荷物，お持ちしましょう。
- 私も同じ方向に行きますから，途中までごいっしょしましょう。

荷物を持ったり，道のわからない人と途中までいっしょに行くことは，その行為が直接向けられる聞き手にとって利益になることである。

　行為の申し出には，その行為をだれが実行するかが問題になっている状況で，話し手がそれを行うことを申し出るというものもある。

- 残りの仕事はぼくがやろう。君は先に帰りなさい。
- その件はこちらから田中に伝えておきましょう。

話し手がその仕事を行うことやメッセージを伝えることは，直接的には，聞き手の利益につながる行為ではない。しかし，その行為の実行を話し手が申し出ることによって，聞き手はその行為を実行する必要がなくなるので，間接的には利益を受けることになる。

　このタイプでは，だれが動作を行うかが情報として重要なので，格助詞によって表される動作主が情報の焦点になることが多い。また，聞き手がその時点で行っていたり，これから行おうとしている行為に話し手が加わることによって，聞き手に利益が与えられることが含意される場合にも意志のモダリティをもつ文が用いられることがあるが，この場合は，とりたて助詞「も」に

よって動作主が表される。

- ぼくも手伝いましょう。

行為の申し出の「しよう」には，聞き手からある行為を依頼されたり，提案された場合に，それを受け入れるというものもある。

- A「悪いんだけど，明日，私の代わりに会議に出てくれない？」
  B「うーん。じゃあ，出ましょう」
- A「山本は遅くなるようだから，先に食べたら？」
  B「そうですね。そろそろ食べましょう」

このタイプでは，動作主が話し手であることは自明なので，動作主は文中に現れないことが多い。「が」や「は」，無助詞(「φ」)によって動作主を明示することはむずかしい。

- A「明日，出張に行ってくれない？」
  B「いいですよ。{？私が／*私は／？私φ} 行きましょう」

「しよう」のもう1つの対話的な用法は，行為の提案である。行為の提案は，話し合いの中で解決に向けてある行為を提案する，といった用法である。その行為が聞き手に直接的にも間接的にも利益をもたらすものではないところが，行為の申し出と違う。

- 議論も煮詰まってきたね。そろそろ結論を出そう。
- A「このテーマは田中さんがいちばん詳しいんですが」
  B「そうですね。田中さんにも会議に参加してもらいましょう」

意志の表出や行為の申し出の「しよう」には一般的には終助詞「よ」を付加することができないが，行為の提案の用法は聞き手めあての機能なので，「よ」を付加することができる。

- そろそろ結論を出そうよ。
- 田中さんにも会議に参加してもらいましょうよ。

行為の提案は，結論を出したり，会議に参加してもらうという行為を行う動作主が，話し手に限定されるのか聞き手も含んでいるのかがはっきりしないという特徴をもつ。このように，「しよう」は，動作主が話し手からより広い対象に広がっていくことによって，勧誘のモダリティにつながっていく。

3.「する」
3.1 接続と形
　動詞の非過去形「する」は，動作主が1人称で，さらに意志的な動作を表すという条件のもとで，話し手の意志的な行為の実行を聞き手に伝える。丁寧体は「します」である。
- 5時か。そろそろ {帰る／帰ります}。

3.2 意味と用法
　「する」は，話し手が自分自身の行為の実行を一方的に聞き手に伝える行為の宣言として用いられる。
- 体調が悪いので，明日は仕事を休みます。
- 帰りに本屋に寄ります。
- ここでもう少し鈴木君を待っています。みんなは先に行ってください。

このような例では，「しよう」は用いられない。「しよう」が対話的になるのは，その行為が聞き手に関わっているような場合だからである。
- *体調が悪いので，今日は仕事を休もう。
- *帰りに本屋に寄りましょう。
- *ここでもう少し鈴木君を待っていましょう。みんなは先に行ってください。

このような文は，独話や聞き手にもその行為の実行を求める勧誘文としては可能であるが，意志の宣言を表す文としては解釈できない。
　意志の宣言を表す「する」は，話し手の意志を聞き手に伝達することを目的にする文なので，「よ」や「ね」のような終助詞を付加することができる。
- 体調が悪いので，今日は仕事を休むよ。
- 帰りに本屋に寄りますね。

終助詞を付加することで，一方的に行為の実行を宣告するというニュアンスをやわらげることができる。
　このタイプは動作主を顕在化させない文が多いが，動作主を無助詞で表すこ

ともある。「は」は対比の意味が強くなる。
- ごめん。悪いけど，{φ／俺／俺は／*俺が} 先に帰るよ。
- {φ／私／私は／*私が} もう少しここで鈴木君を待っています。

「する」は，聞き手の存在しない独話や心内発話としては用いにくい。これは，「する」が話し手の意志的行為を聞き手に伝えるところから意志を表すようになるために，聞き手がいない状況では意志の意味が出てこないからである。
- *まだ私は勉強が足りない。もっと本を読む。
- *まだ時間があるから，もう少しテレビを見る。
- *鈴木は夜が明けきらないうちに出発すると思った。

「する」には，対話的な行為の宣言の用法以外に，独話や心内発話として用いられる決意の確認の用法がある。決意の確認は，話し手がその行為の実行を自分自身に対して宣言し，決意確認するといった意味をもつものである。

決意の確認を表す文には，「てやる」「てみせる」のような補助動詞をとるものと，終助詞「ぞ」をとるものがある。
- 今度会ったとき絶対文句を言ってやる，と田中は決意した。
- 見てろよ。いつかあいつの化けの皮をはいでみせる。
- よーし，がんばるぞ。
- 今年はコンサートにたくさん行くぞ。

「てやる」「てみせる」による決意の確認は，行為の向けられる他者を意識して，その実行を決意することを表す。一方，「ぞ」による決意の確認は，自分の心内に呼びかけるようにして，決意することを表す。

決意の確認の「する」では，動作主は明示的には言わないのが一般的である。動作主をあえて明示するときには，「〜が」や「〜は」が用いられることがある。
- 今度会ったとき {φ／俺が／?俺は／*俺} 絶対文句を言ってやると田中は決意した。
- よーし，{φ／*俺が／俺は／*俺} がんばるぞ。

4. そのほかの意志のモダリティの形式

　意図に関わる意味をもつ形式名詞「つもり」や「気」が意志動詞の非過去形をとる場合にも話し手の意志を表すことがある。また，「まい」はある行為を実行しないという，否定の意志を表す形式である。

4.1 「つもりだ」

[接続と形]

　「つもりだ」は，このようにしようという意図を表す形式名詞「つもり」が「だ」を伴って助動詞化したものである。動詞の非過去形・過去形に接続する。
- 今日は1日家にいる<u>つもりだ</u>。

話しことばでは「だ」が脱落した「つもり」という形で用いられることもある。
- A「今度の会，どうする？」
  B「行く<u>つもり</u>」

　「つもりだ」に関わる否定の形式には，「つもり」の非存在を表す「つもりはない」と，「つもりだ」の否定である「つもりではない」，動詞の否定形に「つもりだ」が接続する「しないつもりだ」がある。「つもりはない」はその行為をする意図がないことを表し，「しないつもりだ」はその行為をしないことを意図していることを表す。
- 言い訳をする<u>つもりはない</u>。
- 今日は仕事がたくさん残っているから，眠らない<u>つもりだ</u>。

「つもりではない」は，自分の行為の意図を相手がそのように考えているだろうということを予測し，その予測を否定するという意味になる。
- 私は君の意見を無視している<u>つもりではない</u>のです。

　直前の発言を受けて「つもり」が用いられるときは，「そのつもりだ」という形が用いられることがある。
- A「明日，学校に来る？」
  B「うん。その<u>つもりだけど</u>」

[意味と用法]

　「しよう」が発話時点でその行為を実行するという意志を決めることを表すのに対して、動詞の非過去形に接続する「つもりだ」は発話時以前から決めていた計画としての意志を表す。
- 　今日は時間に余裕があるので、ゆっくりさせてもらうつもりです。
- 　明日こそは田中にはっきり話をするつもりだ。

「つもりだ」が表す意味は、「しようと思っている」と近い。
- 　今日はゆっくりさせてもらおうと思っています。
- 　明日こそは田中にはっきり話をしようと思っている。

「つもりだ」は、発話時に先立って心内で決定ずみだった行為の実行を聞き手に伝えるところから、意志のモダリティに近い用法を表すようになるので、独話や心内発話では用いられない。
- 　[独話で]*こんど山本さんに自分の気持ちをうち明けてみるつもりだ。
- 　*明日こそは田中にはっきり話をするつもりだ、と私は思った。

「つもりだ」は、意志のモダリティだけを表す形式ではないので、他者の意志を表したり、聞き手の計画を尋ねる疑問文にすることもできる。
- 　佐藤さんは、もう1日、出発を遅らせるつもりだ。
- 　君は卒業したら東京に行くつもりかい？

どのような行為を行う意志があるのかを尋ねるときは、「どうするつもりか」を用いる。「どういうつもりか」は相手の行為の意図を尋ねる働きがあるが、非難のニュアンスを帯びやすい。
- 　君、これからどうするつもりなの？
- 　君、どういうつもりなの？

「つもりだ」は、動詞の過去形に接続することもある。これは、自分の行為の意図を伝えるときに用いられる。
- 　おかしいなあ。山本さんにもそう言ったつもりなんだけどなあ。
- 　私なりに精一杯やったつもりです。成果を見てください。

4.2 「気だ」

[接続と形]

「気だ」は，気持ち，気分といった意味をもつ形式名詞「気」が「だ」を伴って助動詞化したものである。動詞の非過去形に接続する。

- 鈴木は本気で挑戦する<u>気だ</u>。

[意味と用法]

「気だ」は，普通の意志のモダリティを表す文と違って，発話時における話し手の意志を表すことはできない。

- *私は夏には軽井沢に行く<u>気です</u>。

「気だ」は，他者の意志を表したり，相手の意志を尋ねる疑問文として用いられる。

- 田中は秘密を守るやつじゃない。きっとだれかにしゃべる<u>気だ</u>。　　　……(1)
- これから外出する<u>気です</u>か？　　　……(2)

平叙文では，「気だ」は，はっきりわからない，他者の行為を推論する文に用いられる(例(1))。疑問文で用いられるときはその行為が望ましくないというニュアンスが特に強く出る(例(2))。

4.3 「まい」

[接続と形]

「まい」は，活用のタイプにより接続の種類が異なり，一部の動詞ではゆれがある。Ⅰ型(五段)動詞には非過去形に接続し，Ⅱ型(一段)動詞には非過去形か，語幹に接続する。

- あいつには今後一切連絡をとる<u>まい</u>。(Ⅰ型動詞)
- そんな番組，絶対 {見るまい／見まい}。(Ⅱ型動詞)

不規則変化動詞「来る」には，非過去形のほか，「来(こ)」「来(く)」にも接続する。

- 私は二度とここには {来るまい／来(こ)まい／来(く)まい}。

不規則変化動詞「する」には，非過去形のほか，「す」「し」にも接続する。

- こんないたずらはもう {するまい／すまい／しまい} と固く決心した。

丁寧体にするときは，動詞の丁寧形に「まい」を接続させる。
- おっしゃりたくないのであれば，事情はお聞きします<u>まい</u>。

[意味と用法]

「まい」には，否定事態を推量する用法のほかに，その行為を実行しないという意志を表す用法がある(⇒否定推量の「まい」については，第4章第2節3.4も参照)。
- ここにはもう二度と足を踏み入れる<u>まい</u>。
- 君の行為は決して忘れる<u>まい</u>。

意志形「しよう」には否定形が存在しないので，その行為を実行しないという意志を表すことはできない。「まい」はその意味を補う存在であるが，話しことばとしてはあまり用いられず，古めかしい文体で用いられる形式である。そのため，話しことばでは，否定の意志は，否定の非過去形「しない」や，動詞の否定形に決定を表す「ことにする」がつづくことによって表される。
- ここにはもう二度と足を<u>踏み入れません</u>。
- 君の行為は決して忘れない<u>ことにする</u>。

第5節　勧誘のモダリティ

◆勧誘のモダリティとは，話し手の行為を前提として，聞き手に行為の実行を誘いかけることを表すものである。
◆勧誘のモダリティには，勧誘を主として表す主要形式が存在しない。これは，意志や行為要求と違って，勧誘が派生的なモダリティだからである。
◆「しよう」には，グループ型と引き込み型の2つのタイプがある。
- ここ席が空いているよ。<u>座ろう</u>。(グループ型の勧誘)
- 僕はもう帰るよ。君もいっしょに<u>帰ろう</u>。(引き込み型の勧誘)

> ◆「しようか」はグループ型の勧誘を表す「しよう」を疑問化したものである。「しようか」には引き込み型は存在しない。
> - ここ席が空いているよ。<u>座ろうか</u>？
> ◆「しないか」は，その行為の実行を動作主である聞き手に尋ねるところから勧誘を表す。
> - 映画を見に<u>行きませんか</u>？

1. 勧誘のモダリティとは

　勧誘のモダリティとは，話し手の行為を前提として，聞き手に行為の実行を誘いかけることを表すモダリティである。勧誘のモダリティを担う文を勧誘文という。

　勧誘のモダリティは動詞の意志形「しよう」，その疑問化形式「しようか」，そして否定疑問文「しないか」によって表される。

- 僕はもう帰るよ。君もいっしょに<u>帰ろう</u>。
- ここ席が空いているよ。<u>座ろうか</u>？
- 映画を見に<u>行きませんか</u>？

　意志のモダリティや行為要求のモダリティには，意志形「しよう」や命令形「しろ」といった中心的な機能を担う形式が存在する。しかし，勧誘のモダリティにはこのような中心的な形式が存在しない。この点で，勧誘のモダリティは意志文や疑問文から機能が転換した，派生的なモダリティとして位置づけられる。

2. 「しよう」

2.1 接続と形

　動詞の意志形「しよう」が勧誘のモダリティを表すことがある（⇒意志のモダリティの「しよう」については，第4節2.を参照）。丁寧形は「しましょう」である。

- 時間があれば，ごはんでも食べに ｛行こう／行きましょう｝。

話しことばでは，「しよ(っ)」「しましょ(っ)」のような形で用いられること

もある。
- いっしょに行きましょ！

2.2 意味と用法

動詞の意志形「しよう」は，話し手が動作主である意志文が聞き手をその動作主に含み込むように機能を拡張することによって，勧誘のモダリティとしての機能を派生するものである。「しよう」による勧誘文には，話し手と聞き手の関係によって，2つのタイプが存在する。

1つは，グループ型の勧誘である。これは，話し手と聞き手が1つのグループとして共同して行う行為の実行を聞き手に提案することによって，聞き手をその行為に誘うものである。
- ［電車で空席を見つけて］あ，ここ空いているよ。座ろう。
- A「夏休み，どこに行く？」
  B「海に行こうよ」
- A「今晩，何が食べたい？」
  B「焼き肉を食べよう！」

グループ型の勧誘は，話し手と聞き手がグループとして行為を実行する立場におかれるものなので，行為の提案を表す「しよう」と意味的に非常に近い関係にある（⇒「しよう」の行為の提案の用法については，第4節2.2を参照）。

もう1つは，引き込み型の勧誘である。これは，話し手が実行している，あるいは実行しようとしている行為に聞き手を引き込もうとするものである。
- A「あ，もう帰るの？」
  B「うん。君も帰ろう」
- 今からカラオケに行くんだ。君もいっしょに行こう。
- ［公園で遊んでいるとき，通りかかった友達に］佐藤くん，遊ぼっ。

このタイプでは，動作主である聞き手を「も」で示すことで，話し手の行為に聞き手を引き込もうとしていることを明示することができる。また，勧誘文で表されている行為はそれぞれ独立して実行される行為なので，独立した行為をともに行うことを明らかにするために，「いっしょに」を伴うことが多い。な

お，実際の会話では引き込み型の勧誘には「しないか」が用いられることが多い。

3.「しようか」
3.1 接続と形
「しようか」は，意志形「しよう」が疑問化されたものである(⇒「しようか」については，第3節4.3も参照)。丁寧形は「しましょうか」である。
- そろそろ {帰ろうか／帰りましょうか} ？

3.2 意味と用法
　意志形が疑問化された「しようか」は，グループ型の勧誘を表す「しよう」に，聞き手の意向を尋ねる機能がつけ加えられたものである。したがって，「しようか」が勧誘のモダリティの形式として機能するのは，話し手と聞き手がグループとして共同して行為を行おうとしている場合に，聞き手がその提案を受け入れるかどうかを尋ねる文になっているときである。
- ［電車で席を見つけて］ここ空いているよ。座ろうか？
- A「夏休み，どこに行く？」
  B「海に行こうか」
- A「今晩，何が食べたい？」
  B「そうだねえ。焼き肉を食べようか」

引き込み型の勧誘を表す「しよう」は疑問化できない。そのため，「しようか」は，話し手が実行している，あるいは実行しようとしている行為に聞き手を引き込もうとする引き込み型の勧誘を表すことはできない。
- A「あ，もう帰るの？」
  B「うん。*君も帰ろうか」
- 今からカラオケに行くんだ。*君もいっしょに行こうか。
- ［公園で遊んでいるときに，通りかかった友達に］*佐藤くん，遊ぼうか。

なお，「しようか」には話し手の行為を含意しない，非勧誘的な用法がある。

年少の子供に対して用いられるものである。
- さあ，太郎ちゃん，顔を<u>洗おうか</u>。

4.「しないか」
4.1　接続と形
　否定疑問文「しないか」は，勧誘としての意味を幅広く表す。丁寧形は「しませんか」である。
- いっしょに映画でも見に<u>行かないか</u>？
- 今度遊びに<u>来ませんか</u>？

話しことばでは「か」が脱落することが多い。
- いっしょに映画でも見に<u>行かない</u>？

4.2　意味と用法
　「しないか」は，話し手が実現を望む行為を聞き手が行うかどうかを尋ねる質問文から，勧誘のモダリティとしての機能が派生するものである。
　話し手が実行しているか，実行しようとしている行為に対して用いられたとき，「しないか」は勧誘の解釈をもつ。
- ［座っている席の隣を指さして］よかったら，<u>座りません</u>？
- 明日，映画を見に行くんだけど，君も<u>行かない</u>？

また，「しないか」は，話し手が存在している場所や所属している組織に聞き手を誘いかけることもできる。
- 今，渋谷にいるんだけど，<u>出てこない</u>？　食事でもしようよ。
- うちのチームに<u>来ないか</u>？　君だったら大歓迎だよ。

このような文では，話し手の行為は含意にとどまっている。「しないか」は，あくまでも聞き手がその行為を実現させるかどうかを質問することで勧誘の解釈を得るものであり，話し手の行為は発話状況において含意されていればよい。
　否定疑問文「しないか」はその行為の実現を質問するところから行為要求的な機能を派生してくるので，「しないか」が表す行為要求的な機能は勧誘にと

どまらない。「しないか」には，命令や勧めを表す用法もある（⇒命令を表す否定疑問文については，第6節2.2を参照）。

- こっちへ来ないか！（命令）
- 私は断念したんだけど，君，あのチームのテスト，受けない？（勧め）

第6節　行為要求のモダリティ

◆行為要求のモダリティは，話し手が行為の実行を聞き手に求めることを表すものである。

◆行為要求文は，その行為が意志的であり，その行為の実行を話し手が望んでいるといった性質をもっている。

◆聞き手に行為の実行を求めることは，話し手が聞き手に負担を課すことになる。話し手と聞き手との関係，行為に伴う負担などによって多種多様な形式や表現手段が利用される。

- こっちへ来い。
- こっちへ来て。
- こっちへ来てくれないか？
- こっちへ来てくれるとありがたいんだけど。

1. 行為要求のモダリティとは

行為要求のモダリティとは，話し手が行為の実行を聞き手に求めることを表すモダリティである。行為要求のモダリティを担う文を行為要求文という。

行為の実行を要求するということは，聞き手に対して実行の負担を負わせることになる。そこで，話し手が自分と聞き手との関係や行為の実行に関わる負担の軽重などを考慮しながら適切な形式を選択できるよう，行為要求文にはさまざまな形式や手段が発達している。

行為要求のモダリティはさらに命令，依頼，勧め・助言，禁止といった機能に分かれる。すべての機能において，求められる行為は基本的に意志的でなくてはならない。また，その行為の実現（禁止の場合は非実現）を話し手が望んで

いるというのも行為要求のモダリティの形式に共通する性質である。

2. 命令

命令は，上位者が下位者に対して，その行為の実行を強制するという機能である。聞き手にその要求を受け入れるかどうかに対する判断の余地を与えないほど強い強制力をもつ。

2.1 「しろ」「しなさい」
[接続と形]
命令という機能を表すもっとも基本的な形式は，動詞の命令形「しろ」である。
- テレビをつけろ。どこかで明日の天気予報をやってないか。

「しなさい」は，動詞の連用形に「なさい」が接続した形式である。
- もう少しゆっくり食べなさい。消化に悪いぞ。

「なさい」は，敬語動詞「なさる」に由来する。命令形「しろ」には丁寧形がないが，「しなさい」がその役割を補うような関係にある。

[意味と用法]
動詞の命令形「しろ」と「しなさい」は，もっとも直接的に聞き手に行為を要求する形式である。特に「しろ」は強制力が強く，高圧的な印象を与えることが多い。
- 暑いなあ。窓を開けろ。
- おい，ちょっと飲み物を買ってこい。

女性が「しろ」を用いることはほとんどない。

「しなさい」は，「しろ」に比べると丁寧になる。親や教師のような立場の話し手によって用いられることが多い。男女ともに用いる。
- もう遅いから，早く寝なさい。
- 少し静かにしなさい。

意志性が強い動詞の命令はその行為を実行することを求める実行命令を表し

(例(1)),意志性が弱い動詞の命令文はその行為の実現に向けた努力をすることを求める努力命令を表す(例(2))。

- 部屋を片づけろ。　　　　　　　……(1)
- おい、どうしたんだよ。元気を出せ。　……(2)

また，無意志動詞は命令文では用いられない。

- ＊英語が話せろ。

「しろ」に終助詞「よ」が付加されることによって，微妙な機能の調整が行われることがある。

- 写真を撮るから，じっとしてろよ(↘)。
- 写真を撮るから，じっとしてろよ(↗)。

下降イントネーションをとるのは，写真を撮ろうとしているのに，じっとしていないために撮れないといった場面であり，上昇イントネーションをとるのは，写真を撮るにあたって前もって注意を促しているといった場面である。下降イントネーションの「よ」は話し手の考えと状況の間に不一致があるというニュアンスをつけ加え，上昇イントネーションの「よ」は聞き手に対して注意を促すようなニュアンスをつけ加える。なお，「ね」は命令形「しろ」には付加することができず，「しなさい」には付加することができる。

- ＊もう少し我慢しろね。
- もう少し我慢しなさいね。

命令に対して承諾の応答をするときは，「はい」や「わかった」が用いられる。命令に対して評価を伝えることで応答する「いいよ」を用いることはできない。

- A「早く寝ろよ」
　B「{はい／わかりました／＊いいですよ}」

これは，命令という機能が，行為を実行するかどうかという決定権を聞き手に与えないほど強制力が強いことを意味している。命令の内容を理解したことで応答することはできても，その行為の良し悪しを評価することで応答する余地はないのである。

命令を拒否したいときは，「いやだ」のようにその行為を実行したくないこ

とを伝えたり，「できない」のように実行が不可能であることを伝えることで応答する。「いいえ」「わからない」は用いられない。

- A「こっちに来なさい」
  B「{いやです／今はできません／*いいえ／*わかりません}」

「しろ」には話し手の願望を表す用法がある。この用法は聞き手に実行を求める機能をもっていないので，独話的な場面でも用いられる。

- ［ホームランになりそうな打球を見て］入れ！

命令を表す文の中には，「てみろ」や「ておけ」のように補助動詞の命令形に由来するものがある。

「てみろ」は，その行為を実行することによって，何かがわかるようになるといった含意がある（→「てみる」については，第3部第4章第6節を参照）。「てごらん」という形で用いられることもある。

- わからないことがあったら，徹底的に調べてみなさい。

少しでも，試みにということを含意することもある。

- これ，食べてごらんよ。おいしいから。

「てみろ」が仮定を表すことがある。このような例では，無意志動詞が「てみろ」の形をとることができる。

- 私が乗り出してみろ。そんな問題，すぐに解決するから。
- 君にもしものことがあってみろ。お母さんがどんなに悲しむか。

「ておけ」は，何かに対する準備のためにその行為を行うことを求めるといったものである（⇒「ておく」については，第3部第4章第8節を参照）。「ておきなさい」という形もある。

- 今のうちにしっかり休んでおけ。じき忙しくなるぞ。
- 来週までに，この本を読んでおきなさい。

2.2　そのほかの命令文

「する」「した」

動詞の非過去形「する」，過去形「した」によって聞き手に命令を行うことがある。これらの形式は終助詞を付加したり，丁寧形になることはない。

「する」は聞き手が行うべき行為を先取りして指示することによって，命令するものである。聞き手の行為をコントロールしているような表現である。
- ［後ろの席の友達としゃべっている生徒に，教師が］はい，前を<u>向く</u>。
- つべこべいわずに<u>仕事する</u>。

「した」は相手にその行為の実行をせかすものである。繰り返して用いることが多い。
- 邪魔だなあ。<u>どいた</u>，<u>どいた</u>。
- もう時間だよ。<u>帰った</u>，<u>帰った</u>。

「のだ」「こと」「ように」

文末を形式名詞や形式名詞由来の形式で終止させることによって命令を行うことができる。

「のだ」は聞き手が実行すべきだと話し手が考える行為を示して，その実行を促すところから，行為要求的な機能が生まれてくるものである（⇒命令的な機能をもつ「のだ」については，第5章第2節2.3も参照）。
- 少し休む<u>んだ</u>。ここで無理してはいけない。
- この部屋から出ろ。出る<u>んだ</u>。
- いいかい。これから言うことをよく聞く<u>んだ</u>。

「こと」「ように」は注意事項の伝達に用いられる形式である。
- 明日8時に駅前に集合する<u>こと</u>。
- 2時間目が終わったら，服を着替えて体育館へ行く<u>ように</u>。

「しないか」

否定疑問文「しないか」による命令は，するべき行為をしていない聞き手に対して用いられ，常に叱責や非難のニュアンスを帯びる。下降イントネーションで発話されるのが普通である。
- いつまで油を売ってるんだ。早く仕事に<u>戻らないか</u>！

「しないか」による命令は必ず叱責や非難として用いられるので，丁寧形になることはない。

- ＊早く仕事に戻りませんか！

また，命令を表す「しないか」は「か」が脱落することもない。

- ＊早く仕事に戻らない！

3. 依頼

依頼は，幅広い人間関係で用いられる行為要求のモダリティである。行為の実行者である聞き手には，その行為の受諾に関する決定権が与えられる。

3.1 「てくれ」「てください」

[接続と形]

「てくれ」は補助動詞「てくれる」の命令形である（⇒「てくれる」については，第3部第4章第3節を参照）。動詞のテ形に「くれ」が接続したものである。

- みんな，ちょっと集まってくれ。

「てください」は動詞のテ形に「ください」が接続したものである。

- お手数ですが，手伝ってください。

[意味と用法]

「てくれ」「てください」はもっとも基本的な依頼の形式である。「てくれ」は「てくれる」の命令形から作られる形式なので，強制力がやや強く感じられる。男性が用いる。

- 今度の会議に君も出席してくれ。
- お湯を沸かしてくれ。あとでコーヒーを入れるから。

「てください」は使用者に関する制限が少ない。上位者が下位者に対して用いることもあれば，下位者が上位者に丁寧に頼みごとをすることもある。特に男女差はない。

- すみません。冷房を切ってください。
- ［タクシーで］あのバス停のところで停めてください。

依頼は，聞き手にその要求の受け入れに対する決定権を与える表現なので，「はい」や「わかった」のようにその依頼内容を理解したことを表す応答だけ

でなく,「いいよ」のようにその依頼内容に対する評価によって応答することもできる。

- A「悪いけど,ちょっと<u>手伝ってくれ</u>」
  B「{はい／わかった／いいよ}」

依頼文には,行為の実行を求めるというよりも,実現への期待の気持ちが前面に出てくるものがある。このような例では,意志性が強くない動詞が依頼文になることがある。

- 先生,うちの子の命を<u>助けてください</u>。

3.2 「てくれないか」「てくれるか」「てもらえないか」「てもらえるか」

[接続と形]

依頼を表す文には,その文が本来もっている機能から移行して,行為要求を表すようになるものがある。「てくれる」や「てもらえる」のような授受の補助動詞の疑問文は,情報要求的な機能から行為要求的な機能に移行するものである。どちらにも肯定疑問文の形と否定疑問文の形が存在する。

「てくれる」が疑問化された依頼文には,動詞のテ形に「くれるか」が接続する肯定疑問文の形「てくれるか」と,動詞のテ形に「くれないか」が接続する否定疑問文の形「てくれないか」がある。丁寧形は「てくれますか」「てくれませんか」である。

- 悪いんだけど,買い物に行っ<u>てくれるか</u>?
- 空気が悪いな。窓を開け<u>てくれませんか</u>?

「てもらう」の可能動詞形「てもらえる」が疑問化された依頼文には,動詞のテ形に「もらえるか」が接続する肯定疑問文の形「てもらえるか」と,動詞のテ形に「もらえないか」が接続する否定疑問文の形「てもらえないか」がある。丁寧形は「てもらえますか」「てもらえませんか」である。

- 悪いんだけど,新聞を取ってき<u>てもらえる</u>?
- あなたの方で徹底的に調査し<u>てもらえませんか</u>?

「てもらえるか」「てもらえないか」と同様の機能をもった形式として,「ていただけるか」「ていただけないか」が用いられることもある。また,「てく

れるか」「てくれないか」と同様の機能をもった形式として,「てくださるか」「てくださらないか」もある。「てもらえる」「てくれる」の疑問文よりも,「ていただける」「てくださる」の疑問文の方がより丁寧な依頼を表す。

- お手数ですが,荷物は職場の方に送っていただけませんか？
- 3日後にもう一度来てくださいますか？

疑問文による行為要求の表現は,話しことばにおいては,「か」が脱落することもある。

- ちょっと待ってくれる？
- 静かにしてもらえません？

[意味と用法]

「てくれないか」や「てもらえないか」は,疑問文によって依頼を表す形式である。授受の補助動詞によってその行為が話し手にとって有益であるということを明示する点に特徴がある。使用者には制限がなく,一般に広く用いられる依頼の文である。

「てくれないか」「てくれるか」は聞き手がその行為をするかどうかを質問することによって,その行為の実行を依頼するものである。

- 話があるんだ。すぐに来てくれないか？
- 悪いんだけど,この子を家まで送ってくれるか？

「てもらえないか」「てもらえるか」は,その行為による利益を話し手が受け取ることができるかどうかを質問することによって,その行為の実行を依頼するものである。

- 私にその先生を紹介してもらえませんか？
- すみません,ちょっと手を貸してもらえますか？

「てもらえる」の疑問文は,「てくれる」の疑問文よりも,間接的な意味をもっているので,より丁寧な依頼を表すことができる。

疑問文による依頼は,文末に「でしょうか」や「かな」のような疑いの疑問文の形式を付加することによって,さらに丁寧な依頼にすることができる。

- 今から行きますので,会ってもらえないでしょうか？

- 君から田中さんに連絡してくれないかな？

これは，疑いの疑問文の形式が依頼の文に聞き手の応答を強制しないという機能を加えることによる。

　疑問文による依頼には，否定疑問文によるものと肯定疑問文によるものとがある。一般に，否定疑問文の方が肯定疑問文よりも丁寧な依頼になる。

　また，否定疑問文と肯定疑問文では，質問文から依頼文への機能の移行についても違いがある。否定疑問文は肯定疑問文よりも依頼の機能への移行が進んでいる。一方，肯定疑問文は，依頼文としても機能するが，質問文としての性質も残している。

- A「1時間ぐらいだったら待っていますよ」
  B「そうして {もらえますか／?もらえませんか} ？」

この文は，「てもらえるか」のような肯定疑問文が，質問文としての機能を残していることをうかがわせるものである。肯定疑問文は，相手の意志を確認する文として機能することができるが，否定疑問文は，相手が申し出ているのにもかかわらず，さらに重ねて依頼することになり，容認性が低くなる。行為要求文は，一般に，その行為を実行するかどうかがわからない聞き手に対して用いるものだからである。

3.3 「して」

[接続と形]

　「して」は，動詞のテ形が依頼としての機能をもつものである。

- ちょっとこっちに来て。
- ごめん。醬油，買ってきて。

「して」は，「てください」や「てくれ」の前半部だけが独立した形式である。

[意味と用法]

　「して」は，やや軽い気持ちで行う依頼を表す。目下から目上に対しては用いにくいことがあるが，そのほかの関係では非常に幅広く用いられる。

- あ，田中君，これ，コピーして。（上位者→下位者）

- お母さん，これ買って！（下位者→上位者，私的）
- ?先生，この本，貸して。（下位者→上位者，公的）
- 今度，遊びに来て。（同等）

「して」は用法的にも広範囲に用いられる。その行為が話し手の利益のためであっても（例(1)），聞き手の利益のためであっても（例(2)(3)），「して」で行為を求めることができる。

- 悪いんだけど，ちょっと来て。　……(1)
- 暑かったら，窓を開けて。　……(2)
- A「部屋に入ってもいいかい？」
  B「あ，どうぞ，入って」　……(3)

希望のニュアンスが出ることもある。聞き手に勧める文として対話的に用いられるとき（例(4)）は，男女ともに用いることができるが，独話的なとき（例(5)）は男性はやや用いにくい。

- ぜひ，この本，読んで。とてもおもしろいから。　……(4)
- ［ホームランになりそうな打球を見て］入って！　……(5)

3.4 「てほしい」「てもらいたい」

[接続と形]

「てほしい」は，動詞のテ形に形容詞「ほしい」が接続したものである。また，「てもらいたい」は，授受の補助動詞「てもらう」に「たい」が接続したものである（⇒「てもらう」については，第3部第4章第3節を参照）。

- あなたにはずっとここにいてほしい。
- 至急，田中さんに連絡をとってもらいたい。

[意味と用法]

行為を要求するという機能の裏には，話し手がその行為の実現を望んでいるという性質が含まれている。「てほしい」や「てもらいたい」は，行為の実現への希望を聞き手に伝えることによって依頼を行うものである。

- よかったら，6時にいつもの場所に来てほしい。

- 休日なのにすまないんだが，すぐに会社に出てきてもらいたい。

「てもらいたい」はややあらたまった表現である。

　これらは話し手の希望を表出するものなので，会話の中では直接言い切ることは避けられる傾向がある。このために，「のだ」によって説明的にしたり，さらに「けど」「が」のような接続助詞で言いさしたりして用いることが多い。

- お手数ですが，この件について教えてもらいたいんです。
- 相談に乗ってほしいんですけど。

4. 許可・勧め・助言

　許可，勧め，助言は，話し手が聞き手にとって有益な行為の実行を求めるという機能である。聞き手に行為の実行を求める点では命令や依頼と同じであるが，これらが話し手にとって有益な行為の実行を求めるということとは対照的である。許可は「お～ください」，勧めは「したら？」や「方がいい」のような評価のモダリティの形式，助言は形式名詞に由来する「ことだ」によって表される。

4.1　「お～ください」

［接続と形］

　「お～ください」は，動詞の連用形に丁寧さを表す接頭辞「お／ご」が付加したものに，「ください」が接続するものである。

- あ，どうぞ。お入りください。
- 来年もご活躍ください。

［意味と用法］

　「お～ください」には，許可，指示，懇願・誘いの3つの用法がある。

　許可の用法は，相手が実行の意志を表明している行為や，相手にとって利益があると見込まれる行為の実行を話し手が認めることによって，その行為を聞き手に実行させるものである。

- A「すみません」

　　　　B「あ，どうぞお入りください」
　　　・　どうぞ，そこにお座りください。
　指示の用法は，自分の立場に基づいて話し手が聞き手に行為の実行を求めるものである。
　　　・　もう5時です。仕事が片づいた方から，お帰りください。
　　　・　ここにあるものは，ご自由にお使いください。
　懇願・誘いの用法は，相手の好意に訴えかけて，その行為を実現させようとするものである。「ぜひ」のような副詞によって，話し手の期待や希望が表されることがある。
　　　・　命だけはなにとぞお助けください。
　　　・　近くにおこしのおりには，ぜひわが家にお寄りください。

4.2　「たら？」「といい」「方がいい」

[接続と形]
　「たら？」は動詞の条件形「たら」が，上昇イントネーションをとって，聞き手に問いかけるという性質をもったものである。
　　　・　暑いんじゃない？　クーラー，つけたら？
「たら？」は，「たらどうか？」の省略形であり，「たらどうか？」のほかにも「たらいかがか？」のような形で用いられることもある。「たら」の代わりに「ては」が用いられることもある。「か」は脱落することが多い。
　　　・　時間はたっぷりあるんだから，もっとゆっくり食べたらどう？
　　　・　そう嫌がらずに，佐藤さんともう一度話し合ってみてはいかが？
　「といい」は，動詞の非過去形に接続する。
　　　・　好きなだけ，ここにいるといい。
「ばいい」「たらいい」も勧めを表すことができる。
　　　・　好きなだけ，ここに {いればいい／いたらいい}。
　「方がいい」は動詞の非過去形・過去形に接続する。
　　　・　肉ばかりではなく，野菜も食べた方がいい。
　　　・　君は佐藤さんといっしょに行く方がいい。

話しことばでは，話し手の評価的な判断をはっきり言い切ることを避けるために，「いい」を脱落させて，「方が」で終わることもある。

- 君が何か言うと意見がまとまりません。できれば発言を控えた<u>方が</u>。

[意味と用法]

ある事態の実現を望ましいこととして表現する評価のモダリティの形式が，聞き手の意志的な行為に対する評価を表すとき，その行為が聞き手にとって有益であることを表すことによって，その行為の実行を聞き手に勧める機能をもつ(⇒必要を表す評価のモダリティについては，第3章第2節を参照)。

「たら(どうか)」は評価を述べる部分を疑問化することによって，相手にその行為の有益性に気づかせるといったものである。また，「といい」「ばいい」「たらいい」は行為の実現に対する話し手の評価を伝えるものである。

- いい天気だから，散歩でもし<u>たら</u>？
- そんなところに立ってないで，お茶でも飲ん<u>だら</u>？
- 寒いなら，このコートを着る<u>といい</u>よ。

「方がいい」はもともと比較・選択の意味をもっているが，これは勧めの機能にも生きている。「方がいい」は，望ましくない現状との対比において，ある行為を勧めるという機能をもっている。単にある行為の評価を伝えて勧めるといった文脈では用いられない。

- もう遅いから，そろそろ帰った<u>方がいい</u>よ。
- 部屋に空気がこもっているから，窓を開けた<u>方がいい</u>よ。
- ＊そんなところに立ってないで，お茶でも飲んだ<u>方がいい</u>よ。

4.3 「ことだ」

[接続と形]

「ことだ」は必要を表す形式である。動詞の非過去形に接続する。

- 調子が悪いのなら，薬を飲んで早めに寝る<u>ことだ</u>。
- 忙しいからと言って，あまり無理をしない<u>ことだ</u>。

[意味と用法]

「ことだ」は，相手の状態を心配して，相手にとって必要だと思われる行為を助言するものである(⇒必要を表す「ことだ」については，第3章第2節5.も参照)。

- とにかく，今日は帰ったらすぐに休む<u>ことだ</u>。
- 何事も思いつめない<u>ことです</u>。

「ことだ」で助言できる内容は，一般論として認められるような行為である。一般論として受けとれない行為には，「ことだ」は用いにくい。

- ?暑いなら，その窓を開ける<u>ことだ</u>。

5. 禁止

聞き手にその行為をしないことを命令したり，依頼したりするのが禁止である。禁止は動詞の禁止形「するな」や否定的な動作を依頼する文によって表されるほか，評価のモダリティや不可能の表現によって表されることもある。

5.1 「するな」

[接続と形]

「するな」は動詞の禁止形である。

- よそ見を<u>するな</u>。

丁寧形は「しますな」であるが，今ではあまり用いられない。

- *落書きを<u>しますな</u>。
- そうおっしゃいますな。

[意味と用法]

「するな」はもっとも直接的に，聞き手の行為の実行を禁止する形式である。「しろ」による命令と同様，禁止の意味が直接的に表され，強圧的な印象を与えるので，実際の会話ではより間接的な形式が選ばれることが多い。

禁止も行為要求の1つなので動詞の意志性が関わってくる。ある行為をしないことが意志的に可能なもの(例(1))と，行為をしないように心がけることが

2章●6節 行為要求のモダリティ 79

意志的にできるといったものがある(例(2))。

- 冷房をつけたばかりだから，窓を開けるな。　……(1)
- そんなに心配するなよ。もうすぐ帰ってくるよ。　……(2)

　また，禁止文には，その行為が実現しているかどうかによって，予防的な禁止と阻止的な禁止という2つのタイプがある。

　予防的な禁止は，聞き手が実行するかもしれない行為を先回りして禁止しておくものである。

- 財布，落とすなよ。
- 私がいいと言うまで，だれも部屋に入れるな。

　阻止的な禁止は，聞き手がすでに実行に移している行為を禁止するものである。

- A「こっちへ来い」
  B「痛いなあ。引っ張るなよ」
- もう泣くな。心配することなんて，何にもないよ。

行為要求的な機能では，一般的に，その文が発話される前には行為は実行されていないことが前提となるが，阻止的な禁止はすでに実行中の行為をやめさせるという機能をもつことになる点が特徴的である。

5.2　そのほかの禁止文

［依頼文による禁止］

　「しないでくれ」や「しないでくれないか」のような形式で，その行為をしないことを聞き手に依頼することによって，その行為の禁止を表すことがある。予防的な禁止(例(1))も，阻止的な禁止(例(2))も表すことができる。

- すまないが，しばらくこっちへ来ないでくれ。　……(1)
- 悪いんだけど，それに触らないでくれないか？　……(2)

　依頼の形式を否定する「てくれるな」は，今ではあまり用いられない。

- しばらくこっちへ来てくれるな。

［評価のモダリティによる禁止］

　「てはいけない」「たらだめだ」のような不許可や「なくていい」のような不必要を表す評価のモダリティの形式は，聞き手による行為に言及する場合には，禁止を表すことができる(⇒不許可を表す形式については第3章第5節，不必要を表す形式については第3章第4節を参照)。

- あんなことばなんか，気にしてはいけないよ。
- 危ないから，こっちに来たらだめだぞ。
- いちいち立たなくていい。座ったままで，話しなさい。

　これらの形式も，予防的な禁止と阻止的な禁止のどちらも表すことができる。話しことばでは評価のモダリティによる禁止は頻繁に用いられる。

［不可能による禁止］

　その状況においてある行為の実行が不可能であることを述べることで，予防的な禁止を表すことがある。

- 開始のベルが鳴ったら，試験室を出ることはできません。
- ここは指定席です。指定席券をおもちでない方はご乗車になれません。

不可能によって行為を禁じることができるのは，動かしがたいルールが存在するという状況で，そのルールに基づいて指示を与える資格をもっている話し手に限られる。

「しない」

　動詞の非過去形「する」が，聞き手が行うべき行為を先取りした指示を表すのと同様に，「しない」は行ってはならない行為を聞き手に宣言して禁止するものである。行ってはならないと考えられる行為を実行している聞き手に対して，阻止的な禁止として用いられる。

- ［教師が学生に］授業中はおしゃべりをしない。
- 口答えをしない。悪いことはいさぎよく認めなさい。

「しない」による禁止は，聞き手の行為をコントロールしているような表現に

なる。

第7節　感嘆のモダリティ

> ◆感嘆のモダリティは，何らかの誘因によって引き起こされる，驚きを伴った感動を表すものである。
> ◆感嘆文は，感嘆の気持ちを引き起こす誘因となる属性と，感嘆の中心になる要素とを含む。感嘆の中心になる要素は名詞によって表される。
> ・　きれいな色！
> ・　なんてかわいい花だろう！
> ・　この花，なんて {かわいいんだろう／*かわいいだろう} ！
> ◆詠嘆を表す疑いの文や驚きを表す文も感嘆文に近い機能をもっている。
> ・　君がいてくれたら，私はどんなにうれしいだろう。
> ・　まさか，山本さんが来られないとは！

1.　感嘆のモダリティとは

　感嘆のモダリティとは，何らかの誘因によって引き起こされる，驚きを伴った感動を表すモダリティである。感嘆のモダリティを担う文を感嘆文という。

　感嘆文の特徴は，名詞を中心として文が構成されることである。主要な感嘆文には文末名詞による感嘆文と「なんと」(「なんて」)による感嘆文の2つがある。

・　［絵の展覧会で］あ，きれいな色！
・　なんてかわいい花だろう！

これらはともに，感嘆の気持ちを引き起こす中心にあるのが名詞(「色」「花」)であること，感嘆の気持ちを引き起こす直接の誘因が，その名詞が発話現場でもっている属性(「きれいだ」「かわいい」)であるという2つの特徴をもっている。名詞を中心として文を構成するという点で，感嘆のモダリティは，ほかの表現類型とは違って，文としての性質を十分にもっていない，未分化文としての特徴を示している。

2. 文末名詞による感嘆文

名詞を文末に置くことで感嘆という感情を表すことがある。これがもっとも未分化な感嘆文のタイプである。これには、文末の名詞が実質名詞であるものと形容詞からの派生名詞であるもの、文末に「こと」が出てくるものがある。

2.1 修飾表現［実質名詞］！

[接続と形]

このタイプは、感嘆の中心となる名詞を文末におき、その名詞を誘因となる属性表現が修飾するという文型をとるものである。

- まあ、かわいい赤ちゃん！

[意味と用法]

このタイプは、発話現場に存在する物のもつ属性によって引き起こされた話し手の感嘆の気持ちが無意識に表出されるものである。

- おいしい水！
- 素敵なピアノの音！

このタイプには感嘆を引き起こす属性が文中に現れず、かわりに指示語が用いられるものもある。

- ［料理を口にして］この味！
- ［絵を見て］この色彩！ すばらしいな。

このような文は、感嘆を引き起こしたのがほかの何ものでもなくこれであるということを特定することによって、感嘆の誘因を表している。

2.2 ［名詞］の…［形容詞-さ］！

[接続と形]

このタイプは、感嘆の中心となる名詞が文末にくるのではなく、感嘆の誘因になる属性が名詞化されて文末に置かれるものである。

- この曲の序奏の美しさ！ ことばにできないほどだ。

意味的には主述関係が成り立っているが、文型的にはあくまで「の」を伴った

名詞が文末の派生名詞を修飾しているという形をしている。「の」の代わりに「は」や「が」を用いることはできない。

・＊この曲の ｛序奏は／序奏が｝ 美しさ！

[意味と用法]
　このタイプも，発話現場にある特定の物によって引き起こされた感嘆の気持ちを表出するものである。

・この作品の見事さ！　ストーリー展開がすばらしいことは言語を絶している。
・これは傑作だ。特に，トリックのすばらしさ！

　感嘆の気持ちを引き起こしたのが特定の物であるということがはっきりしない場合には，「この」などによって特定性が明示される。

・＊作品の見事さ！

「作品」だけでは作品一般を指していることになり，特定の作品を指していることがわからないので，このような例では「この」が必要になる。

2.3　［名詞］の…修飾表現「こと」！

[接続と形]
　このタイプは，「こと」によって文を名詞化することによって感嘆の気持ちを表現するものである。形容詞の連体形に「こと」が付加される。

・この作品の面白いこと！　ぜひ読んだらいいよ。
・このメロディーのきれいなこと！

「この小説が面白い」とか「このメロディーがきれいだ」という主述関係が成立しているが，主体を「が」で表すことはできず，「の」で表されることが多い。

・この作品 ｛の／＊が｝ 面白いこと！

[意味と用法]
　このタイプは，特定の物から引き起こされる感嘆の気持ちを表す(例(1))だ

けでなく，不特定の物から感嘆の気持ちが引き起こされることを表すことができる（例(2)）。

- この作品の面白い<u>こと</u>！　　　　　　　　　　　　　……(1)
- いやまったく，推理小説の面白い<u>こと</u>！　やめられないね。
　　　　　　　　　　　　　　　　　　　　　　　　　……(2)

　また，感嘆の気持ちを引き起こす誘因が発話現場に存在しないこともある。このためテンスが分化することができる

- あのメロディーのきれいだった<u>こと</u>！　あんなの初めて聴いたよ。

　女性のことばでは，まれに終助詞化した「こと」によって感嘆の気持ちが表されることがある。このような文では，形容詞の非過去形に「こと」が付加される。感嘆の中心になる名詞が「は」によって明示されたり（例(3)），文中に表されないこと（例(4)）がある。

- この子は元気だ<u>こと</u>！　……(3)
- まあ，面白い<u>こと</u>！　……(4)

3．「なんと」による感嘆文

　「なんと」による感嘆文には，感嘆の中心になる名詞が文末にくる場合と主題になる場合がある。

- <u>なんと</u>かわいい<u>花だろう</u>！
- この花は<u>なんと</u>かわいい<u>んだろう</u>！

「なんと」による感嘆文も，文中に感嘆の中心になる名詞と感嘆の気持ちを引き起こした属性を表す表現が必要である。「なんと」は，話しことばでは，「なんて」という形になることもある。

　属性表現を修飾する「なんと」に対して，「なんという」は実質名詞を修飾する形式である。「なんという」が用いられる場合，文中に属性表現が現れないこともある。

- <u>なんという</u>かわいい<u>花だろう</u>！
- 佐藤さんはそこまで考えていたのか。まったく<u>なんという</u><u>人だろう</u>！

文中に属性表現が現れない場合に，「なんという」が「なんて」になること

2章●7節　感嘆のモダリティ　85

もある。
- 佐藤さんはそこまで考えていたのか。まったくなんて人だろう！

「なんという」の代わりに「なんて」が用いられると、マイナス評価の属性を含意することが多い。

- ｛なんという／なんて｝ヤツだ！

「なんと」による感嘆文も名詞を中心として文が構成されるという特徴をもっている。感嘆の中心になる名詞が主題になる場合でも、文末は「の」や「こと」によって名詞化されることが必要である。

- ＊この花はなんとかわいいだろう！

「なんと」による感嘆文は、文末が「こと」で名詞化されるタイプと「の」で名詞化されるタイプに分かれる。

3.1 文末が「こと」で名詞化される場合

［接続と形］

文末が「こと」によって名詞化されるタイプには、「なんと～ことだろう」と「なんと～ことか」という2つの文型がある。「なんと～ことだろう」の文末は「だろうか」になることもある。

- 新入生たちのなんと生き生きとしていることだろう(か)！
- その日のぼくのなんと憂鬱だったことか！

「ことか」はやや書きことば的であり、話しことばではあまり用いられない。

［意味と用法］

このタイプは主述関係が意味的に成り立つだけでなく、文の構造として表されることがある。そのため、感嘆の中心になる名詞が「の」だけでなく、ほかの表現類型と同様、「は」や「が」を伴うこともある。

- 新入生たち｛の／は｝なんて生き生きとしていることだろう！
- その日のぼく｛の／が｝なんと憂鬱だったことか！

感嘆の気持ち自体は発話時に話し手が感じるものであるが、感嘆の気持ちを引き起こす属性は発話現場に存在しなくてもよい。そのため、過去形に接続す

ることがある。
- 入学式のとき，新入生たちはなんと生き生きとしていたことだろう！

「なんと～ことだろう」には丁寧さが分化し，聞き手に対する伝達が明示されることが多い。
- 新入生たちはなんと生き生きとしていることでしょう！

3.2 文末が「の」で名詞化される場合
[接続と形]
　文末が「の」で名詞化されるタイプには，「なんと～のだ」と「なんと～のだろう」という2つの文型がある。「なんと～のだろう」は，文末が「だろうか」になることがある。
- あいつ，なんて強いんだ！　まったく歯が立たない。
- この料理はなんとおいしいんだろう(か)！

「なんと～のだ」は話しことば的な表現である。

[意味と用法]
　このタイプは，主述関係が文の構造として表されるところに特徴がある。感嘆の中心になる名詞は「は」や無助詞によって主題化され，「の」は用いられない。
- あいつ {は／*の} なんて強いんだ！
- この料理 {φ／*の} なんて美味しいんだろう！

感嘆の気持ちを引き起こす属性は発話現場に限定されないので，過去形に接続することがある。
- あいつ，なんて強かったんだろう！

このタイプの文も話し手が発話時に感じている感嘆の気持ちしか表せない。したがって，文末形式にテンスが分化することはない。
- *あいつ，なんて強いんだった！

「なんと～のだろう」は丁寧さによって感嘆の気持ちを聞き手へ伝達することを明示することができるが，「なんと～のだ」はこれができない。

- なんてバカなことを言ってしまった{*んです／んでしょう}！

聞き手への伝達を意識しない文であるという点で，「なんと〜のだ」の方が感嘆文本来の性質を強く残している。

4. 感嘆文の周辺
4.1 疑いの疑問文から派生した詠嘆文

程度や頻度の疑問語が用いられる疑いの疑問文が，程度のはなはだしさや頻度の多さを含意することによって，話し手の詠嘆的な気持ちを表すことがある。

- 私は田中さんにどんなに感謝していることだろう。
- 退学してしまおうと何度考えたことだろう。

疑いの疑問文によって表される詠嘆的な気持ちは，感嘆文のように驚きを伴ってはいない。

このタイプは，「こと」によって文が名詞化されることもあるが，「こと」が出てこないこともある。

- 退学してしまおうと何度考えただろう。

また，詠嘆の気持ちを引き起こす事態が発話現場に限定されないだけでなく，詠嘆の気持ち自体が発話現場からずれることもある。特に程度の詠嘆文はある条件のもとでの詠嘆を表すことが多い。

- 君がいっしょにいてくれたら，どんなに心強いことだろう。

4.2 驚きを表す文

話し手にとって意外に思われる事態によって引き起こされる驚きを表す文がある。これは「とは」や「なんて」によって表される。

- まさかあの物ぐさな佐藤が仕事を手伝うとは！
- 時間に正確な君が遅刻するなんて！

「とは」や「なんて」によって表される驚きの気持ちは行為によって引き起こされることが多い。属性を表す述語をとる場合は，その意外さを強調する「こんなに」とともに用いられることがある。「こんなに」がない場合は，発言

に対する驚きを表す文になる。
- 桜の花がこんなにきれいだなんて！
- 桜の花がきれいだなんて！

第3章 評価のモダリティ

第1節 評価のモダリティとは

> ◆評価のモダリティとは，話し手が何らかの事態を述べ伝えるときに，その事態に対する話し手の評価的なとらえ方を表すものである。
> ◆評価のモダリティを表す形式にはさまざまなものがある。形の面から見ると，評価的複合形式，そのほかの複合形式，助動詞の3つに分類される。基本的意味の面から見ると，必要，許可・許容，不必要，不許可・非許容の4つに分類される。

1. 評価のモダリティの規定

評価のモダリティとは，ある事態に対する評価的なとらえ方を表すものである。たとえば，次の(1)は「安静にする」という事態に対する話し手の「必要だ」という評価を表している。同様に，(2)は「不必要だ」，(3)は「許容できる」，(4)は「許容できない」という話し手の評価をそれぞれ表している。

- 風邪を引いているときは，安静にしなくてはいけない。　……(1)
- 明日は仕事がないから出勤しなくてもいい。　……(2)
- この部屋の本は自由に読んでもいいですよ。　……(3)
- こんなところでうたた寝をしちゃいけない。　……(4)

2. 評価のモダリティの主な形式と分類

2.1 形による分類

評価のモダリティの形式は，形の面から見ると，次の3つに分類される。（　）内は形は異なるがはば同じ用法をもつ形式を表す。

1) 評価的複合形式

　　といい，ばいい，たらいい

　　方がいい

　　てもいい

なくてもいい
　　　てはいけない　（てはならない）
　　　なくてはいけない　（なくてはならない，なければいけない，なければ
　　　　ならない，ないといけない）
2)そのほかの複合形式
　　　ざるを得ない，ないわけにはいかない，しかない
　　　ことはない
3)助動詞
　　　べきだ
　　　ものだ，ことだ

　1)の評価的複合形式とは，「～と」「～ば」「～たら」「～ては」「～ても」「～方が」などの，事態を受ける形式と，「いい」(「よい」)「いけない」「ならない」などの評価を表す形式が複合したものである。また，事態を表す部分の末尾が「すると」「しては」のように肯定形の場合と，「しないと」「しなければ」のように否定形の場合があり，それぞれその事態の「成立」「不成立」を表す。

2.2　基本的意味による分類

　評価のモダリティの形式は，どのような評価を基本的に表すかという意味の面から見ると，次の4つに分類される。
1)必要を表す形式
　　　といい，ばいい，たらいい
　　　方がいい
　　　なくてはいけない　（なくてはならない，なければいけない，なければ
　　　　ならない，ないといけない）
　　　べきだ
　　　ものだ，ことだ
　　　ざるを得ない，ないわけにはいかない，しかない
2)許可・許容を表す形式
　　　てもいい

3) 不必要を表す形式

　　なくてもいい

　　ことはない

4) 不許可・非許容を表す形式

　　てはいけない　（てはならない）

　なお，「なくてはいけない」（必要）と「なくてもいい」（不必要），「てもいい」（許可・許容）と「てはいけない」（不許可・非許容）は，それぞれ正反対の意味を表す関係にある。

3. 評価のモダリティの形式の性質
3.1　形態についての性質

　評価のモダリティの形式は，基本的には，形式自体が否定形になることは少ない。

- ＊早く {帰ればよくない／帰ってもよくない／帰ってはいけなくない／帰らざるを得なくない}。

ただし，「べきだ」「ものだ」は，例外的に否定形になる。

- 言い訳を {するべきじゃない／するものではない}。

「ことだ」については，「ことではない」の形はなく，「ことはない」になる。

- 人の無責任な噂など気にする<u>ことはない</u>。

　一方，形式の前に否定の「ない」がくることがあるのは，「といい」「ばいい」「たらいい」「方がいい」「ものだ」「ことだ」である。

- 雨が {降らないといい／降らなければいい／降らなかったらいい} ね。
- 今日は無理をし<u>ない方がいい</u>。
- 人の悪口は言わ<u>ないものだ</u>。
- とにかく彼には逆らわ<u>ないことだ</u>。

「なくてもいい」と「なくてはいけない」は，それぞれ「てもいい」「てはいけない」の前に否定の「ない」がきたものなので，さらに前に否定形をとることはない。

- *今夜は{寝なくなくてもいい／寝なくなくてはいけない}。

「べきだ」の前にも否定の「ない」がくることはない。

- *言い訳はしないべきだ。

過去形で用いることは，ほとんどの形式で可能である。

- 早く{帰ればよかった／帰ってもよかった／帰ってはいけなかった／帰るべきだった／帰らざるを得なかった}。

ただし，過去形になることによって表される意味は一様ではない(⇒過去形の表す意味については，3.2を参照)。なお，「ものだ」と「ことだ」は例外的であり，評価のモダリティの形式として用いられる場合には，過去形にならない(⇒評価のモダリティ以外の「ものだ」と「ことだ」の用法については，第5章第4節を参照)。

- 約束は{守るものだ／*守るものだった}。
- まずは{寝ることだ／*寝ることだった}。

3.2 意味・機能の分化

評価のモダリティの形式は，基本的には，事態に対する必要，許容などの評価を表すものであるが，個々の使用場面ではさまざまな意味や機能を帯びて用いられる。これらの意味・機能のうち，評価のモダリティの多くの形式に共通するのは，当為判断，働きかけ，後悔・不満である。また，一部の形式は客観的必要性・許容性の意味を表す場合がある。

［当為判断］

当為判断とは，さまざまな事態のうち，特に人の行為に対する，必要である，必要でない，許容される，許容されないといった判断のことである。当為判断の意味になるのは，評価される事態が人の意志によってコントロールできるもの，つまり，制御可能なものとしてとらえられている場合に限られる。

たとえば，「ばいい」が制御可能な事態に使われた(1)は当為判断を表すが，制御不可能な事態に使われた(2)は当為判断ではなく，願望の意味になる。

- やせたければ，もっと運動すれば<u>いい</u>。（当為判断）　……(1)
- 明日の仕事がうまくいけ<u>ばいい</u>な。（願望）　……(2)

このように，「ばいい」などの評価的複合形式は，事態の制御可能性によって，当為判断を表すかどうかが決まる。

　一方，助動詞の諸形式はそれぞれ事情が異なる。「べきだ」はもっぱら当為判断を表す形式である。

- お年寄りは大切にする<u>べきだ</u>。

それに対して，「ものだ」や「ことだ」は多くの用法をもつ形式であり，一定の条件で用いられた場合にのみ当為判断を表す。

- 悪いことをしたときは，あやまる<u>ものだ</u>。
- 早く治りたいなら，とにかくゆっくり休む<u>ことだ</u>。

　このように，評価のモダリティの形式のほとんどが当為判断を表すことができる。ただし，複合形式のうち，「ざるを得ない」「ないわけにはいかない」「しかない」は，その事態が不可避・必然的なものであることを表し，当為判断は表さない。

　なお，当為判断を表すのは述語が動詞の場合だけでなく，名詞や形容詞の場合もある。たとえば，(3)は(4)に置き換え可能なことからわかるように，当為判断を表している。

- この箇所のサインは直筆で<u>なくてはならない</u>。　……(3)
- この箇所のサインは直筆で書か<u>なくてはならない</u>。　……(4)

[働きかけ]

　評価のモダリティの形式が当為判断を表す場合，その事態が聞き手の未実現の行為であれば，聞き手に何らかの行為を促したり，やめさせたりしようとする働きかけの機能が生じる。たとえば，(1)の「もっと運動する」が聞き手の行為であれば，勧めという働きかけとして機能する。(2)は許可，(3)は禁止という働きかけとして機能する。

- やせたければ，もっと運動すれ<u>ばいい</u>。　……(1)
- 君はもう帰っ<u>てもいい</u>よ。　……(2)

- 君はまだ帰ってはいけないよ。　　　　……(3)

「べきだ」「ものだ」「ことだ」も，その事態が聞き手の未実現の行為であれば，働きかけとして機能する。当為判断から働きかけの機能が生じることがあるという点は，ほとんどの評価のモダリティ形式に共通する。

ただし，「ざるを得ない」「ないわけにはいかない」「しかない」は，当為判断とはやや異なる意味をもつため，聞き手への働きかけとしては用いにくい。

- おい，君，早く {*行かざるを得ない／*行かないわけにはいかない／?行くしかない} よ。

[後悔・不満]

評価のモダリティの形式が表す評価の対象である事態が，実現しているかどうかによって，後悔や不満の意味が生じることがある。

たとえば，「ばいい」はその事態を肯定評価する形式なので，その事態が実現しなかった場合に，後悔や不満の意味が生じる。

- もっと早く病院へ行けばよかった。(後悔)
- 文句があるなら，はっきり言えばいいじゃないか。(不満)
- 家がもっと広ければいいのに。(不満)

その事態が話し手の行為であれば後悔を表し，そうでない場合は不満の意味になる。不満を表すときは，確認要求の「ではないか」や，逆接の「のに」が共起する場合が多い。

一般に，必要を表す形式と許可・許容を表す形式では，「ばいい」のように，その事態が実現しなかった場合に後悔・不満の意味が生じる(例(1))。不必要を表す形式と不許可・非許容を表す形式では，逆に，その事態がすでに実現している場合に後悔・不満の意味になる(例(2))。

- こんなに具合が悪くなるなら，会社を {休まなくてはいけなかった／休むべきだった／休んでもよかった}。　　　　……(1)
- こんなに早く元気になるなら，会社を {休まなくてもよかった／休んではいけなかった}。　　　　……(2)

例外的に，後悔・不満の意味を表さないのは，「ざるを得ない」「ないわけに

はいかない」「しかない」である。次の例は後悔・不満の意味にはならない。
- 会社を｛休まざるを得なかった／休まないわけにはいかなかった／休むしかなかった｝。

また,「ことだ」も後悔・不満の意味では用いられにくい。
- ＊早く治りたいなら，ゆっくり休むことなのに。

「ものだ」は不満の意味を表すことはあるが，後悔の意味ではやや用いにくい。
- ［挨拶をしない相手に］人に会ったら挨拶ぐらいするものだよ。（不満）
- ［自分が挨拶を忘れたことに気がついて］？人に会ったら，挨拶ぐらいするものなのに。（後悔）

[**客観的必要性・許容性**]

評価のモダリティの形式のうち，「なくてはいけない」「てもいい」「なくてもいい」「てはいけない」は，客観的必要性・許容性を表すことがある。
- 新しい風船をふくらますときは，強く息を吹き込まなくてはいけない。
- この寮では部屋で自炊してもよい。
- イギリスでは夫婦が同じ姓を名乗らなくてもいい。
- 日本の法律では，未成年者が酒を飲んではいけない。

いずれの例でも，規則，法律，自然の法則など，客観世界の秩序やしくみのありかたとして，その事態が必要である，不必要である，もしくは，許容される，許容されないということが述べられており，事態に対する話し手の評価を表しているとは言えない。このような用法は，話し手の主観を表すというモダリティの典型的な性格から離れたものである。

第2節　必要

> ◆必要を表す評価のモダリティの形式は，いずれも広い意味での事態の必要性を表す。
> ◆「といい」「ばいい」「たらいい」は，その事態が望ましいものであることを表す。
> ◆「方がいい」は，その事態がほかの事態との対比・比較において望ましいものであることを表す。
> ◆「べきだ」は，その事態が妥当であることを表す。
> ◆「なくてはいけない」は，その事態が実現しないことが許容されないということを表す。
> ◆「ものだ」は，一般的に望ましい行為を提示する用法をもつ。「ことだ」は，悪い状況にとどまらないために必要な行為を提示する用法をもつ。
> ◆「ざるを得ない」「ないわけにはいかない」「しかない」は，その事態が不可避もしくは必然的なものであることを表す。

1.　「といい」「ばいい」「たらいい」

1.1　接続と形

「といい」は動詞・イ形容詞の非過去形に接続する。ナ形容詞・名詞には「だ」を介して接続する。「ばいい」「たらいい」は動詞・イ形容詞の条件形に「いい」が後続した形である。ナ形容詞・名詞の場合は「～なら(ば)いい」「～だったらいい」の形になる。

・　早く {行くといい／行けばいい／行ったらいい}。
・　値段が {安いといい／安ければいい／安かったらいい}。
・　明日が {晴れだといい／晴れならいい／晴れだったらいい}。

前の述語が否定形になって「ないといい」「なければいい」「なかったらいい」の形になることはあるが，「とよくない」のように形式自体が否定形になることはない。

・　雨が {降らないといい／降らなければいい／降らなかったらいい}。

- *雨が {降るとよくない／降ればよくない／降ったらよくない}。

また，形式自体が「とよかった」「ばよかった」「たらよかった」のように過去形になることもある。

- 雨が {降るとよかった／降ればよかった／降ったらよかった}。

1.2 意味と用法

「といい」「ばいい」「たらいい」の基本的意味は，その事態が望ましいものであることを表すことである。

その事態が制御可能な行為である場合には，その行為が望ましいという当為判断を表す。

- 韓国へ行くなら，韓国語を少し勉強しておく<u>といい</u>よ。……(1)
- やせたかったら，食わなければいいんだ。食わないことにしよう。
  ……(2)
- 天ぷらの衣を作るときは，冷たい水を使う<u>といい</u>。 ……(3)

(1)のように行為者が聞き手である場合は，聞き手にその行為を促す勧めの文として機能する。(2)のように行為者が話し手自身である場合や，(3)のように行為者が3人称もしくは不特定多数である場合もある。

次のように望ましい行為が行われなかったことに対する不満や後悔を表す場合もある。

- もっと早くクーラーをつけておいてくれれ<u>ばいい</u>のに。(不満)
- こんな天気になるなら，家でごろごろしてい<u>たらよかった</u>。(後悔)

一方，その事態が制御不可能なものである場合には，願望を表す文になる。

- 早く景気が回復する<u>といい</u>な。
- いつかまたお会いできれ<u>ばいい</u>ですね。

1.3 形式間の違い

当為判断を表す場合，「といい」と「ばいい」「たらいい」の間の違いが顕著である。

第1に，意味の違いがある。「ばいい」「たらいい」は特定の結果を得るため

に必要十分な手だてとしてその事態を示す。
- 太りたければ，たくさん {食べればいい／食べたらいい}。
- A「コピー機の調子が悪いんだけど」
  B「一度電源を {切ればいい／切ったらいい} のよ」

一方，「といい」は単に「そうすることが望ましい」という意味で用いられる。
- 山へ登る時は，雨具を持っていく<u>といい</u>。

このような違いがあるので，3形式とも用いることができる場合にも，「といい」はほかの2形式とは異なる意味になる。
- 料理が上手になりたいなら，いい包丁を {持つといい／持てばいい／持ったらいい}。

第2に，補充疑問文では「ばいい」「たらいい」が用いられ，「といい」は用いることができない。
- コピー機の調子が悪いんだけど，どう {*するといい／すればいい／したらいい} の。
- 入試準備のために何を {*読むといい／読めばいい／読んだらいい} ですか。

この2つの違いは，複合的評価形式「ばいい」と「たらいい」では「〜ば」「〜たら」によって受けられた事態に意味的な焦点があることを表しており，「といい」では，評価を表す「いい」に意味的な焦点があることを表している。

これは，条件接続形式としての「〜と」と「〜ば」「〜たら」の性質の違いと共通するものである（⇒条件節については，第11部第4章を参照）。前件に焦点のある条件文には，「〜と」は用いることができず，「〜ば」「〜たら」が用いられるのである。
- A「どこへ {*行くと／行けば／行ったら}，いい夜景が見られますか」
  B「六甲山へ {?行くと／行けば／行ったら}，見られます」

第3に，不満や後悔を表す場合，「といい」はやや用いられにくい。
- もっと早くクーラーをつけておいて {?くれると／くれれば／くれたら} よかったのに。
- こんな雨になるなら，家でごろごろ {?してると／してれば／してた

ら} よかった。

　以上のように，当為判断を表す場合には「といい」と「ばいい」「たらいい」の間の違いが強く表れるのに対して，願望を表す場合には，両者の違いは薄まり，ほぼ同様に用いられる。
　・　明日天気に {なるといい／なればいい／なったらいい} なあ。
　・　早く景気が {回復するといい／回復すればいい／回復したらいい} ですね。

　なお，「ばいい」と「たらいい」には意味的に大きな違いはない。ただし，「ばいい」の方が，求めている結果を得るための手だてとしてはその事態で十分であり，ほかは必要ないといった意味が強く出やすい。特に，次のようにとりたての「さえ」をともなう場合などは，「ばいい」の方が適切で，「たらいい」はややなじまない。
　・　合格したいなら，この参考書さえ {読めばいい／？読んだらいい}。
　・　旅館には何でも用意されているので，着替えさえ {持っていけばいい／？持っていったらいい}。

1.4　関連する表現

「がいい」

　「がいい」は動詞の非過去形に接続する。かなり古めかしい形式であり，現在の話しことばで用いられることは少ない。
　・　そんなに帰りたいなら，とっとと帰るがいい。

　おもに聞き手の行為について用いられる。しかし，「といい」などとは違い，聞き手に行為を勧めるというより放任のニュアンスを帯びることが多い。行為者が3人称である場合に用いることも可能である。
　・　あんなやつ，どこへでも行くがいい。

話し手自身の行為について用いられない点や，願望を表す用法がない点でも，「といい」などとは異なっている。

「ば？」「たら？」

「ば？」「たら？」は動詞の条件形を上昇イントネーションで用いるものである。

- あなた，歌が上手ね。歌手になれ<u>ば</u>？
- お風呂に入っ<u>たら</u>？　　……(1)

行為の結果を聞き手に想像させることによりその行為の有益性に気づかせようとする文であり，勧めとして用いられる。「ばいい」「たらいい」に似ているが，「ば？」「たら？」はもっぱら聞き手の行為について用いられる点が異なる。

また，「ばいい」「たらいい」は，勧めとして用いられるとき，何らかの結果を求めている聞き手に対して，その達成手段としてその事態を提示するものであるが，「ば？」「たら？」は，単に聞き手がとりうる選択肢の1つとしてその行為を提示するものなので，聞き手の状態や意向に関わりなく用いることができる。たとえば，(1)は聞き手が特に「お風呂に入る」意向もなくテレビを見ているような状況でも用いることができるが，同じ状況で(2)は不自然である。

- ?お風呂に入っ<u>たらいい</u>。　……(2)

「たら？」とほぼ同様に用いられる形式に「たらどう？」「てはどう？」がある。

- 歌手に {なったらどう／なってはどう} ？

なお，「と？」という形では勧めを表すことはできない。

- ＊歌手になる<u>と</u>？

2. 「方がいい」

2.1 接続と形

「方がいい」は述語が動詞のとき，非過去形に接続する場合と過去形に接続する場合がある。

- 車で {行く／行った} <u>方がいい</u>。

ただし，否定述語に接続する場合は「しない方がいい」の形をとる。「しなかった方がいい」の形になることはない。

- 車で｛行かない／*行かなかった｝方がいい。

イ形容詞の非過去形，ナ形容詞の語幹＋「な」，名詞＋「の」に接続することもできる。

- 音楽の勉強を始めるのはできるだけ早い方がいい。
- 朝のあいさつは元気な方がいい。
- 会議に出るときは，きちんとした服装の方がいい。

また，「方がいい」自体が否定形になることはない。

- *車で行く方がよくない。

2.2 意味と用法

「方がいい」の基本的意味は，その事態が，ほかの事態との対比，比較において，望ましいものであることを表すことである。

- 雨が降りそうだから，傘を持っていった方がいいよ。　……(1)
- そろそろバターを買っておいた方がいいかなあ。　……(2)
- 試験の前夜はよく眠っておく方がいい。　……(3)

その事態が聞き手の行為の場合，勧めや忠告の表現になる(例(1))。話し手の行為について用いる場合(例(2))も，一般的な事柄として述べる場合(例(3))もある。「する方がいい」はおもに一般的な事柄として述べる場合に用いられ，「した方がいい」はおもに具体的・個別的な場面で用いられる傾向がある。

望ましい事態が実現しないことに対する後悔や不満を表す場合もある。

- ［雨に降られて］こんなことなら家にいた方がよかった。（後悔）
- お菓子よりビールを買ってくれた方がいいのに。（不満）

このような場合，「した方がいい」が用いられ，「する方がいい」は用いにくい。

2.3 ほかの形式との比較

「方がいい」との異同が問題になるのは，「といい」「ばいい」「たらいい」である。形式の後半部分が「いい」である点でこれらは共通するが，「方がいい」は，もともと「(Xより)Yの方が～」という2つのものを比較する表現から構

成されていることから,「といい」などとは異なる性格をもつ。

「方がいい」だけの統語的な特徴として,疑問語との共起の制限がある。「どちら」「いずれ」など2つのものからの選択に用いられる疑問語とのみ共起する。

・ 中国語と韓国語とどちらを勉強した方がいいですか。

「何」「だれ」「どこ」などの疑問語とは共起できない。

・ *だれに相談した方がいいですか。
・ *何を勉強した方がいいですか。

また,意味的な特徴として,「方がいい」は,その行為をしないと(「しない方がいい」の場合は,その行為をすると)悪い結果を生じるという含意をもつことが多い。

・ もう出かけた方がいい。(出かけないと,電車に遅れる)
・ たばこは吸わない方がいい。(吸うと,健康を害する)

そのため,単純にその行為を勧める場合には,「といい」を用いることはできるが,「方がいい」を用いることはできない。

・ 南京町へ行ったら,豚まんを {?食べる方がいい／食べるといい}。

ただし,「方がいい」でも,その行為をしないと悪い結果を生じるという含意が常に生じるわけではない。「Xするより」という比較の基準を明示した場合はほとんど感じられない(⇒比較構文については,第3部第5章第3節を参照)。

・ 風邪薬を飲むより暖かくして寝た方がいいですよ。
・ この魚は煮るより焼く方がいい。

文脈中に「Yする」の比較の相手「Xする」が存在している場合(例(1))や,「Yする」と2項対立の関係にある「Xする」が想定できる場合(例(2))も,このような含意は生じにくい。

・ A「先生には電話で連絡すればいいんですか」
　B「いや,手紙を書いた方がいいよ」　　　　……(1)
　　　X:電話で連絡する　Y:手紙を書く
・ 赤ちゃんの健康のためには母乳で育てる方がいい。　……(2)
　　　X:ミルクで育てる　Y:母乳で育てる

2.4 関連する表現

「方がましだ」

　基本的に「Xする(くらい)ならY {する／した} 方がましだ」の形で用いられる。Yには望ましくない事態がくる。Yの方が「ましだ」ということによって，Xが絶対的に望ましくない事態であることを伝える表現である。

- あなたと結婚できないくらいなら，死んだ方がましだ。

この表現は行為者が話し手自身である場合に用いられるのが普通である。

　「方がいい」が「方がましだ」と同様の意味で使われる場合もある。

- あなたと結婚できないくらいなら，死んだ方がいい。

3. 「べきだ」

3.1 接続と形

　「べきだ」は動詞の非過去形に接続する。ただし，「する」に接続する場合には，「すべきだ」の形になることもある。

- 早く行くべきだ。
- 早く {する／す} べきだ。

　形容詞述語や名詞述語に用いることも可能である。イ形容詞の場合は連用形＋「ある」の形で，ナ形容詞や名詞の場合は，ナ形容詞の語幹・名詞＋「である」の形で接続する。

- 年をとっても心は若くあるべきだ。
- 年をとっても心は青年であるべきだ。

ただし，このような用い方はあまり多くはない。

　「べきだ」の否定の形は「べきではない」である。「べきだ」の前に否定の「ない」がくることはない。

- 嘘はつくべきではない。
- *嘘はつかないべきだ。

　「べきだ」の非過去連体形は「べき」である。

- やるべき仕事をきちんとやってから，文句を言いなさい。

　また，連用形は「べく」である。

- 田中さんは弁護士になる<u>べく</u>勉強している。

この場合「〜べく」は後に続く行為の目的を表す。やや硬い表現だが，現代でも使われる。

「べきだ」は文語の「べし」に由来する。「べし」はかなり古めかしい表現であり，現在ではほとんど用いられない。

- 学生は大いに勉強する<u>べし</u>。

3.2 意味と用法

「べきだ」の基本的意味は，その事態が妥当であるという話し手の評価を表すことである。

- 人間は人間らしく生きる<u>べきだ</u>。 ……(1)
- 君には素質がある。役者になる<u>べきだ</u>。 ……(2)
- 田中はみんなに迷惑をかけたんだから，ちゃんと謝罪す<u>べきだ</u>。 ……(3)

(1)のように一般的な事柄について述べることが多いが，(2)(3)のように個別的な事柄に用いられることもある。(2)のように聞き手の行為について用いられると，勧めとして機能する。

否定形の「べきではない」は，その事態が妥当でないという評価を表し，聞き手の行為について用いると，禁止として機能する。

- 少々生活が苦しくても，借金なんかする<u>べきじゃないよ</u>。

過去形の「べきだった」の形で用いられると，妥当だと評価される事態が実現しなかったという意味になり，後悔・不満の気持ちが表される。

- 昨日のうちに仕事をすませておく<u>べきだった</u>。（後悔）
- 国はもっと早く景気対策をうつ<u>べきだった</u>。（不満）

逆に，「べきではなかった」の形では，妥当ではないと評価される事態が実現したことに対する，後悔・不満が表される。

- あんなひどい言い方をする<u>べきじゃなかった</u>。（後悔）
- 警察はあのとき容疑者を釈放する<u>べきじゃなかった</u>のだ。（不満）

3.3 ほかの形式との比較

「べきだ」との異同が問題になるのは,「なくてはいけない」と「方がいい」である。

「べきだ」はその事態の妥当性を表すので,その事態を実現させるかどうかを選択する余地がある場合に限り用いられる。そのため,規則や予定など選択の余地のないことについては用いることができない。この点で「べきだ」は「なくてはいけない」とは異なり,「方がいい」とは同じ性格をもつ。

- 車を運転するには免許を {*とるべきだ／*とった方がいい／とらなくてはいけない}。

「べきだ」と「方がいい」は互いに言い換えられる場合が多い。

- 若いうちに外国語をしっかり勉強 {するべきだ／した方がいい}。

ただし,「べきだ」はどちらかといえば倫理や道徳に妥当性の基準をおくのに対し,「方がいい」は現実面に望ましさの基準をおくという傾向の違いがある。その事態が実現しないと悪い結果を招くことを言いたいような場合は「方がいい」の方がなじみやすい。

- 早く {帰るべきだ／帰った方がいい} よ。雨になりそうだから。

逆に,「べきだ」を使うと,倫理的・道徳的な理由から妥当だという意味が出やすい。

- 友達は大切に {するべきだ／した方がいい}。

「べきではない」と「てはいけない」の違いは,「べきだ」と「なくてはいけない」の違いと同様に考えられる。規則などのように選択の余地なく許容されない事態については,「べきではない」は用いられない。

- 免許をもたない人は車を {*運転するべきではない／運転してはいけない}。

また,「べきではない」と「しない方がいい」の違いは,「べきだ」と「する方がいい」の違いと平行的である。

- もう {飲むべきじゃない／飲まない方がいい} よ。あとで具合が悪くなるから。
- 友達は {裏切るべきじゃない／裏切らない方がいい}。

4.「なくてはいけない」
4.1 接続と形
「なくてはいけない」は，動詞・イ形容詞・ナ形容詞の「ない」の前にくる形，名詞＋「で」に接続する。

- 早く行か<u>なくてはいけない</u>。
- 彼の部屋は ｛広く／静かで／洋室で｝ <u>なくてはいけない</u>。

「なくてはいけない」のほかに，「なくてはならない」「なければいけない」「なければならない」「ないといけない」といった形がある。

- 早く ｛行かなくてはならない／行かなければいけない／行かなければならない／行かないといけない｝。

話しことばでは，「なくては」が「なくちゃ」に，「なければ」が「なきゃ」になることがある。また，後半部分の「いけない」「ならない」が省略されることもよくある。

- あそこの交差点は車に注意し<u>なきゃいけない</u>よ。
- あ，もう5時だ。早く帰ら<u>なくちゃ</u>。

一方，おもに書きことばで用いられる形に「ねばならない」「ねばならぬ」がある。

- 人と自然は ｛共生せねばならない／共生せねばならぬ｝。

4.2 意味と用法
「なくてはいけない」の基本的意味は，その事態が実現しないことが許容されない，つまり，不可欠だということを表すことである。多くの場合，制御可能な事態について用いられ，当為判断を表す。

- 今晩中にどうしてもレポートを仕上げ<u>なくてはいけない</u>。
- こら！ 靴を脱いだらそろえ<u>なくちゃいけない</u>よ。　　……(1)

(1)のように聞き手の行為について用いられると，その行為をするように強制する表現になる。

必要な事態が実現しなかったことに対する後悔や不満を表す場合もある。

- ［電車に乗り遅れて］ああ，しまった。あと10分早く家を出<u>なくちゃ</u>

いけなかった。(後悔)

　また，制御不可能な事態について用いられ，当為判断とは異なる意味を表すことも可能である。

　　・　今がんばらないと，あとで後悔しないといけなくなるよ。

この例では何らかの要因(「今頑張らない」)から引き起こされる必然的結果といったものが表されている。ただし，この用法はそれほど多くはない。

　「なくてはいけない」のほか「なければいけない」「ないといけない」「なくてはならない」「なければならない」といった形があるが，意味・用法の違いはそれほどはっきりしていない。ただし，文体的には「〜いけない」より「〜ならない」の方があらたまった形である。

4.3　ほかの形式との比較

　「なくてはいけない」は広い用法をもつが，中でも特徴的なのは，規則，法律，自然のしくみなどにおいてその事態が必要であることを述べるものである。

　　・　1年生は前後期合わせて30単位以上取得しなくてはいけない。
　　・　出国の際にはパスポートを提示しなくてはいけない。

この例は，話し手の評価という主観を離れた，客観的必要性を表している(⇒客観的必要性については，第1節3.2を参照)。この用法は，「べきだ」「方がいい」など，必要を表すほかの形式には見られないものである。

　そのほかに，「なくてはいけない」には次のような特別な用法もある。

　　・　2時間前に出発したのなら，もう到着していなくてはいけない。

基本的に条件節や理由節と共起して，論理的必然性を表すものであり，「はずだ」に近い意味になっている(⇒「はずだ」については，詳しくは第4章第3節4.を参照)。このように認識のモダリティに近い意味を表す用法をもつのは，評価のモダリティの形式のうち，「なくてはいけない」と「てもいい」だけである(⇒「てもいい」については，第3節1.2を参照)。

4.4　関連する表現

「なくてはだめだ」

　動詞・イ形容詞・ナ形容詞の「ない」の前にくる形，名詞＋「で」に接続し，その事態が実現しないことが許容されないことを表す。「なければだめだ」「ないとだめだ」という形もある。

- 君，もっとまじめに働か<u>なくてはだめだ</u>よ。

「なくてはいけない」と意味は変わらないが，「なくてはだめだ」は，個別的・具体的な事柄について用いられやすい傾向がある。

　また，「なくてはだめだ」は「なくてはいけない」より用法が狭く，後悔・不満を表す場合や，論理的必然性を表す場合には用いられない。

- ［電車に乗り遅れて］？ああ，しまった。もっと早く家を出<u>なくてはだめだった</u>。
- ？2時間前に出発したのなら，もう到着してい<u>なくてはだめだ</u>。

「必要がある」

　その事態が，文字通り必要であることを表す。おもに動詞の非過去形に接続するが，動作名詞＋「の」に接続することも可能である。

- 卒業までにあと4単位取得する<u>必要がある</u>。　　　　　……(1)
- 外国へ行くには，まずパスポートを用意する<u>必要がある</u>。　……(2)
- このパソコンは修理の<u>必要がある</u>。

(1)(2)は「なくてはいけない」に置き換えてもほとんど意味が変わらない。

- 卒業までにあと4単位取得し<u>なくてはいけない</u>。
- 外国へ行くには，まずパスポートを用意し<u>なくてはいけない</u>。

しかし，「必要がある」は「なくてはいけない」ほど広い用法はもたない。多くの場合，(1)(2)のように，規則，法律，状況からの要請など，客観的必要性を表す場合に用いられる。

　否定の形は「必要はない」である。多くの場合，客観的不必要を表す（⇒「必要はない」については，第4節2.3を参照）。

- 就学前の子供は乗車券を買う<u>必要はない</u>。

5. 「ものだ」「ことだ」
5.1 接続と形
　必要を表す「ものだ」「ことだ」は、いずれも、動詞の非過去形に接続する。
　「ものだ」は、「ものだ」「もんだ」の形で用いられ、「もの」の形では用いられない。ただし、「もの」に終助詞が接続した「ものよ」のような形はある。
　「ことだ」は、おもに書きことばでは、「こと」という形で、規則や注意事項、標語などを提示することがある。
- 窓から顔や手を出さない<u>こと</u>。

　動作名詞の一部に、「のこと」を加えた形もある。動詞＋「こと」よりも硬い文体であり、注意書きなどに用いられる。
- この扉を開閉した際は必ず施錠<u>のこと</u>。

「ものだ」も「ことだ」も、その前に否定の「ない」がくる場合もあれば、後に否定の「ない」がくる場合もある。後に「ない」がくる場合は、「ことではない」という形ではなく、「こと(は)ない」という形をとる。
- 人の嫌がることは言わない<u>ものだ</u>。
- 人の嫌がることを言う<u>もんじゃない</u>。
- 早く治りたいのなら、あまり無理をしない<u>ことだ</u>。
- そんなに無理して働く<u>ことはない</u>よ。

「ものだ」は質問文でも用いられることがあるが、「ことだ」は用いられない。
- こういうときは、事前にお手紙でご相談する<u>ものですか</u>？

5.2 意味と用法
　「ものだ」の基本的意味は、その事態が、客観的に動かしがたく存在するということである。その事態が制御可能な事態である場合、当為判断を表すことがある (⇒評価のモダリティ以外の「ものだ」の用法については、第5章第4節を参照)。
- おい、学生はもっと勉強する<u>ものだ</u>ぞ。
- 迷惑をかけたときは、すぐにあやまる<u>ものだ</u>。

「XはYものだ」の形で，一般的に望ましいと話し手が考えている行為Yを提示する。Xは特定の個体ではなく，総称的な名詞や，状況を表す名詞などである。「Xなら」「Xすれば」といった形でもよい。聞き手が，総称的な名詞Xに含まれる場合や，Xで示される状況にある場合は，間接的に，聞き手に行為の実行を促すことができる。

- X（学生）は　Y（勉強する）ものだ　　　（提示する文）
  聞き手はX（学生）である　　　　　　　（文脈・状況）
  　　↓
  聞き手はY（勉強する）　のが望ましい　（結論）

望ましい事態が実現しなかったことに対する不満を表すこともある。

- おい，ああいうときは，すぐにあやまる<u>もんだ</u>ぞ。

その行為が望ましくないことを示すときには，「ないものだ」という形と，「ものではない」という形がある。

- 人の嫌がることは言わない<u>ものだ</u>。
- 人の嫌がることを言う<u>もんじゃない</u>。

特に，「ものではない」は，聞き手が実行した行為に不満を表明し，非難する際に用いられやすい。また，「ものだ」「ないものだ」は，「XはYものだ」というように「Xは」を伴うが，「ものではない」は，「Xは」を伴わなくてもよい。

「ことだ」は，聞き手が目的を達成するため，あるいは，悪い状況にとどまったり陥ったりしないためには，その行為の実行が必要，重要だという話し手の当為判断を表す。助言や忠告の意味あいをもつ（⇒評価のモダリティ以外の「ことだ」の用法については，第5章第4節を参照）。

- 早く治りたいのなら，とにかくゆっくり休む<u>ことだ</u>。
- 合格したければ，もっと勉強する<u>ことだ</u>。

行為者は聞き手の場合がほとんどであり，聞き手に対して行為の実行を促すことになる。目上の立場にある話し手が，目下の聞き手に対して言い聞かせる場面で用いられることが多い。

ただし，行為者が3人称の場合もある。

- あのチームは，負けを重ねたくなければ，もっと練習する<u>ことだ</u>ね。
- あいつも，早く治りたいのなら，ゆっくり休む<u>ことだ</u>よね。

否定の「ない」を含む形には，「ないことだ」と「こと(は)ない」がある。
- 早く治りたいのなら，あまり無理をしない<u>ことだ</u>。
- そんなに無理して働く<u>ことはない</u>よ。

「こと(は)ない」は，行為の実行が不必要だという話し手の判断を示す。
- あいつに気をつかう<u>ことはない</u>よ。

また，「こと(は)ない」は，「ことだ」と違って，同等の間柄でも用いやすい（⇒「ことはない」については，詳しくは第4節2.を参照）。

5.3 ほかの形式との比較

「ものだ」の，ほかの形式と異なる特徴は，「XはYものだ」のXの部分が，総称的な名詞や，状況を表す名詞に限られることである。
- 君は，勉強 {*するものだ／した方がいい／するべきだ}。
- 学生は，勉強 {するものだ／した方がいい／するべきだ}。
- 君，こういう場合は，すぐ {あやまるものだ／あやまった方がいい／あやまるべきだ}。

「ことだ」の特徴は，助言や忠告の意味あいをもつことである。その行為を実行しなければ，目的を達成できない，あるいは，望ましくない事態を招くという場合に用いられる。
- 治りたかったら，安静にする<u>ことだ</u>。

その行為を実行しなくても，目的を達成できなくなることや，望ましくない事態を招くことが考えにくい場面では，「ことだ」は用いられにくい。
- あの店のソフトクリームはおいしいから，食べる {?ことだ／といい}。

5.4 関連する表現

「のだ」

「のだ」には，さまざまな用法があるが，一般的に望ましいと思われる行為

などを示し，その実行を子供などに対して言い聞かせる場合にも用いられる。この用法は，当為判断を表す「ものだ」と類似している(⇒「のだ」のさまざまな用法については，第5章第2節を参照)。

- 電車の中では静かにする<u>の</u>よ。

ただし，「のだ」の場合は，必ずしも一般的に望ましい行為でなくてもよい。

- おじさんの家に着いたら，最初にこれを渡す<u>の</u>よ。

6. 「ざるを得ない」「ないわけにはいかない」「しかない」

6.1 接続と形

「ざるを得ない」は動詞の「ない」の前にくる形に接続する。ただし，動詞が「する」の場合は「せざるを得ない」になる。

- 行か<u>ざるを得ない</u>。
- 引っ越しをせ<u>ざるを得ない</u>。

「ないわけにはいかない」も動詞の「ない」の前にくる形に接続する。「は」のない「ないわけにいかない」や，「は」が「も」になった「ないわけにもいかない」の形もある(⇒「わけだ」については，詳しくは第5章第3節を参照)。

- 行か {ないわけにはいかない／ないわけにいかない／ないわけにもいかない}。

「しかない」は動詞の非過去形に接続する。

- 行く<u>しかない</u>。

おもに書きことばで用いられる形に「ほかない」「ほかにない」がある。意味は「しかない」と違いはない。

- 行く {ほかない／ほかにない}。

6.2 意味と用法

「ざるを得ない」「ないわけにはいかない」「しかない」は，その事態の実現が不可避なもの，必然的なものであることを示す。

- 体調が悪いのだが，今日は会議があるので，出勤せ<u>ざるを得ない</u>。
- 部長は直属の上司なので，結婚式に呼ば<u>ないわけにはいかない</u>。

- 最終バスを逃したら，歩いて帰るしかない。

多くの場合，その事態の実現が行為者の意向や気持に反するというニュアンスを帯びる。

6.3 ほかの形式との比較

「ざるを得ない」「ないわけにはいかない」「しかない」との異同が問題になるのは，「なくてはいけない」である。

「ざるを得ない」などは，過去形で用いられると必ずその事態が実現したと解釈される。必要を表す諸形式の中でこれら3形式だけがこのような特徴をもつ。「なくてはいけない」ではその事態が実現した場合としなかった場合の両方の解釈が可能である。

- 先週末は {出勤せざるを得なかった／出勤しなくてはいけなかった} ので，そうした。
- 先週末は {*出勤せざるを得なかった／出勤しなくてはいけなかった} が，そうしなかった。

「ざるを得ない」などは，その事態が単に必要なだけでなく，不可避・必然であることを表すので，過去形で用いられると，それが実現したことになるのである。

このように，「ざるを得ない」などが表す意味は，「なくてはいけない」などが表す当為判断とは異なるものである。

そのため，「なくてはいけない」などの形式が聞き手の行為について用いられると勧めや忠告として機能するのに対して，「ざるを得ない」などは基本的には勧めや忠告として機能しない。

- おい，君，早く {?行かざるを得ない／?行かないわけにはいかない／行くしかない} よ。　　　　　　……(1)
- おい，君，早く行かなくてはいけないよ。　　　……(2)

(1)の「しかない」は文として不自然ではないが，「行く」ことが聞き手にとって不可避的な行動であることを述べているだけであり，(2)の「なくてはいけない」の文が勧めとして，より直接的に機能しているのとは異なる。

6.4 形式間の違い

「ざるを得ない」「ないわけにはいかない」「しかない」は，互いに置き換えられる場合が多い。

- この調子では今日も {残業せざるを得ない／残業しないわけにはいかない／残業するしかない}。

しかし，微妙な違いが表れる場合もある。

- 女が１人で自由に生きようと思えば，手に職を {つけざるを得ない／つけないわけにはいかない／つけるしかない}。　　……(1)
- 警察沙汰にはしたくないが，３日も行方不明なら，捜索願を {出さざるを得ない／出さないわけにはいかない／出すしかない}。

……(2)

上のように，達成すべき目的や解決すべき問題((1)では「女が１人で生きる」，(2)では「３日も行方不明」)があって，そのために何らかの事態を実現することが要請されているような場合，「しかない」がほかの２形式に比べ，より用いられやすい傾向がある。

「ないわけにはいかない」とほかの２形式の間には統語的な違いもある。疑問語＋「も」，「少しも」などの否定と呼応する要素と共起できるのは「ないわけにはいかない」のみである。

- お腹は空いていないが，何も {食べないわけにはいかない／*食べざるを得ない／*食べるしかない}。
- 少しも {働かないわけにはいかない／*働かざるを得ない／*働くしかない} ので，週３日だけ仕事をしている。

これは「ないわけにはいかない」の形式としての固定化の度合いが低く，最初の「ない」が否定として生きているためである。

6.5 関連する表現

「ないではいられない」

動詞の「ない」の前にくる形に接続し，その事態が不可避であることを表す。

- 今夜はお酒を飲ま<u>ないではいられない</u>。
- この映画を見れば，だれでも感動し<u>ないではいられない</u>だろう。

「ざるを得ない」などに似ている点があるが，「ざるを得ない」などが事情やなりゆきなど外的な要因によって不可避であることを表すのに対し，「ないではいられない」は行為者の感情や生理的な欲求など内的な要因により不可避であるような場合に用いられる。

- 今夜は寂しさがつのって，お酒を {飲まないではいられない／?飲まざるを得ない}。
- 今夜は得意先の接待なので，お酒を {?飲まないではいられない／飲まざるを得ない}。

「は」のない「ないでいられない」や，「ずにはいられない」「ずにいられない」という形もある。

- 今夜はお酒を {飲まないでいられない／飲まずにはいられない／飲まずにいられない}。

第3節　許可・許容

◆許可・許容を表す評価のモダリティの形式は，事態の実現が許されると認めることを表す。特に聞き手の行為についての許容を伝える場合，その行為の実現を認める許可の文として機能する。

◆「てもいい」は，基本的に，その事態が許容できるものであることを表す。

1.「てもいい」

1.1　接続と形

「てもいい」は動詞・イ形容詞・ナ形容詞のテ形，名詞＋「で」に「もいい」が後続した形式である。

- 今夜は，僕の家に泊まってもいいよ。
- こんなに性能がよいのなら，少しくらい値段が高く<u>てもいい</u>。

- 田中さんと結婚できるんだったら，一生貧乏でもいい。
- 大変そうだから，明日の朝食は今日の残りでもいいよ。

前の述語が否定形になって「なくてもいい」の形になることはあるが，基本的に，(1)のように形式自体が「てもよくない」という否定形になることはない(⇒「なくてもいい」については，第4節1.を参照)。「てもよくない」という形が可能なのは，(2)のような質問文の場合に限られる。しかも，この場合は意味的に否定を表さない。

- ＊結論が出るまで，話し合いを終わらせてもよくない。　……(1)
- そろそろ，話し合いを終わらせてもよくありませんか？　……(2)

1.2　意味と用法

「てもいい」の基本的意味は，その事態が許容できるものであることを表すことである。

多くの場合，制御可能な事態について用いられる。その事態が聞き手の行為であれば，聞き手にその行為を許可する文として機能する。

- ［医者が患者に］だいぶ体力も回復してきましたね。もう，そろそろ仕事を再開してもいいですよ。

話し手の行為について質問文で用いられると，話し手がその行為を起こすことに対する許可を聞き手に求める文として機能する。

- A「このクッキー，食べてもいい？」
  B「うん，いいよ」

話し手の行為について平叙文で用いられると，「自分自身がその行為を行うことを許容する」という話し手の意向を表す。

- 君は忙しそうだから，今日の夕食は僕が作ってもいいよ。

許容される行為が実現しなかったことに対する後悔や不満を表す場合もある。

- どうせ私にもパソコンが必要になるんだったら，君が買った時に，思い切って買ってもよかったなあ。（後悔）
- そんな一大事があったんなら，私にひとこと報告してくれてもいいじゃないか。（不満）

一方，その事態が制御不可能なものである場合には，事態の実現を許容する文として機能する。

- ［雨天中止になるかもしれないという状況で］選手のコンディションも悪いことだし，今日の試合は，中止になっ<u>てもいい</u>や。

状況や規範の上で許容される，あるいは可能であるという，客観的許容を表すこともある。

- 普通のお米は洗ってから炊くが，このお米はすでに洗ってあるので，このまま炊い<u>てもいい</u>。
- 日本では，20歳になったらたばこを吸っ<u>てもよい</u>。
- 今は私の職場は禁煙だが，数年前は職場でたばこを吸っ<u>てもよかった</u>。

　さらに，「てもいい」には，論理的可能性を表す用法がある。「かもしれない」などの可能性の存在を表す認識のモダリティに近い意味をもっているものである（⇒可能性があるというとらえ方を表す認識のモダリティについては，第4章第3節2.4を参照）。

- 田中さんは，2時間前に家を出ているそうだから，そろそろこちらに{到着し<u>てもいい</u>／到着するかもしれない}。

1.3　関連する表現

「ていい」

　「ていい」は，動詞・イ形容詞・ナ形容詞のテ形，名詞＋「で」に「いい」が後続した形である。

- 僕はまだ仕事が残ってるから，みんなは先に帰っ<u>ていい</u>よ。
- これくらいの性能だったら，値段はもう少しくらい高く<u>ていい</u>。
- 論文の書き方は，もっと自由<u>でいい</u>と思います。
- 今日の夕食は，忙しくて作る時間もないだろうから，出前<u>でいい</u>よ。

　基本的意味は，「てもいい」と同様，その事態が許容できるものであることを表すことであり，ほぼ同じ意味で用いられる場合も多い。

　しかし，「てもいい」には許容できる事態がほかにも存在するという含みが

あるのに対して，「ていい」はその事態の許容性のみを表し，ほかの事態についての含みをもたないという違いがある。

　たとえば，「てもいい」は，「〜ても」の性質から，(1)のように複数の事態について肯定的な評価を与える場合にも用いることができる(⇒「〜ても」については，第11部第4章第4節2.1参照)。

- 渋谷から原宿へは電車で行っ<u>てもいい</u>し，バスで行っ<u>てもいい</u>。
- *渋谷から原宿へは電車で行っ<u>ていい</u>し，バスで行っ<u>ていい</u>。

また，「てもいい」には，平叙文で「何」「だれ」「いつ」「いくら」のような疑問語といっしょに用いる場合がある。

- いつ電話を ｛し<u>てくれてもいい</u>／*し<u>てくれていい</u>｝ ですよ。

この例では，「午前中に電話してもいいし，昼に電話してもいいし，夜に電話してもいいし，いつでもいい」ということを表す。この場合も「ていい」は用いることができない。

　さらに，「ていい」は，許可というより，むしろより積極的に行為を促すニュアンスを表すことができる。このようなニュアンスは，「てもいい」では表しにくい。

- もう帰っ<u>ていい</u>よ。
- もう帰っ<u>てもいい</u>よ。

また，「ていい」は過去形で用いられ，実現した事態について肯定的な評価を下す場合があるが，「てもいい」にはその用法はない。

- 急にパソコンが必要になるなんて，あの時思い切って買っ<u>てよかった</u>なあ。
- 急にパソコンが必要になるなんて，あの時思い切って買っ<u>てもよかった</u>なあ。

「てもいい」を使うと，その事態が実現しなかったことに対する後悔を表す文になってしまう。

　そのほかにも「ていい」は「てもいい」と異なる点がある。まず，話し手の意向を表す場合(例(1))や後悔・不満を表す場合(例(2))には「ていい」は用いにくい。

- ?君は忙しそうだから，今日の夕食は僕が作っていいよ。……(1)
- *そんな一大事があったんなら，私にひとこと報告してくれていいじゃないか。……(2)

制御不可能な事態に対する許容や，論理的可能性も，「ていい」では表しにくい。

- ?ホームランが打てたら，地球が滅亡していい。
- ?田中さんは，2時間前に家を出ているそうだから，そろそろこちらに到着していい。

「てもかまわない」

「てもかまわない」は動詞・イ形容詞・ナ形容詞のテ形，名詞＋「で」に「もかまわない」が後続した形である。

- 泊まるところがないなら，僕の家に泊まってもかまわないよ。
- こんなに性能がよいのなら，少しくらい値段が高くてもかまわない。
- 田中さんと結婚できるんだったら，一生貧乏でもかまわない。
- 大変そうだから，明日の朝食は今日の残りでもかまわないよ。

前の動詞が否定形になって「なくてもかまわない」の形になることがある（⇒「なくてもかまわない」については，第4節1.3を参照）。しかし，「てもかまわなくない」のように，形式自体が否定形になることはない。

- *結論が出るまで，話し合いを終わらせてもかまわなくない。

「てもかまわない」の基本的意味は，その事態が許容できるものであることを表すことである。「てもいい」とほぼ同じ意味をもつが，後悔・不満を表す場合や，論理的可能性を表す場合には用いられない。

- *そんな一大事があったんなら，私にひとこと報告してくれてもかまわないじゃないか。
- *田中さんは，2時間前に家を出ているそうだから，そろそろこちらに到着してもかまわない。

また，「てもいい」と「ていい」の場合と同様に，「てもかまわない」にも「てかまわない」という表現がある。

「たっていい」

「たっていい」は，動詞の過去形，イ形容詞の連用形＋「た」，ナ形容詞の非過去形，名詞＋「だ」に「っていい」が後続した形である。
- 明日は休みだから，少しくらい帰りが遅くなっ<u>たっていい</u>。
- 今はお金もないし，安けりゃ多少性能が悪く<u>たっていい</u>よ。
- 田中さんと結婚できるなら，一生貧乏<u>だっていい</u>です。
- 今朝はもう時間がないから，昨晩の残り<u>だっていい</u>よ。

「たっていい」の基本的意味は，その事態が許容できるものであることを表すことである。基本的に「てもいい」と同じ意味を表すが，より話しことば的な表現である。また，質問文では用いることができない点と論理的可能性を表しにくい点で，「てもいい」と異なる。
- ＊このクッキー食べ<u>たっていい</u>？
- ？田中さんは，2時間前に家を出ているそうだから，そろそろこちらに到着し<u>たっていい</u>。

第4節　不必要

> ◆不必要を表す評価のモダリティの形式は，事態が実現しないことが許容されることを表す。
> ◆「なくてもいい」は，基本的に，その事態が実現しないことが許容できるものであることを表す。
> ◆「ことはない」は，基本的に，その事態が不必要なものであることを表す。

1.「なくてもいい」

1.1　接続と形

「なくてもいい」は動詞・イ形容詞・ナ形容詞の「ない」の前にくる形，名詞＋「で」に接続する(⇒「てもいい」については，第3節1.を参照)。
- 今日は，スーツで出勤し<u>なくてもいい</u>。

- 明日の出勤時間はそんなに早くなくてもいい。
- この仕事をするのは，別に田中君でなくてもいいんだよ。

形式自体が否定形になることは，基本的にない（例(1)）。「なくてもよくない」が可能なのは，(2)のような質問文の場合に限られる。しかも，この場合は意味的に否定を表さない。

- *これから先のことを考えると，今日の話し合いで結論を出さなくてもよくない。　　　……(1)
- もう夜も遅いですし，今日の話し合いで無理に結論を出さなくてもよくありませんか？　……(2)

1.2　意味と用法

「なくてもいい」の基本的意味は，その事態が実現しないことが許容できるものであること，つまり，その事態が不必要なものであることを表すことである。述語の否定形に「てもいい」が後続した形なので，用法の分化の条件などは「てもいい」と共通する点が多い。

多くの場合，制御可能な事態に用いられる。その事態が聞き手の行為であれば，聞き手に対して行為を免除する文として機能する。

- これ以上食べられないみたいだね。もう食べなくてもいいよ。

話し手の行為について質問文で用いられると，行為の免除を聞き手に求める文になる。

- A「なんか気分が悪いな。今日の朝ご飯，食べなくてもいい？」
  B「いや，だめです」

話し手の行為について平叙文で用いられると，「自分自身がその行為を行わないことを許容する」という話し手の意向を表す。

- 明日は休みだから，今夜，僕は家に帰らなくてもいいよ。

不必要である事態が実現したことに対する後悔や不満を表すこともある。

- 結局使う機会がなかったんだから，あの時パソコンを無理して買わなくてもよかったなあ。（後悔）
- そんなにきつい言い方をしなくてもいいじゃないか。（不満）

- 田中さん，あんなにきつい言い方をし<u>なくてもよかった</u>のに。(不満)

一方，その事態が制御不可能なものである場合，事態が実現しないことを許容する文として機能する。

- 今夜は楽しいなあ。このまま夜が明け<u>なくてもいい</u>や。

状況や規範の上で事態が実現しないことが許容される，あるいは可能であるという，客観的不必要を表す場合もある。

- 普通のお米は炊く前に洗うが，このお米はすでに洗ってあるので，炊く前に洗わ<u>なくてもいい</u>。
- 成人になれば，結婚するのに両親に許してもらわ<u>なくてもいい</u>。
- 以前は，この資料を閲覧するのに，手続きをし<u>なくてもよかった</u>。

1.3 関連する表現

「なくていい」

「なくていい」は，動詞・イ形容詞・ナ形容詞の「ない」の前にくる形，名詞+「で」に接続する(⇒「ていい」については，第3節1.3を参照)。

- 田中君，疲れているみたいだから，今日は残業し<u>なくていい</u>よ。
- 必要に迫られてパソコンを買うけれど，電子メールのやり取りが主な目的なので，機能はそんなに多く<u>なくていい</u>。
- パソコンもワープロソフトしか使わないなら，高性能で<u>なくていい</u>。
- ファックスもあるので，連絡は郵便で<u>なくていい</u>。

「なくていい」の基本的意味は，「なくてもいい」と同様，その事態が不必要なものであることを表すことであり，ほぼ同じ意味で用いられる場合も多いが，「なくていい」と「なくてもいい」の間には「ていい」と「てもいい」の間と同様の違いがある(⇒「ていい」と「てもいい」の違いについては，第3節1.3を参照)。

まず，「なくてもいい」には不必要な事態がほかにも存在するという含みがあるのに対して，「なくていい」はその事態が不必要であることだけを表し，ほかの事態についての含みをもたない。

「なくていい」は，不必要というより，むしろより積極的にその行為をしな

いように働きかけるニュアンスを表すことができる。このようなニュアンスは,「なくてもいい」では表しにくい。

- ［職場の上司が部下に］体調が悪いのなら,無理して今日中に{仕上げなくていいよ／仕上げなくてもいいよ}。

また,「なくていい」は,過去形で用いられて,その事態が実現しなかったことについて肯定的な評価を下す場合があるが,「なくてもいい」にはその用法はない。

- 結局使わなかったんだから,あの時無理してパソコンを買わ<u>なくてよかった</u>。
- 結局使わなかったんだから,あの時無理してパソコンを買わ<u>なくてもよかった</u>。

「なくてもいい」を使うと,その事態が実現したことに対する後悔を表す文になってしまう。

そのほか,話し手の,行為をしないという意向を表す場合(例(1))や,後悔・不満を表す場合(例(2))には「なくていい」は用いにくい。

- ？明日は休みだし,今夜,僕は家に帰ら<u>なくていいよ</u>。　……(1)
- ？そんなにきつい言い方をし<u>なくていい</u>じゃないか。　……(2)

制御不可能な事態が実現しないことを許容する場合にも,用いにくい。

- ？今夜は楽しい。このまま夜が明け<u>なくていい</u>。

「なくてもかまわない」

「なくてもかまわない」は動詞・イ形容詞・ナ形容詞の「ない」の前にくる形,「名詞＋で」に接続する(⇒「てもかまわない」については,第3節1.3を参照)。

- 今日は,スーツで出勤し<u>なくてもかまわない</u>。
- 明日の出勤時間はそんなに早く<u>なくてもかまわない</u>。
- この仕事をするのは,別に田中君で<u>なくてもかまわない</u>んだよ。

形式自体が否定形になることはない。

- ＊これから先のことを考えると,今日の話し合いで結論を出さ<u>なくてもかまわなくない</u>。

「なくてもかまわない」の基本的意味は，その事態が実現しないことが許容できるものであること，つまり，その事態が不必要なものであることを表すことである。「なくてもいい」とほぼ同じ意味を表すが，多少の違いもある。たとえば，不必要な事態が実現されたことに対する後悔・不満を表す文としては，用いにくい。

・？そんなにきつい言い方をしなくてもかまわないじゃないか。

また，「なくてかまわない」という形式もある。「なくてもいい」と「なくていい」と同様の違いが，「なくてもかまわない」と「なくてかまわない」の間にはある。

2.「ことはない」
2.1 接続と形

「ことはない」は動詞の非過去形に接続する。話しことばでは，「ことない」という形が用いられることもある。

・ そんなに細かいことまで，報告することはない。
・ あんな人の発言なんか，気にすることないよ。

2.2 意味と用法

「ことはない」の基本的意味は，その事態が不必要なものであることを表すことである。

制御可能な事態の場合に，それが聞き手の行為であれば，聞き手に対してその行為を免除する文として機能する点は「なくてもいい」と同様である。ただし，その行為を制止しようとするニュアンスがやや強まる。

・ これ以上食べられないみたいだね。もう食べることはないよ。

不必要な事態が実現したことに対する後悔・不満を表すことができる点も「なくてもいい」と同様である。

・ そんなにきつい言い方をすることはないじゃないか。

しかし，「ことはない」が「なくてもいい」と異なる点も多い。まず，「ことはない」は質問文では用いられない。

- *明日は朝早く来ることはありませんか？

話し手の，その行為をしないという意向を表すことも難しい。

- ?明日は休みだし，今夜，僕は家に帰ることはないよ。

さらに，「ことはない」は，制御不可能な事態の場合には，用いられない。

- *今夜は楽しいなあ。このまま夜が明けることはないや。

また，状況や規範の上で事態が実現しないことが許容されるという，客観的不必要も表しにくい。

- ?普通のお米は炊く前に洗うが，このお米は，炊く前に洗うことはないそうだ。
- ?日本では，成人すれば，結婚するのに両親の許しを得ることはないそうだ。

2.3 関連する表現

「必要はない」

「必要はない」は，「必要がある」の否定の形である(⇒「必要がある」については，第2節4.4を参照)。おもに動詞の非過去形に接続するが，動作名詞＋「の」に接続することも可能である。

- 今の話は，さほど重要ではないので，記録する必要はない。
- ［医者が患者に］かなり回復しましたね。もう，通院の必要はありませんよ。

「必要はない」の基本的意味は，文字どおり，その事態の必要性がないということを表すことである。客観的不必要を表すことが多い。

- 成人は，結婚するのに両親に許してもらう必要はない。
- 普通のお米は炊く前に洗うが，このお米は，すでに洗ってあるので，炊く前に洗う必要はない。

主観的な判断として用いられることもある。その場合，(1)のように目上の人から目下の人に対する表現のように感じられたり，(2)のように何らかの根拠に基づいた判断を表す表現のように感じられることがある。

- 田中君，この程度のことで私に相談する必要はないよ。　……(1)

- ［医者が患者に］症状は大したことがないので、手術する<u>必要はあり</u><u>ません</u>よ。　　　　　　　　　　　　　　　　　……(2)

「までもない」「には及ばない」

　「までもない」「には及ばない」は、動詞の非過去形に接続する。「には及ばない」は名詞にも接続する。
- この本だったら、私のを貸してあげるから、わざわざ {買うまでもありません／買うには及びません} よ。
- A「先日は、良いお店を紹介していただいて、ありがとうございました」

　B「いやいや、礼<u>には及びません</u>よ」

　「までもない」も「には及ばない」も、基本的に、その事態が不必要なものであることを表すが、単に不必要であることを述べるだけでなく、それよりも簡単な別の行為で用が足りるという意味を含んでいる。
- ［医者が患者に］症状が軽いので、通院で十分です。{入院するまでもありません／入院するには及びません} よ。

第5節　不許可・非許容

◆不許可・非許容を表す評価のモダリティの形式は、事態の実現が許されないものであることを表す。特に聞き手の行為についての非許容を伝える場合、その行為の実現を認めない不許可の文として機能する。

◆「てはいけない」は、基本的に、その事態の実現が許容できないものであることを表す。

1.　「てはいけない」
1.1　接続と形

　「てはいけない」は、動詞・イ形容詞・ナ形容詞のテ形、名詞＋「で」に「はいけない」が後続した形である。

- 廊下を走ってはいけない。
- いまどき，この程度の味で，こんなに高くてはいけない。
- 低価格のパソコンを開発するには，部品は高価ではいけない。
- この仕事をするのは，平社員ではいけない。

前の述語が否定形になって「なくてはいけない」の形になることがある（⇒「なくてはいけない」については，第2節4.を参照）。形式自体が否定形になることはない。

- *廊下を走ってはいけなくない。

話しことばでは，「ては」が「ちゃ」になることがある。

- このことはだれにもしゃべっちゃいけないよ。

一方，おもに書きことばで用いられる形に「てはならない」「てはならぬ」がある。

- 年長者を {侮辱してはならない／侮辱してはならぬ}。

1.2　意味と用法

「てはいけない」の基本的意味は，その事態の実現が許容できないものであることを表すことである。

多くの場合制御可能な事態について用いられる。その事態が聞き手の行為であれば，聞き手にその行為を禁止する文として機能する。

- ここは今僕がペンキを塗ったばかりだから，触ってはいけない。

「するな」も禁止を表すが，「てはいけない」はその行為が許可されないという評価を伝えることで禁止として機能させるものである。個人的な希望によって禁止する場合には，「するな」の方がより自然であり，「てはいけない」はやや不自然となる（⇒「するな」については，第2章第6節5.1，評価のモダリティの形式による禁止については，第2章第6節5.2を参照）。

- ［恋人に］もうどこにも行くな。
- ［恋人に］？もうどこにも行ってはいけない。

話し手の行為について質問文で用いられると，その行為を起こすことに対する許可を聞き手に求める文として機能する。

- このクッキー，{食べちゃいけない／食べてもいい}？

この例文で，まだクッキーを食べていない場合に「てはいけない」を用いると，「てもいい」を用いるよりも，やや遠慮がちなニュアンスが加わる(⇒「てもいい」については，第3節1.2を参照)。

　話し手の行為について平叙文で用いられると，話し手が行為を実現させないよう自分自身に言い聞かせる文として機能する。

- 今日はこれ以上食べてはいけない。太ってしまう。

許容されない事態が実現したことに対する後悔や不満を表すこともある。

- 今こんなにお金に困るんだったら，あの時調子に乗ってCDを買ってはいけなかったなあ。(後悔)
- そんなにきつい言い方をしてはいけないじゃないか。(不満)

　一方，その事態が制御不可能なものである場合には，事態の実現を危惧する文として機能する

- 洗濯物がぬれちゃいけない。今日は部屋に干しておこう。

　規範の上で許容されない，あるいは不可能であるという，客観的非許容を表すこともある。

- 日本では，未成年はたばこを吸ってはいけない。
- 数年前は深夜に学校にいてはいけなかった。

「てはならない」の意味は「てはいけない」とほぼ同じであるが，多少の違いがある。たとえば，制御不可能な事態の実現を危惧する文としては用いにくい。

- ?体調を崩してはならないので，睡眠はたっぷりとるべきだ。

また，「てはならない」は書きことば的であり，話しことばで用いると，かたくるしい表現となる。

- 未成年者は，たばこを吸ってはならない。

1.3　関連する表現

「てはだめだ」

　動詞・イ形容詞・ナ形容詞のテ形，名詞+「で」に「はだめだ」が後続した

形である。基本的意味は，その事態の実現が許容できないものであるということを表すことである。

- 廊下を走ってはだめだ。
- いまどき，この程度の味で，こんなに高くてはだめだ。

意味的には「てはいけない」とほぼ同じであるが，「てはだめだ」の方が話しことば的である。

また，「てはいけない」に比べて用法が狭く，過去形で後悔・不満を表す場合や，制御不可能な事態の実現への危惧を表す場合には用いにくい。

- ？これほど金に困るんなら，あの時ＣＤを買っちゃだめだった。
- ？洗濯物がぬれてはだめだ。今日は部屋に干しておこう。

外界の状況や規範の上で許容されない，あるいは不可能であるということを表す，客観的非許容の文としても用いにくい。

- ？日本では，未成年は，たばこを吸ってはだめだ。
- ？数年前は深夜に学校にいちゃだめだった。

第4章 認識のモダリティ

第1節 認識のモダリティとは

◆認識のモダリティとは，事態に対する話し手の認識的なとらえ方を表すものである。
◆事態に対する話し手の認識的なとらえ方としては，事態を経験・知識によって直接的に把握する「断定」と想像・思考によって間接的に把握する「推量」，事態が成立する可能性・必然性についての認識である「蓋然性」，観察・推定・伝聞など，その情報が何に基づくかということを表す「証拠性」などがある。
◆認識のモダリティを表す形式は，接続的特徴，形態的特徴，従属節への出現の仕方，意味的特徴の点から，いくつかに分類される。

1. 認識のモダリティの規定

情報伝達においては，何が事実として確定していて，何が確定していないかということを区別することがきわめて重要である。これによって，その文の情報的価値が大きく異なってくるからである。

通常，話し手が事実として確定していると認識している事柄は，断定の形（「φ」）で述べられる。

・ 昨夜は雨が降った。
・ これは漱石の小説だ。

一方，事実として確定していない事柄については，話し手がその文においてその事柄の真偽についてどのように判断しているか，あるいは，その情報をどのようにして得たか，というようなことを区別することが重要である。たとえば，次のような文末形式は，そのような意味を表し分けている。

・ 山の向こうでは雨が降っているだろう。（推量）
・ 明日も雨が降るかもしれない。（可能性）
・ どうやら昨夜雨が降ったらしい。（推定）

- 予報では，明日も雨が降る<u>そうだ</u>。（伝聞）

これらの文は，その事柄は真であろうと推量したり，その可能性があることを指摘したり，何らかの証拠によって推定したり，他者から情報を取り入れることによってその認識が成立していることを表したりしている。

以上のように，認識のモダリティ(epistemic modality)とは，情報伝達文の構成にあたって，その文によって示される事柄や情報に対する話し手のさまざまな認識的態度を表し分けるものである。

認識のモダリティを表現する形式は，ごく一部の例外を除いて，動詞や形容詞の非過去形または過去形に接続する，助動詞あるいは文法形式としての固定化の進んだ助動詞相当表現である。また，文頭あるいは文頭近くに位置する一部の副詞や副詞的な表現が，文末形式が表現する認識的な意味と呼応して，それを詳しくしたり，予告したりすることがある。これらも，文レベルにおいて認識のモダリティに関わる表現である。

- <u>まさか</u>，あいつが人をだますなどということはある<u>まい</u>。
  （否定推量と呼応し，否定の意を強調）
- <u>たぶん</u>，明日のパーティーには田中さんも<u>来てくれる</u>。
  （その判断に対する確信の度合いを表示）
- <u>何でも</u>，隣町では，昨夜初雪が降った<u>そうだ</u>。
  （伝聞情報であることを予告）

2. 認識のモダリティの形式の諸特徴の概観

おもな認識のモダリティの形式には，次のようなものがある。

　φ（断定形），だろう
　かもしれない，にちがいない，はずだ
　ようだ，みたいだ，らしい，（し）そうだ，（する）そうだ

これらの形式は，接続，形態，従属節への出現，意味の観点から特徴づけられる。

2.1 認識のモダリティの形式の接続的特徴

おもな認識のモダリティの形式は，「φ」と「(し)そうだ」を除いて，すべて助動詞あるいは助動詞相当表現であり，これらは，いずれも，動詞とイ形容詞の非過去形・過去形に接続する。たとえば，「だろう」は，次のように接続する。

- そのパーティーには，田中さんも {来る／来た} だろう。
- 田中さんのスピーチは，さぞ {おもしろい／おもしろかった} だろう。

これらの形式は，ナ形容詞や名詞にも接続する。まず，過去の事態の場合には，いずれも，ナ形容詞の過去形，名詞＋「だった」に接続する。たとえば，「だろう」は，次のように接続する。

- たぶん，田中さんは学生時代には {勤勉だった／スポーツマンだった} だろう。

一方，非過去の事態の場合のナ形容詞や名詞への接続の仕方は，3つのタイプに分かれる。たとえば，「だろう」と「(する)そうだ」と「はずだ」では，以下のように異なる。

- 田中さんは，{勤勉／スポーツマン} だろう。
- 田中さんは，{勤勉だ／スポーツマンだ} そうだ。
- 田中さんは，{勤勉な／スポーツマンの} はずだ。

非過去の事態の場合に，「だ」を介さずに接続する形式には，「だろう」のほかに，「かもしれない」「にちがいない」「みたいだ」「らしい」がある。また，ナ形容詞の非過去形，名詞＋「だ」に接続する形式は，「(する)そうだ」のみである。そして，ナ形容詞の語幹＋「な」（連体形），名詞＋「の」に接続する形式としては，「はずだ」のほかに，「ようだ」がある。

無標形式の「φ」は，動詞・イ形容詞・ナ形容詞の非過去形・過去形，名詞＋「だ／だった」で言い切った形（断定形）のことである。

「(し)そうだ」は接辞であり，動詞と形容詞の語基のみに接続する。

- 雨が降りそうだ。
- このケーキ，おいしそうだ。

- あの人は最近元気そうだ。

次の表は，認識のモダリティの形式の接続の仕方を一覧したものである。

認識のモダリティの形式の接続の仕方

	動詞	イ形容詞	ナ形容詞	名詞
だろう かもしれない にちがいない みたいだ らしい	非過去形・過去形	非過去形・過去形	語幹・過去形	N・Nだった
φ (する)そうだ			非過去形・過去形	Nだ・Nだった
はずだ ようだ			語幹な・過去形	Nの・Nだった
(し)そうだ	語基	語基	語基	×

　認識のモダリティの形式には，「のだ」への接続が可能なものと不可能なものとがある。「φ」「だろう」「かもしれない」「にちがいない」「(する)そうだ」は，「のだ」への接続が可能であり，そのほかの形式は，「のだ」への接続が不可能である。また，「のだ」に接続するときに「だ」が落ちるか否かは，名詞への接続の仕方に準じる。たとえば，「のだ」に「だろう」が接続する場合は「だ」が落ちるが，「のだ」に「(する)そうだ」が接続する場合は「だ」が落ちず，「のだそうだ」となる。

- 道路が濡れている。雨が降った {のだ／のだろう／のかもしれない／のにちがいない／のだそうだ}。

2.2　認識のモダリティの形式の形態的特徴

認識のモダリティの形式は，すべて丁寧形になる。

　　φ　　　　　　→　～ます／ました，～です／でした，
　　　　　　　　　　　～ません／ませんでした
　　だろう　　　　→　でしょう
　　かもしれない　→　かもしれません(かもしれないです)

にちがいない　→　にちがいありません
はずだ　　　　→　はずです
ようだ　　　　→　ようです
みたいだ　　　→　みたいです
らしい　　　　→　らしいです
(し)そうだ　　→　(し)そうです
(する)そうだ　→　(する)そうです

　認識のモダリティの形式のほとんどは，それ自体は否定形にならないが，「(し)そうだ」「はずだ」には，次のように，複数の否定形がある。

・　雨は降りそう {に／には／にも／も} ない。
・　このケーキはおいしそうで(は)ない。
・　あの人がそんなことを言うはず {が／は} ない。
・　こんなはずではなかった。

　認識のモダリティの形式には，それ自体が過去形になるものとならないものとがある。「φ」「だろう」「(する)そうだ」は，それ自体が過去形にならない形式である。

　過去形になるのは，以下の形式である。このうち，△は，話しことばではほとんど用いられず，おもに小説の地の文などに現れるものである。

かもしれない　→△かもしれなかった
にちがいない　→△にちがいなかった
はずだ　　　　→　はずだった
ようだ　　　　→　ようだった
みたいだ　　　→　みたいだった
らしい　　　　→△らしかった
(し)そうだ　　→　(し)そうだった

　また，一部の認識のモダリティの形式は，「〜か」という形をとって疑問文で用いられることがある。

・　もうごはん食べたか？
・　明日は雨が降るだろうか？

4章　●1節　認識のモダリティとは　　137

- 佐藤は来てくれそうか？

「だろうか」は，疑いの疑問文になり(⇒疑いの疑問文については，第2章第3節4.1を参照)，「φ＋か」「(し)そうか」は，通常の質問文になる。

次の表は，認識のモダリティの形式の形態的特徴を一覧したものである。

認識のモダリティの形式の形態的特徴

	否定形・過去形になる	否定形にならないが，過去形になる	否定形・過去形にならない
「～か」の形をとって疑問文で用いられる	(し)そうだ		φ だろう
「～か」の形をとって疑問文で用いられることはほとんどない	はずだ	かもしれない※ にちがいない※ ようだ みたいだ らしい※	(する)そうだ

※過去形は，話しことばではほとんど用いられない。

2.3 認識のモダリティの形式の従属節への出現

認識のモダリティの形式は，主節だけでなく，従属節にも出現することがある。おもな形式は，逆接を表す「～が」節，原因・理由を表す「～から」節，連用形による節，仮定条件を表す「～なら」節で用いることができるかという点から，3つに分類できる。

「φ」「だろう」「にちがいない」は，連用形による節や仮定条件を表す「～なら」節には現れないが，逆接を表す「～が」節や原因・理由を表す「～から」節には出現できる。

- 山本も来る ｛φ／だろう／にちがいない｝ が，少し遅れるだろう。
- 山本も来る ｛φ／だろう／にちがいない｝ から，席を用意しておこう。

なお，「φ」は，「～なら」節にも出現するように見えるが，断定の意味はなく，出現しているとは言えない。

- もし山本が来たなら，みんなびっくりするだろう。

「～が」節，「～から」節に加えて，連用形による節にも出現できるのが，

「かもしれない」「はずだ」「らしい」「(する)そうだ」である。

- 山本も来る {かもしれない／はずだ／らしい／そうだ} が，少し遅れるだろう。
- 山本も来る {かもしれない／はずだ／らしい／そうだ} から，席を用意しておこう。
- 敵チームもこの作戦にはすでに気づいている {かもしれず／はずで}，したがって作戦変更が必要である。
- 鈴木は最近相当忙しい {らしく／そうで}，全然顔を見せない。

「ようだ」「みたいだ」「(し)そうだ」は，「〜が」節，「〜から」節，連用形による節に加えて，「〜なら」節にも出現できる。

- この方法でうまく {いくようだ／いくみたいだ／いきそうだ} が，もう少し経過を観察しよう。
- この方法でうまく {いくようだ／いくみたいだ／いきそうだ} から，このまま作業を続けよう。
- この方法でうまく {いくようで／いくみたいで／いきそうで}，少し安心した。
- この方法でうまく {いくよう／いくみたい／いきそう} なら，そのまま作業を続けよう。

次の表は，認識のモダリティの形式の従属節(「〜が」「〜から」「〜連用形」「〜なら」)への出現の可否を一覧したものである。

認識のモダリティの形式の従属節への出現

	〜が	〜から	〜連用形	〜なら
φ だろう にちがいない	○	○	×	×
かもしれない はずだ らしい (する)そうだ	○	○	○	×
ようだ みたいだ (し)そうだ	○	○	○	○

なお，認識のモダリティの形式は，次のような形式を除いて，一般に名詞修飾節では用いにくい。

- ある国産車に，大事故につながる<u>かもしれない</u>欠陥が見つかった。
- 机の上に置いた<u>はず</u>のメモが見当たらない。
- 今にも雨が降り<u>そう</u>な空模様だった。

「ようだ」「みたいだ」が名詞修飾節に用いられた場合は，比況用法になる。

- どこか外国にいる {ような／みたいな} 気分だった。

2.4 認識のモダリティの形式の意味的な類型

認識のモダリティの形式は，その認識的な意味特徴に基づいて，次のように類型化される。

まず，「φ」は，話し手がその事柄を自らの経験や知識によって直接的に認識していること(断定)を表し，「だろう」は，話し手がその事柄を想像や思考によって間接的に認識していること(推量)を表す。

次に，「かもしれない」は，その事柄が成立する可能性があると話し手が認識していることを表し，「にちがいない」「はずだ」は，その事柄が成立する必然性があると話し手が認識していることを表す。これらは，蓋然性に関する認識を表す形式類である。

そして，「ようだ」「みたいだ」「らしい」「(し)そうだ」は，その事柄が話し手の観察を通して認識されたことであることを表し，「(する)そうだ」は，その事柄が他者からの情報に基づいて話し手に認識されていることを表す。これらは，何らかの証拠に基づく認識(証拠性)を表す形式類である。

以上のような意味的な類型の違いから，推量形式の「だろう」，蓋然性に関する認識を表す形式類と証拠に基づく認識を表す形式類とは，仮定条件や「と思う」との関係が以下のように異なる。

推量形式と蓋然性に関する認識を表す形式類は，いずれも仮定条件文の後件に出現でき，その帰結を表すことができる。

- もし佐藤がこのことを知ったら，びっくりする {だろう／かもしれない／にちがいない／はずだ}。

一方，証拠に基づく認識を表す形式類は，現に何らかの証拠を入手しているという認識の仕方を表すため，純粋に仮定したこととして述べることができず，一般に仮定条件の帰結には用いることはできない。

- もし佐藤がこのことを知ったら，びっくり {*するようだ／*するみたいだ／*するらしい／しそうだ／*するそうだ}。

　なお，「(し)そうだ」は，上の例のような，証拠に基づかずに予想する用法では，仮定条件の帰結に用いることができるが，次の例のような，主体の状態を外観として観察する用法では，仮定条件の帰結に用いることはできない。

- *もし佐藤がこのことを知ったら，うれしそうだ。

　また，推量形式や蓋然性に関する認識を表す形式類は，「はずだ」を除いて，「と思う」の引用節に生起し，話し手の思考内容を構成することができる。

- 田中が委員長に {なるだろう／なるかもしれない／なるにちがいない／?なるはずだ} と思う。

　一方，証拠に基づく認識を表す形式類の認識的な意味は，何らかの形で外的状況とつながりをもち，純粋な内的思考ではないため，「と思う」の引用節に生起できない。

- 田中が委員長に {*なるようだ／*なるみたいだ／*なるらしい／?なりそうだ／*なるそうだ} と思う。

　断定形式の「φ」には，事実を述べる用法と判断を述べる用法とがあり，判断を述べる用法では，推量形式や蓋然性に関する認識を表す形式類と同じように，仮定条件の帰結や「と思う」の引用節に出現することが可能である。

- もし佐藤がこのことを知ったら，きっとびっくりする。
- たぶん，あいつが犯人だと思う。

　一方，「うれしいことに」「さいわい」「運悪く」「残念ながら」のような評価的な副詞的表現と共起することができるのは，事実を述べる用法の「ψ」である。

- うれしいことに，友人たちが誕生日にプレゼントをくれた。
- 運悪く，今月は2回も掃除当番が回ってきた。

　評価の対象となるのは，これらの例のように，通常，事実であることが確定

している事柄であるが，事実として確定していなくとも，その実現を示唆する証拠の存在が評価の前提となることがあり，評価的な副詞的表現との共起は，証拠に基づく認識を表す形式類にも認められる。

- うれしいことに，友人たちが誕生日にプレゼントを {くれるようだ／くれるみたいだ／くれるらしい／くれそうだ／くれるそうだ}。

判断を述べる用法の「φ」，推量形式，蓋然性に関する認識を表す形式類は，一般に評価的な副詞的表現とは共起しにくい。

- ＊うれしいことに，きっと来年はいい年になる。
- ＊うれしいことに，来年はいい年になる {だろう／かもしれない／にちがいない／はずだ}。

ただし，例外的に，「残念ながら」は，これらの形式との共起もさほど不自然ではない。そのように判断しなければならないこと自体が残念であると見なせるからである。

- 残念ながら，おそらく，まだしばらく景気はよくならない。
- 残念ながら，まだしばらく景気はよくならない {だろう／かもしれない／にちがいない／はずだ}。

次の表は，認識のモダリティの形式の意味的な類型とその特徴を一覧したものである。

認識のモダリティの形式の意味的類型とその特徴

		仮定条件の帰結	思考内容	評価の前提
断定	事実	×	×	○
	判断	○	○	× (例外あり)
推量		○	○	× (例外あり)
蓋然性		○	○ (「はずだ」を除く)	× (例外あり)
証拠性		× (「(し)そうだ」を除く)	×	○

第2節　断定と推量

> ◆認識のモダリティの基本類型は，断定と推量である。両者は，断定形（「φ」）と「だろう」の対立によって表し分けられる。
> - 鈴木は家に<u>いる</u>。
> - 鈴木は家にいる<u>だろう</u>。
>
> 断定の文と推量の文は，いずれも話し手が事態の成立を主張する文であり，事態を経験や知識によって直接的に認識しているか，想像や思考によって間接的に認識しているかという点で対立する。
>
> ◆断定形の用法としては，事実の提示，確信的な判断，主観的な評価がある。
> - 昨日，僕は床屋に<u>行った</u>。（事実の提示）
> - 間違いなく明日は雨に<u>なる</u>。（確信的な判断）
> - あいつはあまりに<u>自分勝手だ</u>。（主観的な評価）
>
> また，「だろう」の用法としては，推量と断定回避がある。
> - この様子だと，明日は雨になる<u>だろう</u>。（推量）
> - 君はもっと努力すべき<u>だろう</u>。（断定回避）

1. 概観

　平叙文の基本的な機能は，話し手がとらえた現実世界の事態を聞き手に伝えることである。現実世界の事態のもっとも単純なとらえ方は，経験や知識によってその存在を直接知っているというものである。そうした事態に対する直接的な認識は，断定形（「φ」）によって表される。

- 雨はまだ<u>降っている</u>。

　このような断定の文と認識的な意味の点で対立するのは，話し手が直接知ることのできない事態を想像や思考によって間接的に認識していることを表す文である。そうした事態に対する間接的な認識は，「だろう」によって表される。

- 雨はまだ降っているだろう。

　断定の文と推量の文は，言い切ることによって判断の成立した文となり，そ

の事態の成立を主張する意味になる。また，言い切らず疑問文にすることによって判断未成立の文となり，その事態の成立・不成立は不明であるというとらえ方が表される。

- 雨はまだ降っているか？　　……(1)
- 雨はまだ降っているだろうか。　……(2)

基本的に，断定の文に対応する疑問文(例(1))は質問文として，推量の文に対応する疑問文(例(2))は疑いの疑問文として機能する(⇒質問文，疑いの疑問文については，第2章第3節1.1，4.1を参照)。

2. 断定形

2.1 接続と形

　動詞・形容詞の非過去形・過去形，名詞＋「だ／だった」で言い切った形を断定形という。否定形で言い切ったものも断定形である。

- 田中さんは ｛来る／来た／来ない／来なかった｝。
- このメロンは ｛高い／高かった／高くない／高くなかった｝。
- あのあたりは ｛静かだ／静かだった／静かではない／静かではなかった｝。
- 東京は ｛雨だ／雨だった／雨ではない／雨ではなかった｝。

それぞれ，次のような丁寧形をもつ。

- 田中さんは ｛来ます／来ました／来ません／来ませんでした｝。
- このメロンは ｛高いです／高かったです／高くありません／高くありませんでした｝。
- あのあたりは ｛静かです／静かでした／静かではありません／静かではありませんでした｝。
- 東京は ｛雨です／雨でした／雨ではありません／雨ではありませんでした｝。

なお，話しことばでは，形容詞述語や名詞述語の否定の丁寧形として，「です」が用いられることがある。

- このメロンは ｛高くないです／高くなかったです｝。

- あのあたりは{静かではないです／静かではなかったです}。
- 東京は{雨ではないです／雨ではなかったです}。

話しことばでは，動詞述語の否定の丁寧形にも「です」が用いられることがある。ただし，形容詞述語や名詞述語の場合に比べると，まだ一般的ではない。

- 僕はその人のことはよく<u>知らないです</u>。

また，断定形(ただし，普通体のナ形容詞述語，名詞述語では「だ」が落ちる)に「か」が付加され，上昇イントネーションの加わった文は，聞き手がその事柄の成立を断定できるか否かを問う質問文になる。

- 明日パーティーがあるんだけど，君も{来るか／来ますか}？
- 最近見ないけど，鈴木君は{元気か／元気ですか}？

なお，話しことばでは，しばしば，「か」を伴わず，上昇イントネーションだけで質問の機能を果たす。ただし，「～ですか」の形をとる真偽疑問文では，「か」の省略は起こりにくい。

- 明日パーティーがあるんだけど，君も{来る／来ます}？
- 最近見ないけど，鈴木君は{元気／?元気です}？

2.2 意味と用法

話し手自身が知っていること，経験したこととして，その事柄を直接的に認識していることを表すのが，断定形の基本的な意味である。

断定形の基本的な用法は，聞き手に対してすでに知っている事実を提示したり，その場で確認した事実を述べる用法である。

- 昨日は朝から<u>外出していました</u>。
- こちらは私の友人の<u>山本さんです</u>。
- ハンカチが<u>落ちた</u>よ。

未来の事態は，それが事実かどうかを確認して述べることはできないが，その実現が予定されていることは，話し手の知っていることとして，断定形で述べることができる。

- 明日は2時から会議があります。
- この大学には来年新校舎が<u>できる</u>。

未知の事柄を断定形で述べることがある。
- この対戦なら，明日の試合は接戦になる。
- あの男にはアリバイがない。犯人はあいつだ。
- あいつ，最近元気がない。何かあったんだ。
- あのとき，みんなの応援がなければ，僕は負けていた。

これらは，話し手の真偽判断を表しており，確信的なニュアンスを伴っている。

断定形の判断を表す用法は，未来の事態を表す文，名詞述語文，「のだ」の文，反事実的な条件文によく見られる。確信の度合いを表す副詞が共起することもある。
- この対戦なら，明日の試合はきっと接戦になる。
- あの男にはアリバイがない。たぶん犯人はあいつだ。

この用法の断定形の文には，「と思う」を付加することもできるが，それによって確信の度合いが弱くなる。
- あいつ，最近元気がない。何かあったんだと思う。
- あのとき，みんなの応援がなければ，僕は負けていたと思う。

さらに，断定形には，話し手の価値基準に従って主観的な評価を下す用法がある。この用法になるのは，「おもしろい」「すばらしい」「立派だ」「ごう慢だ」「優れている」「変わっている」や「〜すぎる」など，話し手が主観的にとらえた主体の性質や状態を表す評価的な述語である。
- この小説はまあまあおもしろい。
- あの人は本当に立派だ。
- 佐藤は少しまじめすぎる。

ここで述べられている事柄は，客観的な事実ではなく，話し手の個人的な見解として成立しているものなので，こうした用法の断定形の文には，「と思う」を付加した場合と比較しても，意味の違いはそれほど感じられないという特徴がある。
- この小説はまあまあおもしろいと思う。
- あの人は本当に立派だと思う。

- 佐藤は少しまじめすぎると思う。

2.3 共起する副詞的表現

　断定形には，特に共起しやすい副詞があるわけではない。事実を提示する用法では，「事実」「現に」などと共起することがある。また，判断を表す用法では，「きっと」「たぶん」「おそらく」などの確信の度合いを表す副詞が共起するほか，「間違いなく」「絶対に」などと共起することがある。

- 事実，あの人はそう言いました。
- 現に，僕はアルバイトだけで生活できている。
- {きっと／たぶん／おそらく}，これは田中のペンだ。
- このまま行くと，間違いなく失業率は上がります。
- この本で勉強しなかったら，絶対に合格できなかった。

「たしか」も，事実を提示する用法の断定形と共起する副詞であるが，知識を引き出すにあたって記憶を検索したということが意味される。

- たしか，あの日は朝から外出していた。

そうしたプロセスを経ているために，「と思う」を付加することが可能になる。

- たしか，あの日は朝から外出していたと思う。

3. 「だろう」

3.1 接続と形

　「だろう」は，動詞やイ形容詞の非過去形・過去形，ナ形容詞の語幹・過去形，名詞，名詞＋「だった」に接続する。

- 田中さんは {来る／来た} だろう。
- このメロンは {高い／高かった} だろう。
- あのあたりは {静か／静かだった} だろう。
- 東京は {雨／雨だった} だろう。

なお，一般的な形ではないが，過去形＋「だろう」と同じ意味で，「来たろう」「高かったろう」「静かだったろう」「雨だったろう」のように，「～たろう」（「～だろう」）という形が用いられることもある。

「だろう」は，ほかの認識のモダリティの形式のうち，「にちがいない」に接続することがある。

- あの人にこの仕事を頼んでも，いやだと言う<u>にちがいないだろう</u>。

それ自体が「でしょう」という丁寧形になる。また，書きことば的なかたい文体では，「であろう」という形になることもある。

疑問の形にすることができる。自問的な疑問文や情報を要求しない疑問文になる（⇒疑問形式としての「だろうか」の特徴については，第2章第3節4.1を参照）。

- 田中は何か悩みがあるの<u>だろうか</u>。

3.2　意味と用法

「だろう」は，基本的に，推量を表す形式である。推量とは，想像や思考によって，その事態が成立するとの判断を下すことである。想像・思考という不確かな認識によって判断を下すことから，「だろう」の文には，独断的なニュアンスが伴いやすく，話しことばよりも，論説的な文章などの書きことばで用いられることが多い。

「だろう」は，常に話し手の発話時現在の認識を表し，それ自体が過去形になることはなく，また，伝聞の内容にもならない。

- 佐藤はまだそのことを知らない {ようだった／*だろうた}。
- 天気予報では，明日は雨 {かもしれない／*だろう} そうだ。

また，推量の対象となるのは，話し手にとって本来知りえないことであるので，不確かなことであっても，話し手の記憶の中にある事柄や話し手自身の行動予定に「だろう」を用いることは自然ではない。そうした場合には，「かもしれない」や「と思う」を用いるのが普通である。

- 急いでいたので，エアコンを切らずに来た {かもしれない／?だろう}。
- 今晩，君に電話する {と思う／?だろう}。

ただし，従属節では，不確かな行動予定に「だろう」が用いられることもある。

- 明日は僕は家にいない<u>だろう</u>から，連絡は携帯電話の方にしてくれ。

「だろう」は，想像・思考の中にとらえた事柄を描き出すので，仮定条件の帰結として，ごく自然に用いることができる。
- 鈴木氏が委員長になれば，会議は早く終わる<u>だろう</u>。

「だろう」には，主張を控えめにする断定回避の用法がある。
- 君はもっと努力すべき<u>だろう</u>。
- 今回の作戦は失敗だったと言える<u>だろう</u>。

推量用法からの派生として，「だろう」には確認要求用法がある(⇒確認要求形式としての「だろう」の特徴については，第2章第3節4.2を参照)。
- 君，昨夜徹夜した<u>だろう</u>？　　　　……(1)
- 君もコンパに行く<u>だろう</u>？　　　　……(2)
- ほら，あそこに信号がある<u>だろう</u>？　……(3)

(1)は，話し手の推量したことが正しいかどうかを聞き手に尋ねる用法で，比較的，推量用法に近いものであるが，(2)，(3)の順に，推量用法から遠ざかり，念押し的になっていく。

このほか，名詞に接続する「だろう」には，1つ1つ確認しながら例をあげていく用法や，「だろうと」という形で「であっても」に相当する逆接条件節を形成する用法がある。
- あのとき会場にいたのは，佐藤<u>だろう</u>，鈴木<u>だろう</u>，田中<u>だろう</u>，それから，山本もいたなあ。
- 相手が誰<u>だろう</u>と，彼女の父親は結婚を認めないにちがいない。

3.3　共起する副詞的表現

「だろう」は，しばしば確信の度合いを表す副詞を伴って用いられる。「きっと」「たぶん」「おそらく」など，その種類も，さまざまである。
- {きっと／たぶん／おそらく}，鈴木氏が次期委員長に選ばれる<u>だろう</u>。

また，「さぞ」「さぞかし」などと共起する。そのときは，述語が程度性をもつことが必要である。
- この話を聞かせたら，田中は{さぞ／さぞかし}よろこぶだろう。

否定文のときには，「まさか」と共起することがある。

- まさか，あの人が友人を裏切るようなことはしないだろう。

3.4 関連する表現

「ことだろう」

「だろう」は，「ことだろう」という形で用いられることがある。「ことだろう」は，その事柄の真偽について推量するのではなく，その場から離れた時空間に存在する事柄を想像しながら述べるような場合に用いられることが多い。

- A「佐藤は来るかな？」
  B「ああ，きっと来る{だろう／*ことだろう}」
- A「鈴木は何をしているかな？」
  B「きっと社会人として立派にやっていることだろう」

疑問語を伴う「ことだろう(か)」は，詠嘆的な気分を表す。

- 僕はこの道を何度歩いたことだろう(か)。

「しよう」

「しよう」は，話しことばでは，意志や勧誘の形式として用いられるのが普通だが，書きことばにおいては，推量形式として用いられることがある。イ形容詞では「～かろう」という形になる。

- この方法を用いれば，問題は解決できよう。
- 今のやり方でも，さしあたって大きな問題はなかろう。

「まい」

「まい」も，「ないだろう」と同じく，否定推量の意味で用いられることがあるが，やはり，話しことばよりは書きことばに現れやすい。

- この問題はそう簡単には解決するまい。

また，「にちがいない」＋「だろう」に相当する形として，「にちがいあるまい」という形が見られる。

- あの人にこの仕事を頼んでも，いやだと言うにちがいあるまい。

なお，「まい」の接続は，非常に特殊である。動詞にしか接続せず，過去形

には接続しない。また，活用のタイプにより接続の仕方が異なり，一部の動詞ではゆれがある。まず，Ⅰ型(五段)動詞には，非過去形に接続する。

- よもやそんなことはある<u>まい</u>。

Ⅱ型(一段)動詞には，非過去形または語幹に接続する。

- こんなところに看板を立てても，誰も {見るまい／見まい}。

不規則変化動詞「来る」には，非過去形のほか，「来(こ)」「来(く)」にも接続する。

- 渋滞しているようだから，まだしばらくバスは {来るまい／来(こ)まい／来(く)まい}。

不規則変化動詞「する」には，非過去形のほか，「し」「す」にも接続する。

- あの会社なら，クレームを無視するようなことは {するまい／しまい／すまい}。

第3節　蓋然性

> ◆認識のモダリティの類型の1つに，蓋然性がある。蓋然性とは，事態を可能性や必然性があることとして把握するという認識的な意味である。
> ◆可能性の認識を表す形式には，次のようなものがある。
> - 今日はあの店は閉まっている {かもしれない／かもわからない}。
> ◆必然性の認識を表す形式には，次のようなものがある。
> - あいつは嘘をついている {にちがいない／に相違ない}。
> - 今から行っても間に合わない<u>にきまっている</u>。
> - その荷物は先週送ったので，もう着いている<u>はずだ</u>。

1.　概観

　その可能性や必然性があることとして事態を把握するという認識的な意味を蓋然性という。可能性の認識を表す代表的な形式は「かもしれない」であり，必然性の認識を表す代表的な形式には「にちがいない」「はずだ」がある。

- あの店なら，僕の欲しい靴を置いている<u>かもしれない</u>。　……(1)
- 計画がしっかりしているから，この仕事はうまくいく {にちがいない

／はずだ｝。　　　　　　　　　　　　　　　　　　　……(2)

(1)では，話し手は「あの店なら自分の欲しい靴を置いている」ということを可能性のあることとして認識し，(2)では，話し手は「この仕事がうまくいく」ということを必然性のあることとして認識している。

ただし，「にちがいない」と「はずだ」には必然性の認識の仕方に相違がある。「にちがいない」は確信されるという意味での必然性を表し，「はずだ」は当然であるという意味での必然性を表す。

2.　「かもしれない」

2.1　接続と形

「かもしれない」は，動詞やイ形容詞の非過去形・過去形，ナ形容詞の語幹・過去形，名詞，名詞＋「だった」に接続する。

- 田中さんは ｛来る／来た｝ かもしれない。
- このメロンは ｛高い／高かった｝ かもしれない。
- あのあたりは ｛静か／静かだった｝ かもしれない。
- 東京は ｛雨／雨だった｝ かもしれない。

「らしい」「(する)そうだ」などのほかの認識のモダリティの形式をさらに後続させることもある。

- 今後，金利はさらに低くなるかもしれない ｛らしい／そうだ｝。

それ自体が丁寧形になる。その場合，「かもしれません」という形になるのが普通であるが，話しことばでは，「かもしれないです」という形も現れる。ただし，終助詞をつけずに言い切ることはあまりない。

- この小説は，ベストセラーになる ｛かもしれません／かもしれないですよ｝。

小説の地の文などでは過去形が見られるが，話しことばでの過去形の使用はやや不自然である。ただし，従属節では，この制約は弱まる。

- A「鈴木さんの様子はどうだった？」
  B「？元気がなくて，何か悩みがあるのかもしれなかった」
- 「田中さんには恋人がいるかもしれなかったので，告白しなかったん

だ」

それ自体が「ない」を含んでいるが，否定の意味はなく，対応する肯定形はない(「*かもしれる」)。

くだけた話しことばでは，「かも」という縮約形がときどき見られる。終助詞の「よ」や「ね」がつくこともある。

- もしかしたら，待ち合わせ場所を間違えた<u>かも</u>。
- この調子なら合格できる<u>かも</u> {よ／ね}。

2.2 意味と用法

「かもしれない」は，話し手がその事態を可能性があることと認識していることを表す。

- この調子でがんばれば，第1志望校に合格できる<u>かもしれない</u>ぞ。
……(1)
- ［ふとんを干そうとしている人に］今日は雨が降る<u>かもしれない</u>よ。
……(2)
- A「明日お邪魔してもいいですか？」
B「明日は家に<u>いないかもしれません</u>」　　　……(3)

(1)では「第1志望校に合格できる可能性」を，(2)では「今日雨が降る可能性」を，(3)では「明日家にいない可能性」を，聞き手が考慮する必要のある情報として，それぞれの文脈に導入している。

論理的には，ある可能性があるということは，そうでない可能性もあるということでもある。したがって，相矛盾する事柄を，「かもしれない」によって並列させることができる。

- 山本はまだ家にいる<u>かもしれない</u>し，あるいは，もう家を出た<u>かもしれない</u>。とりあえず家に電話をしてみよう。

「だろう」や「らしい」などのほかの認識のモダリティの形式では，このようなことは起こらない。

- *山本はまだ家にいる<u>だろう</u>し，あるいは，もう家を出た<u>だろう</u>。とりあえず家に電話をしてみよう。

「かもしれない」は，可能性の存在のみを問題にし，未知の事柄の真偽を判定する形式ではないので，話し手の記憶の呼び起こしや行動予定について用いることが可能である。一方，未知の事柄の真偽を判定する形式である「だろう」は，そうした状況では用いにくい。
- 急いでいたので，エアコンを切らずに来た {かもしれない／？だろう}。
- 今晩，君に電話する {かもしれない／？だろう}。

また，「かもしれない」は，事柄の成立を可能性として把握するので，その内容をそのまま仮定されたこととしてとらえ直すことが可能である。
- あいつは何かを悩んでいるの {かもしれない／？だろう}。もしそうなら，相談にのってやろう。

「かもしれない」には，相手の考え方や一般論に譲歩する用法がある。
- 確かにおっしゃるとおりかもしれませんが，こちらはこちらで立場があるのです。
- なるほどあの人は天才かもしれない。しかし，彼の人間性はほめられたものではない。

この用法は，そのような見方も一方では成立しうることを認めたうえで，別の視点からの主張を行うものである。

2.3　共起する副詞的表現

非常によく共起する副詞として，「もしかすると」「もしかしたら」「もしかして」「ひょっとすると」「ひょっとしたら」「ひょっとして」などがある。これらは，1つの可能性として文を述べていることを表す副詞である。
- もしかすると，犯人はまだ近くにいるかもしれない。
- ひょっとして，あの人はこのことにもう気づいているかもしれない。

また，「あるいは」も，自然に共起する。これは，その事柄が選択肢の1つであることを表す。
- あるいは，そういうこともあるかもしれない。

なお，「たぶん」「おそらく」などの確信の度合いを表す副詞と共起すること

がないことはないが，完全に自然だとは言い切れない。

- ？たぶん，明日は雨が降るかもしれない。

2.4　関連する表現

「かもわからない」「かもしれぬ」「かしれない」

「かもしれない」よりも，文法形式としての固定化の度合いや使用頻度は低いが，ほぼ同じ意味で「かもわからない」が用いられることがある。

- この作業にはかなり時間がかかるかもわからない。

古めかしい文体の文章で，「かもしれぬ」という形が用いられることがある。また，まれではあるが，「も」のない，「かしれない」という形が用いられることもある。

- この国に明るい未来はないかもしれぬ。
- 探せば，もっといい仕事があるかしれない。

ただし，疑問語と共起したものは，「かしれない」ではなく，「知れない」という動詞が「〜か」という補足節をとったものである。

- あいつには何度注意したかしれない。

「可能性がある」「おそれがある」

「可能性がある」や「おそれがある」も，可能性を表す表現であるが，「かもしれない」が話し手の個人的な判断を表すのに対して，これらは，現実に即した客観的な可能性の存在を述べる表現である。

- この方法では，いつかトラブルを起こす {可能性がある／おそれがある}。

このうち，「おそれがある」は，未来の可能性を表すことが多く，そのことが望ましくないという話し手のとらえ方が同時に示される。一方，「可能性がある」は，過去や現在の可能性を表すことも少なくなく，また，その事柄に対する価値判断を含まない。

「かねない」

「おそれがある」と同じく，望ましくないという意味を含む表現として，「かねない」がある。
- この方法では，いつかトラブルを起こしかねない。
- 確かに，あの人なら，そういうことを言いかねない。

「かねない」は，その条件下では，その可能性を否定できないということを，懸念とともに表す。

「てもいい」「ても不思議ではない」

評価のモダリティの形式の「てもいい」にも，論理的な帰結としての可能性を表す用法がある(⇒第3章第3節1.2も参照)。また，「不思議ではない」にも，ある程度当然のこととして，その可能性があるという意味を表す用法がある。
- その荷物は先週送ったということだから，もう着いてもいい。
- あいつももう20歳だから，恋人がいても不思議ではない。

「とは限らない」「ないとも限らない」

「とは限らない」は，必ずしも一般法則が成立しない場合があるという意味での可能性を述べる表現である。
- この時間帯だと，並んでも，座れるとは限らない。
- この時間帯でも，並べば，座れないとは限らない。

「ないとも限らない」は，めったにないことだが，可能性がゼロではないという意味を表す。
- 出会ってすぐに結婚が決まるということがないとも限らない。

また，疑問語を伴って，その可能性を制限することはできないという意味を表す。
- 最近の都会は物騒だ。どこに犯罪者がいないとも限らない。

「とも考えられる」など

ある問題を考察していく過程の中で可能性を指摘するような場合には，「と

も考えられる」「ということも考えられる」「ということも考えられないわけではない」などの表現が用いられることがある。

- あるいは，犯人は，捜査を混乱させるために，わざとこのような証拠を残した<u>ということも考えられる</u>。

「ことがある」

　動詞(あるいはその否定形)の非過去形に接続する「ことがある」は，ときどき起こるという意味から可能性の意味を派生させている(⇒「ことがある」については，第5部第3章第3節も参照)。

- この製品は，高温多湿な状況で使用されますと，正常に動作しない<u>ことがあります</u>。

3.　「にちがいない」
3.1　接続と形

「にちがいない」は，動詞やイ形容詞の非過去形・過去形，ナ形容詞の語幹・過去形，名詞，名詞＋「だった」に接続する。

- 田中さんは {来る／来た} <u>にちがいない</u>。
- このメロンは {高い／高かった} <u>にちがいない</u>。
- あのあたりは {静か／静かだった} <u>にちがいない</u>。
- 東京は {雨／雨だった} <u>にちがいない</u>。

それ自体が丁寧形になる。その場合，「にちがいありません」という形になるのが普通であり，「にちがいないです」という形にはなりにくい。

- この小説は，ベストセラーになる {にちがいありません／?にちがいないです}。

小説の地の文などでは過去形が見られるが，話しことばでの過去形の使用は不自然である。ただし，従属節では，この制約は弱まる。

- A「鈴木さんの様子はどうだった？」
  B「*元気がなくて，何か悩みがある<u>にちがいなかった</u>」
- 「田中さんには恋人がいる<u>にちがいなかった</u>ので，告白しなかったん

だ」

それ自体が「ない」を含んでいるが，否定の意味はなく，対応する肯定形はない(「*にちがいある」)。

なお,「にちがいない」は,「のにちがいない」という形をとることがあるが,「だろう」などに比べて,「のだ」の必須性は弱い。

- このいたずらは，あの子がやった {のにちがいない／にちがいないよ}。
- このいたずらは，あの子がやった {のだろう／*だろう}。

3.2 意味と用法

「にちがいない」は，断定はできないが，その判断が間違いのないものとして確信されるという意味を表す。

- あの人は，いい背広を着ていい車に乗っている。きっと金持ちにちがいない。
- 最近，山本はとても機嫌がいい。何かいいことがあったにちがいない。

これらの例のように，何らかの根拠に基づいて推論を組み立てる場合が多い。

名詞に接続する「にちがいない」には，事実を再確認する用法がある。

- さっき確認しましたが，この件の責任者はその人にちがいありません。 ……(1)
- 確かに，あの人は優秀な学者にはちがいない。だが，誠実な人間であるとは言えない。 ……(2)

これらは，確信的な判断を表すものではなく，すでに知られている事実について，「そのことに間違いはない」と追認する用法である。(1)のように，「間違いない」と置き換えることができるものがある。また，(2)のように，譲歩的な文脈で用いる場合には，「に」の後に「は」が挿入されることがある。

なお，「にちがいない」は，書きことばや独話的な文脈で用いられることが多く，話しことばで用いられることはあまり多くない。

3.3　共起する副詞的表現

確信の度合いを表す副詞と共起するが，「きっと」と共起することが圧倒的に多い。

- きっと，あいつが犯人にちがいない。

「さぞ」「さぞかし」などとも共起する。そのときは，述語が程度性をもつことが必要である。

- この話を聞かせたら，田中は {さぞ／さぞかし} よろこぶにちがいない。

3.4　関連する表現

「に相違ない」

「に相違ない」は，「にちがいない」とほぼ同じ意味を表すが，ややかたい文体になる。

- きっと，あいつが犯人に相違ない。

「にきまっている」

「にきまっている」も，「にちがいない」と同じように，話し手の確信を表す用法をもつ。

- あの人の言っていることは矛盾している。嘘をついている {にちがいない／にきまっている}。

しかし，「にきまっている」は，根拠に基づいて推論を組み立てるというより，考えるまでもない自明のこととして，その判断が成り立つことを表すことに，その本質がある。そのため，必ずしも自明のことではなく，一定の推論が必要であるような場合には不自然になる。

- 課長は最近何だか怒りっぽい。かなりストレスがたまっている {にちがいない／?にきまっている}。

逆に，推論を経ていない場合や直感的な判断を述べるような場合には，「にちがいない」より「にきまっている」を用いるのが自然である。

- 誰だって，そんなことを言われたら，おもしろくない {*にちがいな

- 　い／にきまっている}。
- 　宝くじを買ったって、どうせ当たらない {?にちがいない／にきまっている}。

「にきまっている」は、考えるまでもない自明のことであるという認識の仕方であることから、押しつけ的な確認要求の形式である「ではないか」と自然に共起する（⇒確認要求形式の「ではないか」については、第2章第3節4.2を参照）。

- A「鈴木さん、恋人いるかな？」
- B「いる {*にちがいない／にきまっている} じゃないか」

この用法では、1人称者を主語にすることもできる。

- A「明日のコンパには行くの？」
- B「行くにきまっているじゃない」

4.　「はずだ」

4.1　接続と形

「はずだ」は、動詞やイ形容詞の非過去形・過去形、ナ形容詞の語幹＋「な／だった」、名詞＋「の／だった」に接続する。

- 　田中さんは {来る／来た} はずだ。
- 　このメロンは {高い／高かった} はずだ。
- 　あのあたりは {静かな／静かだった} はずだ。
- 　東京は {雨の／雨だった} はずだ。

それ自体が丁寧形「はずです」や過去形「はずだった」になる。

- 　佐藤さんはもうすぐ到着するはずです。
- 　予定では、佐藤さんは3時に到着するはずだった。

否定形としては、「はずがない」「はずはない」がある。

- 　あのまじめな人がそんなことをする {はずがない／はずはない}。

ただし、「そんな」に続くときは、「はずがない」は用いられない。

- 　まさか、そんな {*はずがない／はずはない}。

「はずではない」という形も用いられることがあるが、過去形で、「そのような見込みではなかった」というような意味を表すときに限られる。

- 今日は残業する {*はずがなかった／*はずはなかった／はずではなかった} のだが、急に仕事が入ってしまった。

また、話しことばでは、「はずない」という否定形も見られる。

- まさか、そんなはずない。

4.2 意味と用法

「はずだ」は、基本的に、何らかの根拠によって、話し手がその事柄の成立・存在を当然視しているということを表す。次の例のような、論理的推論を表す用法が、認識のモダリティとしては基本的である。

- 山本は僕より2つ下だから、今年で30になるはずだ。
- 佐藤はタバコは吸わないから、禁煙席にいるはずだ。

また、次のような例は、記憶の中の事柄を再確認することによって、その事柄を当然視する用法である。

- たしか、田中さんのところの赤ちゃんは、女の子のはずです。

「はずだ」の文は、「本来はこうである」ということに加えて、「現実はそうでない」ということを意味することがある。過去形をとったり、逆接表現を伴ったりした場合には、そうした意味になりやすい。

- 雨が降らなければ、今日は決勝戦が行われるはずでした。
- このボタンを押せば録画できるはずなのだが。

次の例は、話し手が認識している過去のいきさつに反するような行動をとった聞き手を非難する用法であり、確認要求の形式の「ではないか」に置き換えられる(⇒確認要求形式の「ではないか」については、第2章第3節4.2を参照)。

- 今日は早く帰ると約束した {はずだ／じゃないか}。

過去形に限って、1人称者を主語にとることができ、予定が実行されなかったということを表す。

- *私は来年留学するはずです。
- 私は今年留学するはずでした。

さらに、「はずだ」には、その事柄の成立が当然のことであるということを、その原因を知ることによって、その場で納得する用法がある。こうした用法で

は，説明のモダリティの形式の「わけだ」に近づく（⇒第5章第3節2.2も参照）。

- そうか，鈴木は出張していたのか。それじゃあ，電話をかけてもいない{はずだ／わけだ}。

なお，「はずだ」が否定形をとった場合，当然性が否定されるわけではない。「はずがない」と「ないはずだ」とは，論理的には同じ意味になる。

- あの人にそんなことができるはずがない。
- あの人にそんなことはできないはずだ。

「はずがない」は，「～ということはありえない」という意味の，可能性を否定する表現であり，「わけがない」とほぼ同義である。

4.3 共起する副詞的表現

「はずだ」と共起する特定の副詞があるわけではないが，用法によって共起しやすい副詞に違いがある。

論理的推論を表す用法では，「当然」や「きっと」「たぶん」と共起することがある。

- 鈴木と田中は同じクラスだったから，当然，お互いを知っているはずだ。
- 佐藤はタバコは吸わないから，{きっと／たぶん}，禁煙席にいるはずだ。

記憶の中の事柄を再確認する用法では，「たしか」と共起する。

- たしか，山本さんは去年結婚したはずです。

現実はそうでないということを意味する用法では，「本当は」「本当なら」や「本来は」「本来なら」と共起する。

- {本当は／本当なら}，先週でこの仕事を終えるはずでした。
- {本来は／本来なら}，この仕事は課長がやるはずなのだが。

その事柄の当然性を納得する用法では，「どうりで」と共起する。

- なんだ，窓が開いてるじゃないか。どうりで寒いはずだ。

否定形をとったときは，「まさか」と共起する。

- この不景気なときに，まさか，そんないい話があるはずがない。

4.4　ほかの形式との比較

論理的推論を表す用法でのみ，「にちがいない」と置き換えが可能になる。

- その荷物は先週に送ったのだから，もう着いている {はずだ／にちがいない}。

ただし，推論の帰結が話し手にとって自明のことである場合には，置き換えにくくなる。

- 山本は僕より２つ下だから，今年で30になる {はずだ／*にちがいない}。

また，評価のモダリティの形式の「なくてはいけない」も，「はずだ」と似た用法をもつ。

- その荷物は先週送ったのだから，もう着いていな<u>くてはいけない</u>。

ただし，この用法の「なくてはいけない」は，純粋な論理的必然性を表すのであって，未知情報に対する推測を表すわけではない（⇒第３章第２節4.3も参照）。

- 今日は休日だから，田中は家に {いるはずだ／いるにちがいない／いなくてはいけない}。

この例では，論理的必然性を想定しにくいため，「なくてはいけない」は義務を表し，「はずだ」や「にちがいない」と似た意味にはならない。

第４節　証拠性

◆認識のモダリティの形式の類型の１つとして，何らかの証拠に基づく認識を表す形式類がある。これは，さらに，話し手が観察したことや証拠に基づく推定を表す形式類と伝聞を表す形式類に分かれる。

◆話し手の観察や推定を表す形式類には，次のようなものがある。

- 昨夜雨が降った {<u>ようだ</u>／<u>みたいだ</u>／<u>らしい</u>}。
- このケーキはおいし<u>そうだ</u>。

◆伝聞を表す形式類には，次のようなものがある。

- 鈴木は留学する<u>そうだ</u>。
- このあたりは昔沼地だった<u>という</u>。

- 田中は先に行っている {ということだ／とのことだ}。
- お父さんが早く帰ってこい<u>って</u>。

1. 概観
「佐藤はもう来ている<u>だろう</u>」と「佐藤はもう来ている<u>ようだ</u>」という2つの文を比べると，前者は，佐藤という人物が来ている気配のまったく感じられない状況で用いることができる文であるのに対して，後者は，来ている気配を感じ取っている状況で用いられる文であるという違いがある。また，「佐藤はもう<u>来ている</u>」と「佐藤はもう来ている<u>そうだ</u>」は，いずれも，「佐藤はもう来ている」という情報を話し手が把握していることを表しているが，前者が，話し手自身が直接知っていることとしてその情報を把握しているということを意味するのに対して，後者は，他者から聞いたこととしてその情報を把握しているということを意味している。

このように，「ようだ」や「(する)そうだ」は，話し手が頭の中で考えたり想像したりしたことを表すのではなく，外部に存在する情報を観察したり取り入れたりすることを通じて，その認識が成立していることを表す形式である。このような，その情報が何に基づくかということについての認識的な意味を「証拠性」(evidentiality)という。

2. 「ようだ」
2.1 接続と形
「ようだ」は，動詞やイ形容詞の非過去形・過去形，ナ形容詞の語幹＋「な／だった」，名詞＋「の／だった」に接続する。
- 田中さんは {来る／来た} <u>ようだ</u>。
- このメロンは {高い／高かった} <u>ようだ</u>。
- あのあたりは {静かな／静かだった} <u>ようだ</u>。
- 東京は {雨の／雨だった} <u>ようだ</u>。

なお，比況を表す用法では，「～かの」という形に接続することもある。
- あの人の発言は，まるで自分には何も責任がないかの<u>ようだ</u>。

それ自体が丁寧形「ようです」，過去形「ようだった」になる。
- 佐藤さんはまだこのことを知らないようです。
- 佐藤さんはまだこのことを知らないようだった。

2.2　意味と用法

「ようだ」は，基本的に，話し手が観察によってその事態をとらえているということを表す。認識のモダリティに関わる用法としては，話し手が観察したことそのものを述べる用法と，話し手が観察したことに基づいてあることを推定する用法とがある。

次の「ようだ」は，話し手が観察したことそのものを述べる用法である。観察の対象となるのは，話し手が感覚を通してとらえた個別的な事柄だけでなく，全体的な状況や傾向のようなものもある。
- 少し疲れたようだ。
- ［部屋の窓から外を見て］まだ雨はやんでいないようだ。
- 最近の子供たちには，野球よりもサッカーの方が人気があるようだ。

さらに，「ようだ」には，話し手が観察したことに基づいて推定したことを述べる用法がある。
- 道路が濡れている。どうやら，昨夜雨が降ったようだ。
- 佐藤が机の上を片づけ始めた。そろそろ帰るようだ。

以上が認識のモダリティの形式としての「ようだ」の中心的な用法であるが，派生的な用法として，婉曲用法がある。
- どうも，あなたのおっしゃっていることは，私には理解できないようです。
- 今日はもうお帰りになった方がいいようです。

これらは，「ようだ」を用いて，「そのような感じがする」というような婉曲的な述べ方にしたものである。

このほか，動詞や名詞＋「の」に接続する「ようだ」には，比況を表す用法がある。
- このステレオは音質がいい。まるで目の前で演奏しているようだ。

- 幸子さんとデートできるなんて，まるで夢のようだ。

この用法の「ようだ」には，連用形(「ように」)や連体形(「ような」)がある。

- 会場は，水を打ったように静かになった。
- 芸能人が着るような服がほしい。

「かのようだ」は，比況の定型表現である。

- あの人の口振りは，まるで自分だけが正しいかのようだ。

2.3 共起する副詞的表現

視覚的に観察されたことを述べる場合には，「見たところ」と共起し，推定用法では，「どうやら」「どうも」と共起する。

- 見たところ，この野菜はあまり鮮度がよくないようだ。
- {どうやら／どうも}，この人は何もわかっていないようだ。

比況の用法では，「まるで」「あたかも」などと共起する。

- あの人の口振りは，{まるで／あたかも} 自分だけが正しいかのようだ。

2.4 ほかの形式との比較

話し手が観察したことそのものを述べる用法(例(1))，婉曲用法(例(2))，比況用法(例(3))では，「ようだ」を「らしい」に置き換えることはできないが，観察に基づく推定を表す用法(例(4))に限って，「ようだ」は「らしい」に置き換えることができる。

- 少し疲れた {ようだ／*らしい}。　　　　　　　　　……(1)
- どうも，あなたのおっしゃっていることは，私には理解できない {ようです／*らしいです}。　　　　　　　　　……(2)
- このステレオは音質がいい。まるで目の前で演奏している {ようだ／*らしい}。　　　　　　　　　……(3)
- 道路が濡れている。どうやら，昨夜雨が降った {ようだ／らしい}。　　　　　　　　　……(4)

(4)のような推定用法における「ようだ」と「らしい」の違いは微妙である

が,「ようだ」は,観察から直接的に判断を導いているように感じられるのに対して,「らしい」は,観察と判断の間に距離があるように感じられる。次のような例で「らしい」を用いると,専門家の発言としては無責任な感じがして不適切である。

- 検査の結果を見ますと,かなり回復しておられる {ようです／？らしいです}。

2.5 関連する表現
「みたいだ」

「みたいだ」は,「ようだ」とほぼ同じ意味を表すが,接続と形,用法,文体について,以下のような違いがある。

「ようだ」と「みたいだ」は,ナ形容詞,名詞への接続の仕方が異なる。

- このあたりは {静かなようだ／静かみたいだ}。
- 東京は {雨のようだ／雨みたいだ}。

また,「ようだ」には「〜かの」+「ようだ」という接続の仕方があるが,これは「みたいだ」にはない。

- この店の雰囲気は,まるで外国にいるかの {ようだ／*みたいだ}。

「みたいだ」は,くだけた言い方で,「だ」が落ちることがあるが,「ようだ」は,「よう」で言い切ることはできない。

- 佐藤君,就職の内定もらった {*よう／みたい}。

「ようだ」に見られる,連体形の比況用法は,「みたいだ」では許容されないことがある。

- 芸能人が着る {ような／*みたいな} 服がほしい。

話しことばでは,「ようだ」よりも「みたいだ」が用いられることが多く,逆に,かたい文体の文章では,「ようだ」を用いるのが普通である。

3.「らしい」
3.1 接続と形

「らしい」は,動詞やイ形容詞の非過去形・過去形,ナ形容詞の語幹・過去

形，名詞，名詞＋「だった」に接続する。
- 田中さんは {来る／来た} らしい。
- このメロンは {高い／高かった} らしい。
- あのあたりは {静か／静かだった} らしい。
- 東京は {雨／雨だった} らしい。

それ自体が丁寧形「らしいです」になる。
- 佐藤さんはまだこのことを知らないらしいです。

小説の地の文などでは過去形が見られるが，話しことばでの過去形の使用はやや不自然である。ただし，従属節では，この制約は弱まる。
- A「鈴木さんの様子はどうだった？」
  B「？元気がなくて，何か悩みがあるらしかった」
- 「田中さんには恋人がいるらしかったので，告白しなかったんだ」

3.2　意味と用法

「らしい」は，観察されたことを証拠として，未知の事柄を推定する形式である。
- パソコンの電源が入らない。壊れてしまったらしい。
- 田中の部屋の電灯が消えている。どうやら寝ているらしい。

推定される事柄は，観察された事柄の原因・理由であるのが普通である。たとえば，上の例では，「壊れたから電源が入らない」「寝ているから電灯が消えている」という関係が成立している。

「らしい」は，他者から得た情報を証拠として，未知の事柄を推定する場合にも用いられる。いわゆる伝聞用法である。
- 知人の話では，あの店は経営者が変わったらしい。
- 専門家の判断によると，景気は徐々に回復していくらしい。

3.3　共起する副詞的表現

推定用法では，「どうやら」「どうも」と共起する。
- {どうやら／どうも}，この人は何もわかっていないらしい。

伝聞用法では，その文の内容が伝聞したことであることを予告する「何でも」「聞けば」「聞くところによると」や，情報源を表す「〜によると」「〜によれば」「〜の話では」「〜から聞いたところによると」「〜が言うことには」「〜に言わせると」「噂では」などの表現と共起する。

- {何でも／聞けば／聞くところによると}，今年の夏は暑さが厳しい<u>らしい</u>。
- {新聞によると／新聞によれば}，失業率が過去最高を記録した<u>らしい</u>。
- 山本 {の話では／から聞いたところによると／が言うことには／に言わせると}，あの映画はつまらない<u>らしい</u>。

3.4　ほかの形式との比較

推定用法の「らしい」は，「ようだ」に置き換えることができる。

- パソコンの電源が入らない。壊れてしまった {らしい／ようだ}。
- 田中の部屋の電灯が消えている。どうやら寝ている {らしい／ようだ}。

伝聞用法の「らしい」も，一応，「ようだ」に置き換えることができる。

- 知人の話では，あの店は経営者が変わった {らしい／ようだ}。
- 専門家の判断によると，景気は徐々に回復していく {らしい／ようだ}。

ただし，「ようだ」を用いると，単なる伝聞ではなく，入手した情報を話し手がどのようにとらえたかということを述べているニュアンスが強くなる。

伝聞用法の「らしい」は，「ようだ」よりも「(する)そうだ」に近い。

- 知人の話では，あの店は経営者が変わった {らしい／そうだ}。

ただし，この用法の「らしい」にも推定の意味が残っているので，「どうやら」「どうも」とも共起する。一方，純粋に伝聞を表す「(する)そうだ」は「どうやら」「どうも」とは共起しない。

- 知人の話では，<u>どうやら</u>，あの店は経営者が変わった {らしい／*そうだ}。

また，「(する)そうだ」は，情報をとりつぐだけの伝言用法をもつが，その

用法では「らしい」は用いることができない。
- 佐藤［田中に］「2時に行くからと，山本に伝えておいてくれ」
   田中［山本に］「佐藤は2時に来る {?らしい／そうだ}」

この例で「らしい」を用いると，情報が不確実になり，佐藤の伝言を正確にとりついだことにならない。

3.5　関連する表現
「のだろう」

　推定用法の「らしい」は，「ようだ」のほか，「のだろう」にも置き換えられることがある。
- パソコンの電源が入らない。壊れてしまった {らしい／のだろう}。

ただし，「らしい」は，あくまでも証拠に基づく推定を表すのであって，単に2つの事柄に因果関係があれば用いることができるというわけではない。
- 鈴木の車がまだ到着しない。道路が渋滞している {*らしい／のだろう}。

この例で「らしい」を用いることができないのは，鈴木の車が到着しないことは道路が渋滞していることの証拠にはならないからである。

4.　「(し)そうだ」
4.1　接続と形
「(し)そうだ」は，動詞，形容詞の語基に接続する。名詞には，接続しない。
- 今にも雨が降りそうだ。
- このメロンはおいしそうだ。
- 最近，鈴木はとても元気そうだ。
- *あの男は犯人そうだ。

なお，イ形容詞のうち，「ない」「よい」など，語幹が1音節のものには，「さ」をはさんで接続する。
- この件については特に大きな問題はなさそうだ。
- 山本はたばこをやめて体調がよさそうだ。

ただし，「酸い」には接続せず，「濃い」には「さ」をはさまずに接続する（「濃

そうだ」)。「いい」にも接続しないが,「よい」で代用できる。

　また,動詞に接続する否定の接辞「ない」には一般に接続しにくいが,接続する場合には,「さ」をはさむときとはさまないときがある。

- この分じゃ,明日は傘はいらなさそうだね。
- あの店員は,気が利かなそうだ。

「(し)そうだ」は,それ自体が丁寧形や過去形になる。

- 今夜は雨になりそうです。
- 昨日,田中さんに会った。とても元気そうだった。

それ自体が否定形になる。動詞に接続する場合の否定形は,「そうにない」(「そうにはない」「そうにもない」)「そうもない」という形をとり,形容詞に接続する場合の否定形は,「そうではない」という形をとる。動詞に接続する場合にも「そうではない」という否定形が用いられることがあるが,まれである。

- 雨はまだやみそうにない。
- 雨はまだやみそうもない。
- あの選手はさほど強そうではない。
- あの学生はあまりまじめそうではない。

動詞接続の「そうにない」と「そうもない」は,後者にいくらか悲観的なニュアンスが感じられはするが,明確な違いはない。

　認識のモダリティの形式は,ほとんどが疑問文では用いられにくいが,「(し)そうだ」は,疑問の形になり,ごく自然に質問文で用いられる。

- どう？　うまくいきそう(か)？
- 山本君は元気そうですか？

話しことばでは,くだけた言い方として,「だ」の脱落した形が認められる。

- あ,雨が降りそう。

4.2　意味と用法

　話し手がその事柄を徴候との関連においてとらえていることを表すというのが,「(し)そうだ」の基本的な意味である。また,動詞に接続するか形容詞に

接続するかによって意味が異なってくるのが,「(し)そうだ」の特徴である。

「(し)そうだ」が動詞に接続した場合の用法として,まず,直後にあることが起こる,その徴候が存在することを表すものがある。

- あ,雨が降りだしそうだ。
- おい,シャツのボタンがとれそうだよ。

この用法は,その状況をあくまでも徴候としてとらえるものである。次に起こることが決まっていて,その直前の段階をとらえる場合には,「(し)そうだ」ではなく,「ところだ」を用いる(⇒「ところだ」については,第5部第3章第3節を参照)。

- 申し訳ございません。社長はこれから {*出かけそうです／出かけるところです}。

この用法に連続するものとして,現状を踏まえて,今後の見通しを述べる用法がある。

- 空が暗くなってきた。午後は雨になりそうだ。
- この調子なら,この仕事は今週中に片づきそうだ。

さらに,動詞に接続した場合の用法として,純粋に話し手の予想を表すものがある。何らかの根拠に基づく場合もあれば,漠然とした予感を表す場合もある。この用法では,仮定条件の帰結として用いることができる。

- 今日は祭日だから,電車が混みそうだ。
- 来年はいい年になりそうだ。
- もしこれ以上雨が降ったら,試合は中止になりそうだ。

状態動詞に接続する場合は,そうであると思わせるような性質を主体が備えているということを表す。

- 鈴木さんはジーンズが似合いそうだ。
- 田中君は留学してたから,英語ができそうだ。

動作や変化を表す動詞でも,それを引き起こすような性質を主体が備えているということを表す場合がある。

- あの人なら,そういうことを言いそうだ。
- このコップは,熱いものを入れると割れそうだ。

「(し)そうになった」は，実現寸前であったが，実際は実現しなかったということを意味する。
- 危うく秘密をばらしそうになった。

「(し)そうで～ない」は，実現寸前での停止状態を表す定型的な表現である。
- 幼なじみの名前を思い出せそうでなかなか思い出せない。

なお，動詞に接続する「(し)そうだ」の拡張的な用法として，次のように，程度の強さを大げさに表現するものがある。
- 腹がへって死にそうだ。
- この料理はあまりにおいしくて，ほっぺたが落ちそうだ。

「(し)そうだ」が形容詞に接続した場合は，基本的に，主体のもつ性質や内的状態が外観として観察されることを表す。
- このカバンは見るからに重そうだ。
- 佐藤さんは最近どこか寂しそうだ。

この用法の「(し)そうだ」には，「そうに」という連用形があり，形容詞と組み合わさって様態副詞のように用いられることがある。
- 君は何でもおいしそうに食べるね。

なお，形容詞に接続する「(し)そうだ」にも，見通しや予想を表す用法がないわけではない。
- 鈴木を説得するのは，難しそうだ。
- 今日は祭日だから，映画館は人が多そうだ。

4.3 共起する副詞的表現

特に共起しやすい副詞があるわけではないが，動詞接続の「(し)そうだ」では，「今にも」「もう少しで」などの将然的な意味を表す副詞的表現と共起することがある。
- 今にも雨が降りそうだ。
- この試合，もう少しで勝てそうだ。

また，主体のもつ性質や内的状態が外観として観察されることを表す用法で，性質や内的状態が外観に色濃く反映していることを強調して言う場合に

は,「いかにも」や「見るからに」という副詞的表現が用いられることがある。

- あの学生は,{いかにも／見るからに} まじめ<u>そうだ</u>。

同じ証拠性である「ようだ」「みたいだ」「らしい」と共起する「どうやら」「どうも」と共起可能なのは,現状を踏まえて見通しを述べる用法である。

- {どうやら／どうも} この問題は先送りすることになり<u>そうだ</u>。

4.4 ほかの形式との比較

現状を踏まえて見通しを述べる用法では,「(し)そうだ」と「ようだ」が似てくることがある。

- 空が暗くなってきた。午後は雨に {なりそうだ／なるようだ}。
- いい結果が出ている。この方法でやれば,うまく {いきそうだ／いくようだ}。

一方,徴候の存在を表す用法では,「(し)そうだ」は「ようだ」には置き換えられない。

- あの人,シャツのボタンが {とれそうだ／*とれるようだ}。
- 今にも雨が {降りそうだ／*降るようだ}。

5.「(する)そうだ」

5.1 接続と形

「(する)そうだ」は,動詞や形容詞の非過去形・過去形,名詞+「だ／だった」に接続する。

- 田中さんは {来る／来た} <u>そうだ</u>。
- このメロンは {高い／高かった} <u>そうだ</u>。
- あのあたりは {静かだ／静かだった} <u>そうだ</u>。
- 東京は {雨だ／雨だった} <u>そうだ</u>。

「(する)そうだ」は,それ自体が丁寧形になるが,過去形にはならない。

- 山本さんは遅れてくる {そうです／*そうだった}。

また,ほかの認識のモダリティの形式のうち,「かもしれない」に接続することがある。

- 佐藤がこの仕事を引き受けてくれる<u>かもしれないそうだ</u>。

この場合,「かもしれない」は伝聞内容であって,話し手の判断を表すわけではない。

「みたいだ」「(し)そうだ」では,「だ」が脱落することがあるが(⇒ 2.5, 4.1 を参照),「(する)そうだ」は,「そう」で言い切ることはできない。

- 聞くところによると,鈴木はまだ結婚していない {そうだ／*そう}。

5.2　意味と用法

「(する)そうだ」は,情報伝達に際して,その情報が他者から取り入れたものであるということを表す。次のような例は,他者からの情報によって知りえたことを知識としてたくわえ,それを聞き手に伝達する,基本的な用法である。

- このあたりは,昔,沼地だった<u>そうだ</u>。
- 専門誌によると,この車は今とてもよく売れている<u>そうです</u>。

次のような例は,他者の意見や判断を紹介する用法である。

- 田中に言わせると,あの人は性格がいい<u>そうだ</u>。
- 評論家の話では,この作品は傑作だ<u>そうだ</u>。

この用法では,話し手は必ずしも伝聞内容を妥当なものとして認めているわけではない。したがって,直後にそれを否認することが可能である。

- 田中に言わせると,あの人は性格がいい<u>そうだ</u>が,僕はそうは思わない。

また,次のような例は,単に情報をとりつぐ,伝言的な用法である。

- 佐藤［田中に］「2時に行くからと,山本に伝えておいてくれ」
  田中［山本に］「佐藤は2時に来る<u>そうだ</u>」

通常,聞き手の知っていることについて「(する)そうだ」を用いることはできないが,「ね」を用いて同意を求める文にすると,用いることができるようになる。

- 君,引越した {*そうだ／そうだね}。

5.3　共起する副詞的表現

その文の内容が伝聞したことであることを予告する「何でも」「聞けば」「聞くところによると」や，情報源を表す「〜によると」「〜によれば」「〜の話では」「〜から聞いたところによると」「〜が言うことには」「〜に言わせると」「噂では」などの表現と共起する。

- {何でも／聞けば／聞くところによると}，今年の夏は暑さが厳しい<u>そうだ</u>。
- {新聞によると／新聞によれば}，失業率が過去最高を記録した<u>そうだ</u>。
- 山本 {の話では／から聞いたところによると／が言うことには／に言わせると}，あの映画はつまらない<u>そうだ</u>。

このうち，もっとも広く用いられるのは「〜によると」「〜によれば」である。また，「〜が言うことには」「〜に言わせると」は，他者の意見や判断を紹介するときに用いる表現である。

5.4　関連する表現

「って」「だって」「んだって」

「って」「だって」「んだって」は，話しことばでのみ用いられる。このうち，「んだって」は，文体的な特徴の違いを除けば，「（する）そうだ」とほぼ同じように用いることができる。

- 来月から金利が上が<u>るんだって</u>。

「って」は，どのような発言があったかということを伝える形式であり，伝聞というより引用に近く，動詞の命令形や丁寧形などの聞き手めあてのモダリティ要素に接続したり，情報源を主語として表すことがある。

- お父さんが，早く起きなさい<u>って</u>。

「だって」は，もとの発話をそっくりまねて伝える形式である。

- あの人ったら，「俺はなんて頭がいいんだろうか」<u>だって</u>。おかしいよね。

「（する）そうだ」が疑問文で用いられることはまずないが，「って」と「ん

だって」は，疑問文でも自然に用いることができる。その場合，疑問文であることは，上昇イントネーションで表す。
- 佐藤も来るって？　　……(1)
- 佐藤も来るんだって？　……(2)

ただし，(1)と(2)は意味が違う。(1)は，「佐藤も来る」ということは話し手は聞いておらず，聞き手がそのことを聞いているかどうかを確認しているのに対して，(2)は，「佐藤も来る」ということを話し手はすでに聞いており，そのことを前提として，聞き手に同意を求めている。つまり，「って」は，伝聞自体が疑問の対象になっているのに対して，「んだって」は，そうではない。

「という」

「という」も，伝聞的な意味を表す表現である。書きことばで用いられることが多く，普通体の話しことばではほとんど用いられない。
- このあたりは，昔沼地だったという。
- 目撃者の証言では，その犯人は野球帽をかぶっていたという。

「という」は，おもに，言い伝えや歴史的事実を述べるときや，報道的な文体の文章で用いられる。伝言のとりつぎには用いられない。

「とのことだ」「ということだ」

「とのことだ」「ということだ」は，通常の伝聞用法のほか，伝言のとりつぎにも用いられる表現である。
- 佐藤［田中に］「2時に行くからと，山本に伝えておいてくれ」
- 田中［山本に］「佐藤は2時に来る｛とのことだ／ということだ｝」

これらは，過去形をとって，過去のある時点でそのような情報を受け取ったということを表すことがある。
- 佐藤の話では，彼は2時に来る｛とのことだった／ということだった｝。

「とのことだ」には，「だ」のない形で手紙などに用いられ，相手の近況について聞き及んでいることを述べる用法がある。

- このたびは，第1希望の会社に就職された<u>とのこと</u>。誠におめでとうございます。

「とか」

「とか」は，噂や又聞きなどの不確実な伝聞情報を述べるときや，聞き手に関する伝聞情報を述べ，それを話題にするときに用いられる。
- 噂では，あの芸能人は不倫しているのだ<u>とか</u>。
- A「お子さんが大学に入られた<u>とか</u>」
  B「ええ，そうなんですよ」

第5節　そのほかの認識のモダリティの形式

◆疑問形式や知覚動詞，思考動詞なども，命題内容に対する話し手の認識の仕方を表すことがある。

◆「のではないか」は，疑問形式でありながら，情報提供の用法をもち，一種の推量形式として機能することがある。
- たぶん，明日は雨が降る<u>のではないか</u>。

◆「ではないか」や「か」は，疑問形式でありながら，発話現場での認識の成立を表す用法をもつ。
- なんだ，まだ8時<u>じゃないか</u>。
- そうか，この問題はこうやれば解ける<u>の</u><u>か</u>。

◆知覚動詞や思考動詞のスル形を述語とする文も，話し手の認識的な態度を表す文として機能する。
- あの人は何も知らない<u>と見える</u>。（「ようだ」に相当）
- 田中は留学した<u>と聞く</u>。（「（する）そうだ」に相当）
- 明日は雨が降る<u>と思う</u>。（「だろう」に相当）

◆思考動詞「思う」は，スル形以外の形でも，話し手のさまざまな認識の仕方を表す。
- 僕はいつかいい人に巡り会える<u>と思っている</u>。（信念・期待）

- 最近まであの人は独身だと思っていた。(誤解)
- そう言うと思った。(予想の的中)
- まさかこんなところで君に会うとは思わなかった。(意外)

1.「のではないか」
1.1 接続と形
「のではないか」は，動詞やイ形容詞の非過去形・過去形，ナ形容詞の語幹・名詞＋「な／だった」に接続する。
- 田中さんは {来る／来た} のではないか。
- このメロンは {高い／高かった} のではないか。
- あのあたりは {静かな／静かだった} のではないか。
- 東京は {雨な／雨だった} のではないか。

それ自体が丁寧形「のではありませんか」「のではないですか」になる。
「のではないか」は，次のように，過去形をとることがある。
- もしかすると，鈴木は私の言ったことを誤解したのではなかったか……。

また，それ自体が疑いの形をとって，「のではないだろうか」「のではないかな」「のではないかしら」という形になることもある。

話しことばでは，しばしば「んじゃないか」や「んじゃない↗」という形になる。

1.2 意味と用法
「のではないか」は，「のだ」の否定疑問の形式が認識のモダリティ相当の形式として固定化したもので，話し手の判断が未成立ながら一定の方向性をもっていることを表すというのが，その基本的な意味である(⇒疑問形式としての「のではないか」の性質については，第2章第3節2.を参照)。

「のではないか」は，独話や心内発話で用いることができる。
- 僕はあのとき，もしかして，この人は嘘をついているんじゃないか，と思った。

4章 ●5節　そのほかの認識のモダリティの形式　　179

「のではないか」が対話で用いられるときの用法には，以下の3つがある。

まず，話し手だけでなく聞き手も知ることのできないことを述べる場合には，推量的な用法になる。たとえば，次の例のように，相手からの問いかけに応じるなど，何らかの意見を示すことを求められているような場合には，純粋に話し手の推量判断を聞き手に伝える，情報提供的な用法になる。

・A「佐藤も来ると思う？」
　B「ああ，たぶん来るんじゃないか」

一方，次の例のように，話し手から聞き手にもちかけるような発話の場合には，話し手の推量判断を示しつつ，同時に，聞き手はどう思うかということをうかがっているニュアンスになる。

・A「たぶん，明日は雨が降るんじゃない？」
　B「そうだね。この分じゃ，降るかもしれないねえ」

さらに，次の例のように，聞き手の知っていることを述べる場合には，推量的な意味に積極的な問いかけ性が加わり，話し手の推量判断の妥当性を聞き手に確認する用法になる。

・A「君は嘘をついているんじゃないか？」
　B「いや，嘘なんてついてないよ」

なお，過去形の「のではなかったか」は，「のではないか」に比べて，過去を振り返りつつその事柄を検討しなおしているというニュアンスが強く出る。

・　もしかすると，鈴木は私の言ったことを誤解した{のではなかったか／のではないか}……。

ただし，このような過去形の使用は，小説の地の文などの心内発話にほぼ限られる。

1.3　共起する副詞的表現

推量的な用法では，「もしかすると」などの「かもしれない」と共起する副詞，「たぶん」「さぞ」などの「だろう」と共起する副詞のどちらとも共起する。

・　{もしかすると／ひょっとして／あるいは}，佐藤はこのことにもう気

づいているのではないか。
- {きっと／たぶん／おそらく}, あの人は嘘をついているのではないか。
- この話を聞かせたら, 田中は {さぞ／さぞかし} よろこぶのではないか。

このうち,「もしかすると」などは, 確認用法においても, 共起することができる。
- {もしかすると／ひょっとして}, 君のお父さんは銀行に勤めているんじゃないか？

1.4 ほかの形式との比較

疑問形式としての「のではないか」と「だろうか」は, 独話や心内発話の用法をもち, 話し手の推量判断が未成立であることを表す点で共通する。
- 僕はあのとき, もしかして, この人は嘘をついている {んだろうか／んじゃないか}, と思った。

ただし,「だろうか」が何が事実であるか見通しのつかない段階を示すのに対して,「のではないか」は, 何が事実であるかについて一定の見通しを得た段階を示すという違いがある。そのため, 補充疑問文での使用の可否や「たぶん」などの確信の度合いを表す副詞との共起の可否について, 両者は次のように異なる。
- いつになったら, 雨が降る {だろうか／*んじゃないか}？
- たぶん, 明日は雨が降る {*だろうか／んじゃないか}？

また, 推量的な用法の「のではないか」は, 認識のモダリティの形式の中では,「だろう」と「かもしれない」に部分的に共通する性質をもつ。まず, 確信の度合いを表す副詞と共起するという点では,「だろう」と同様である。
- たぶん, 明日は雨が降る {だろう／んじゃないか／?かもしれない}。

一方,「もしかすると」などと共起したり, その内容を後続文で仮定条件に変換できたりするという点では,「かもしれない」と同様である。
- もしかすると, 山本はこのことをまだ知らない {?だろう／のではないか／かもしれない}。もしそうなら, 早く教えてやらなければ。

1.5　関連する表現

[否定疑問文]

　動詞述語文では，否定疑問の形式と「のではないか」の機能の違いははっきりしている（⇒第2章第3節2.2も参照）。否定疑問文は，あくまでも質問文の一種であり，次のように，「たぶん」などの確信の度合いを表す副詞と共起することはできない。

　　・　たぶん，雨はまだ {*降ってないか／降ってるんじゃないか} ？

ところが，名詞述語文では，この点における否定疑問の形式「ではないか」と「のではないか」の機能の違いがない。

　　・　たぶん，明日は雨 {じゃないか／なんじゃないか} ？

「ではないか」「のではなかったか」

　なお，次のようなものは，「のではないか」とは別の形式である。

　　・　何を言うんだ。君が約束を破ったんじゃないか。　　……(1)
　　・　あれ？　君，たしか，タバコはやめたんじゃなかったか？　……(2)

(1)の「のではないか」は，確認要求の形式の「ではないか」が「君」を疑問のスコープに入れるために「のだ」をとったものである（⇒確認要求形式としての「ではないか」については，第2章第3節4.2を参照。また，スコープを示す「のだ」については，第5章第2節1.1，第7部第3章第1節を参照）。また，(2)のような，記憶に基づいて聞き手に確認する「のではなかったか」は，想起を表す「のだった」に対応する否定疑問の形式である（⇒想起の「のだった」については，第5章第2節3.4，第6部第6章第4節を参照）。

2.　発話現場での認識の成立を表す疑問形式

2.1　「ではないか」

　「ではないか」には，対話用法である確認要求とは別に，話し手がその場で発見したことをさまざまな感情表出を伴いながら述べる独話用法がある（⇒確認要求用法の「ではないか」については，第2章第3節4.2を参照）。話しことばでは，「じゃない(か)」という形になることが多い。

- ［探し物が見つかって］なんだ，こんなところにあるじゃないか。
- ベストセラーだというから期待してたのに，ちっともおもしろくないじゃないか。

この用法の「ではないか」は，対話にも現れ，話し手がその場で気づいたことを聞き手に訴えかけるような意味を表す。

- よう，鈴木じゃないか。久し振りだなあ。
- そのネクタイ，なかなかいいじゃない。よく似合ってるよ。

2.2 「か」

独話において下降イントネーションをとる「か」は，話し手がその場で入手した情報を言語化することによって自己確認する機能をもつ。

- ［パーティーの出欠の返信を見て］そうか，田中は忙しくて来られないか。
- ［時計を見て］9時か。

「か」のこの用法は，対話にも見られ，相手の発言内容を受け取ったというサインとして用いられる（⇒「か」のこうした用法については，第2章第3節5.1も参照）。

- A「マンションを買うことにしました」
  B「そうですか，ついに決心しましたか」

3. 知覚動詞文・思考動詞文
3.1 知覚動詞・思考動詞のモダリティ形式化

「見える」「聞く」「思う」などの知覚や思考を表す動詞は，スル形をとって，認識のモダリティの形式に似た働きをすることがある。

- 田中の車が駐車場にない。まだ帰宅していないと見える。
- この業界も，最近は低迷気味だと聞く。
- この本はきっと売れると思う。

こうした用法の「と見える」「と聞く」「と思う」は，それぞれ，ほぼ，「ようだ」「(する)そうだ」「だろう」に置き換えることができる。

- 田中の車が駐車場にない。まだ帰宅していない<u>ようだ</u>。
- この業界も，最近は低迷気味だ<u>そうだ</u>。
- この本はきっと売れる<u>だろう</u>。

　これらの動詞のうち，「思う」は，思考の主体である1人称者を言語表現化できるのに対して，「見える」「聞く」は，モダリティ化の度合いがより強いので，知覚の主体である1人称者を言語表現化することはできない。

- 田中の車が駐車場にない。*僕には，まだ帰宅していない<u>と見える</u>。
- *僕は，この業界も，最近は低迷気味だ<u>と聞く</u>。
- 僕は，この本はきっと売れる<u>と思う</u>。

3.2　思考動詞「思う」の諸用法

「と思う」

　「と思う」は，話し手の判断や意見を聞き手に向けて表明する表現である。引用節の述語が断定形のときには，次のような用法がある。

- この本はきっと売れる<u>と思う</u>。　　　　　　　　……(1)
- たしか，あのときは，鈴木もそこにいた<u>と思います</u>。　……(2)
- あの人は身勝手だ<u>と思う</u>。　　　　　　　　　　……(3)

(1)は，未知のことに対して話し手なりの判断を示す用法，(2)は，話し手の記憶の中での不確かさを表す用法，(3)は，引用節に示した判断・意見が話し手の個人的な主張であることを明示する用法である。

　このうち，(1)の用法の「と思う」は，ほぼ「だろう」に置き換えることができる。ただし，「と思う」の基本的な機能は，聞き手に向けて態度表明を行うということにあるので，独話や心内発話などの聞き手不在発話では用いることができない。

- ［独話で］明日は雨になる {*と思う／だろう} なあ。

　引用節の述語に断定形以外の判断形式や意志形が現れたときには，話し手の個人的な判断や意向を聞き手に表明する用法になる。

- この本はベストセラーになる<u>かもしれない</u><u>と思う</u>。
- そろそろ髪を<u>切ろう</u><u>と思う</u>。

「と思う」は，情報が明確でないときや明確化を避けるときに，「かと思う」という形で用いられることがある。また，引用節を「ように」で示すことによっても，同じようなニュアンスが出る。

- あれは，去年の年末のことだったかと思う。
- この件につきましては，すでにご存知かと思います。
- もう少し様子を見た方がいいように思う。

「と思っている」

「と思う」は，話し手の思考しか表せないが，「と思っている」は，話し手以外の思考も表すことができる。

- {僕／*佐藤}は，あの男が犯人だと思う。
- {僕／佐藤}は，あの男が犯人だと思っている。

そして，引用節の内容の真偽について話し手が知ることができる立場にある場合，その思考主体(他者)の認識が誤りであるということが意味される。

- 先生は，私が２年生だと思っている。

この文では，先生がどう思っているかということだけが表されているのではなく，それが誤解であるということも意味されている。

また，話し手が思考主体である場合にも，引用節の内容が偽であることを知りつつ，そのように見なしているという意味で「と思っている」を用いることがあるが，「と思う」はこうした用法をもたない。

- 僕は，鈴木さんは自分の妹だ{*と思う／と思っている}。それぐらい，彼女は身近な存在なのだ。

「と思う」と「と思っている」の両方を用いることができる場合でも，次のような認識的な態度の違いがある。

- 私は，山本君もこの仕事に協力してくれると思う。　……(1)
- 私は，山本君もこの仕事に協力してくれると思っている。　……(2)

(1)が，その事柄が実現するという判断を下す意味になるのに対して，(2)では，実際にその事柄が実現するかどうかということについて直接判断を下すのではなく，話し手がそれを信じていたり期待していたりするということが意味

される。

「と思っていた」

「と思っていた」には，2つの用法がある。

- そのとき，私は，田中さんと話をしながら，この人はいい人だなあと思っていた。　　　　　　　　　……(1)
- いつかはこうなると思っていた。　……(2)
- 君にはもう会えないと思っていた。　……(3)

1つは，(1)のように，過去のある時点において思っていたことを表す用法である。もう1つは，(2)や(3)のように，話し手が長期にわたってもちつづけてきた認識の妥当性について含意する用法であり，(2)は話し手の認識が妥当であったということが，(3)は話し手の認識が誤りであったということが意味されている。期間の終了時点を表す「～まで」節，副詞「てっきり」，形式名詞「もの」，とりたて助詞「ばかり」などと共起した場合には，必ず(3)のような用法として解釈される。

- その話を聞くまで，僕は，鈴木がもう課長になったと思っていた。
- 僕は，てっきり，鈴木がもう課長になったものと思っていた。
- 僕は，鈴木がもう課長になったとばかり思っていた。

これらの文は，いずれも，話し手の認識が誤りであったこと，すなわち，実際は鈴木がまだ課長になっていないことを意味している。

「と思った」

「と思った」にも，2つの用法がある。

- そのとき，僕は，これはだめだと思った。　　　　　　……(1)
- ［子供がジュースをこぼしたのを見て］やると思った。　……(2)

1つは，(1)のように，過去のある時点に思ったことを述べる用法である。もう1つは，(2)のように，直前に起こったことに対してそれが話し手の予想どおりであったことをその場で確認して述べる用法である。(2)のような用法は，過去にどう思ったかということよりも，予想が的中したということに重点があ

るため，過去の時点を示す副詞的な表現は共起せず，思考主体(話し手)も言語表現化されない。

- ［子供がジュースをこぼしたのを見て］*さっき，やると思った。
- ［子供がジュースをこぼしたのを見て］*僕は，やると思った。

この用法では，「オモッタ」の「モ」の音節が通常よりやや高く発音されるという音声的な特徴がある。

また，次のような「と思った」は，直前に判明した事実がそれまでに思っていたことと整合的に関係づけられ，納得したことを表す用法である。しばしば副詞「どうりで」を伴う。

- 雨か。どうりでむしむしすると思った。

この用法も，時点を表す副詞的な表現が共起せず，思考主体(話し手)は，言語表現化されない。

こうした関係づけの機能は，説明のモダリティにもつながっていくものであり，実際，この文は，「はずだ」や「わけだ」に置き換えることができる（⇒この用法の「はずだ」「わけだ」については，第3章4.2，第5章第3節2.2も参照）。

- 雨か。どうりでむしむしする ｛と思った／はずだ／わけだ｝。

引用節に「か」を含む「かと思った」は，一瞬，引用節の内容が成立するかに思えたが，直前に判明した事実によって，それが誤解・錯覚であったとする意味で用いられる。

- なんだ，山本か。田中かと思った。

この用法でも，時点を表す副詞的な表現の共起，思考主体(話し手)の言語表現化はない。

「とは思わなかった」

「と思った」の否定形「とは思わなかった」にも，2つの用法がある。

- 試合に負けたとき，僕はさほど悔しいとは思わなかった。　……(1)
- まさか，こんな弱い相手に負けるとは思わなかった。　……(2)

1つは，(1)のように，過去の思考の非存在を表す用法である。もう1つは，(2)のように，予想外のことが起こったということを発話時に認識する用法で

ある。

　(2)で,「負ける」ということが予想外であるというのは,つまり,「勝つ」という予想をもっていたということである。このように,事前に何らかの予想をもっていた場合の「とは思わなかった」は,「とは思っていなかった」に置き換えても,意味はあまり変わらない。

- まさか,こんな弱い相手に負ける<u>とは思っていなかった</u>。

一方,次のような例は,予想が外れたということではなく,何の予断もないところに意外なことが起こったという意味であり,こうした「とは思わなかった」は「とは思っていなかった」に置き換えることはできない。

- 奇遇だなあ。こんなところで君に会う｛とは思わなかった／？とは思っていなかった｝。

第5章　説明のモダリティ

第1節　説明のモダリティとは

◆説明のモダリティとは，文と先行文脈との関係づけを表すもので，おもに「のだ」「わけだ」によって表される。
- 遅れてすみません。渋滞してた<u>ん</u>です。
- バスで20分，それから電車で10分。つまり30分かかる<u>わけ</u>です。

◆話し手が，すでに知っていた事実を，論理的帰結として納得することを表すときには，「わけだ」と「はずだ」が同じように用いられる。
- 事故があったのか。どうりで渋滞している {わけだ／はずだ}。

◆「のだ」「わけだ」と成り立ちが類似した助動詞に「ものだ」「ことだ」がある。「もの」「こと」に「だ」が加わって助動詞化したもので，それぞれ複数の用法をもつ。
- これは，手紙の封を切る<u>もの</u>だ。（名詞「もの」）
- 人間というのは，孤独な<u>ものだ</u>。（助動詞「ものだ」）
- 夏祭りには，毎年ゆかたで出かけた<u>ものだ</u>。（助動詞「ものだ」）

1. 説明のモダリティの規定

1.1　基本的な機能と形式

　文を提示するとき，その文を先行文脈と関係するものとして提示することがある。先行文脈で示された内容の事情や帰結などを提示する場合である。
- 遅れてすみません。渋滞してた<u>ん</u>です。
- ここから駅までバスで20分，そこから電車で10分。つまり，30分かかる<u>わけ</u>です。

　先行文脈で示された事態の事情や帰結などを提示することで，先行文脈の内容が，聞き手に，より理解されやすくなる。このように，おもに，文と先行文脈との関係づけを表すのが，説明のモダリティである。おもな形式は「のだ」と「わけだ」の2つである（⇒「のだ」と「わけだ」の異同については，詳しくは第

3節2.1を参照)。

「のだ」は，先行文脈との関係づけだけではなく，言語化されていない状況との関係づけを表すこともある。

・ ［包帯をした指を見せて］包丁で切っちゃったんです。

「のだ」と「わけだ」は類似した文脈で用いられることもあり，意味・機能に共通性がある。

・ 佐藤も鈴木も休んだ。つまり5人しか来なかった{んだ／わけだ}。

ただし，「わけだ」の後に「のだ」は接続できるが，「のだ」の後に「わけだ」は接続できないという違いがある。

・ 佐藤も鈴木も休んだ。つまり5人しか来なかったわけなんだ。
・ 佐藤も鈴木も休んだ。*つまり5人しか来なかったのなわけだ。

1.2 用法の広がり

説明のモダリティは，文と先行文脈などとの関係を聞き手に対して提示するばかりではない。先行文脈で示された内容の事情や帰結などを，話し手自身が把握する場合(例(1)(2))にも用いられる。

・ あいつ，遅いなあ。きっと渋滞してるんだ。　……(1)
・ バスで20分，それから電車で10分か。30分かかるわけだ。……(2)

また，「のだ」「わけだ」には，先行文脈や状況との関係づけを示さない用法もある(⇒「のだ」の用法については，詳しくは第2節を参照)。たとえば，真実を告白する場合(例(3))や，教示的に言う場合(例(4))などにも，「のだ」が用いられる。

・ 実は，今日ここを発つんです。　　　　　　　……(3)
・ おとなしく待ってるんだよ。　　　　　　　　……(4)

「のだ」は，自分の知らなかった事実をそのまま把握する場合にも用いられる。

・ あ，こんなところにいたんだ。　　　　　　　……(5)

次の表は，文を先行する文などと関係づけて聞き手に提示するという典型的な説明と，隣接する機能との関係を示すものである。

説明のモダリティの用法の広がり

	聞き手に提示する	話し手が把握する
文を先行する文などと関係づける	典型的な説明	例(1)(2)
文を先行する文などと関係づけない	例(3)(4)	例(5)

1.3 文法的性質

[質問文]

「のだ」「わけだ」は，質問文でも用いられる。特に「のだ」は，質問文によく用いられる。

- 海に行った<u>ん</u>ですか？　　　　　……(1)
- それでいいと思っている<u>わけ</u>ですか？　……(2)

ただし，「雨が降りそうですか？」といった質問文が「雨が降りそうだと思うか」という意味を表しているのとは異なる。「のだ」「わけだ」の質問文は，「〜のだと思うか」「〜わけだと思うか」という意味ではない。「のだ」「わけだ」によって表されているのは，話し手による先行文脈との関係づけなどである。

たとえば，(1)は，聞き手が日焼けしているといった状況を見て，その状況と，事情として考えられる「(聞き手が)海に行った」ということを，話し手が「のだ」によって関係づけ，その関係づけが正しいかどうかを聞く質問文である。(2)も，先行する文と，話し手が導き出した帰結との関係が「わけだ」によって表されており，その関係づけが正しいかどうかを聞く質問文である。

[過去形]

「のだった」という形はあるが，話しことばで用いられるのは，想起の用法と後悔の用法に限られており，「のだ」の過去というような単純な対応ではない(⇒「のだった」については，第2節2.4，3.4を参照)。

- そうだ，今日は会議がある<u>んだった</u>。(想起)
- こんなことなら，早くから準備しておく<u>んだった</u>。(後悔)

「わけだった」という形もあるが，あまり用いられない。

[ほかのモダリティ形式との接続]

「のだ」「わけだ」は,「かもしれない {のだ／わけだ}」,「にちがいない {のだ／わけだ}」というように,認識のモダリティの形式に接続することもある。しかし,「*だろう {のだ／わけだ}」「*まい {のだ／わけだ}」というように「だろう」「まい」に接続することはできない。また,「？らしいわけだ」のように,接続しにくい場合もある。

また「のだ」「わけだ」は,「なければならない {のだ／わけだ}」というように,評価のモダリティの形式に接続することもある。

2. 説明のモダリティの周辺
2.1 形式名詞の助動詞化

「ものだ」「ことだ」「はずだ」は,「もの」「こと」「はず」という形式的な名詞に「だ」が接続したものだが,「ものだ」「ことだ」「はずだ」の形で助動詞として用いられる(⇒「ところだ」については,第5部第3章第3節を参照)。

「もの」「こと」は,名詞として用いられているのか,助動詞「ものだ」「ことだ」として用いられているのかという区別が困難な場合もある。

「ものだ」の「もの」をほかの実質的な名詞で置き換えても意味が変わらず,「ものだ」に「もの＋だ」という意味以外の特別の意味あいが感じられない場合は,名詞の「もの」である。

- これは,手紙の封を切るものだ。
- これは,手紙の封を切る道具だ。

「ものだ」の「もの」をほかの実質的な名詞で置き換えることはできるが,「ものだ」に「もの＋だ」という意味以外の特別の意味あい(本質や傾向を表すなど)が感じられる場合は,中間的ではあるが,助動詞の「ものだ」である。

- 人間というのは,孤独なものだ。
- 人間というのは,孤独な生き物だ。

「ものだ」の「もの」をほかの実質的な名詞で置き換えることができない場合は,助動詞の「ものだ」である。

- うれしいときには，うれしそうな顔をする<u>ものだ</u>よ。
- あの頃は，大人になれば思いどおりに生きられると思っていた<u>ものだ</u>。

「ことだ」の文が，「〜が」「〜は」を伴い，「ことだ」に「こと＋だ」という意味以外の特別の意味あいが感じられない場合は，名詞の「こと」である。

- この仕事こそが，私がずっとやりたかった<u>こと</u>だ。
- 大切なのは，あきらめない<u>こと</u>だ。

「ことだ」に「こと＋だ」という意味以外の意味あい（助言・忠告など）が感じられる場合は，助動詞の「ことだ」である。原則として，「〜が」「〜は」は伴わない。

- 後悔したくなかったら，あきらめない<u>ことだ</u>。

「はずだ」は，「はず」だけが名詞として用いられることはなく，基本的に助動詞である。ただし，「はず」は元来は名詞なので，「はずだ」の後に名詞が続くときは，「はずの」という形をとる。

- とっくに集まっている<u>はず</u>の時間なのに，誰も来ない。

この場合も，意味・機能としては，助動詞の「はずだ」である。

2.2 「ものだ」「ことだ」「はずだ」と説明のモダリティ

「ものだ」「ことだ」「はずだ」は，それぞれ複数の用法があり，それらの用法すべてが，説明のモダリティに属するというわけではない（⇒「ものだ」「ことだ」の用法の詳細については，第4節を参照）。しかし，「ものだ」「ことだ」「はずだ」は，それぞれ，「のだ」や「わけだ」に類似する用法をもっている。

[「ものだ」「ことだ」と「のだ」]

「ものだ」には当為を表す用法，「ことだ」には助言・忠告を表す用法があり，「のだ」と類似性がある（⇒詳しくは，第4節の2.と3.を参照。3者の使い分けについては，第3章第2節5.を参照）。

- 練習は，毎日続ける<u>ものだ</u>。
- 毎日練習を続けることだ。
- 練習を休むな。毎日続ける<u>ん</u>だ。

また，「ものだ」に関連する表現である，「もの ｛と思われる／らしい｝」は解説を表し，「のだ」と類似性がある(⇒詳しくは，第4節2.7を参照)。
- 証拠品は見つかっていない。犯人が処分した<u>もの</u>と思われる。
- 証拠品は見つかっていない。きっと，犯人が処分した<u>のだ</u>。

[「はずだ」と「わけだ」]

「はずだ」は，論理的な思考を経て導き出した必然的な帰結を表す性質をもつ。「論理的推論」「納得」の2つの用法がある。

論理的推論とは，根拠に基づき，論理的推論を経て導き出した帰結を述べる用法である(⇒「はずだ」の論理的推論の用法については，詳しくは第4章第3節4.を参照)。
- あいつは今日は出張だから，家にはいない<u>はずだ</u>。

納得とは，話し手が新たな事実を知ることによって，それまで納得できていなかった事実を，論理的に考えて当然だと納得したことを表す用法である。「わけだ」の納得の用法と類似している。
- 事故があったのか。どうりで渋滞している<u>はずだ</u>。
- 事故があったのか。どうりで渋滞している<u>わけだ</u>。

[「ものだ」「ことだ」「はずだ」「のだ」「わけだ」の互いの接続]

「ものだ」「ことだ」「はずだ」は，2つ以上が重なって，「＊ものなことだ」「＊ことなはずだ」「＊はずなものだ」のように用いられることはない。また，「のだ」「わけだ」に接続して，「＊のなものだ」「＊のなことだ」「＊わけなはずだ」といった形をとることもない。

ただし，「ものだ」や「はずだ」に「のだ」が接続することはある。
- 他人の心を完全に理解することは，絶対にできない<u>ものなのです</u>。
- あの人は今日は出張だから，家にはいない<u>はずなんです</u>。

第2節 「のだ」

> ◆「のだ」には，説明のモダリティを表す機能と，否定などのスコープを表す機能がある。
> ◆説明のモダリティを表す「のだ」は，大きく分けると次の4種類になる。
> ・ 私，明日は来ません。用事がある<u>んです</u>。　（提示・関係づけ）
> ・ あいつ，来ないなあ。きっと用事がある<u>んだ</u>。（把握・関係づけ）
> ・ スイッチを押す<u>んだ</u>！　　　　　　　　　（提示・非関係づけ）
> ・ そうか，このスイッチを押す<u>んだ</u>。　　　（把握・非関係づけ）
> ◆提示の「のだ」を用いると，聞き手が認識していない事態を認識させようとする話し手の態度が表される。
> ・ 信じてください。違う<u>んです</u>。
> ・ やめろ，こら，やめる<u>んだ</u>。
> ◆把握の「のだ」を用いると，話し手が認識していなかった事態を，すでに定まっていたものとして把握することが表される。
> ・ あ，雨が降ってる<u>んだ</u>。

1. 「のだ」の全体像

1.1 基本的性質

「のだ」は，名詞化の働きをもつ「の」に「だ」が接続したものだが，1つの助動詞と考えてよい。ただし，名詞化するという「の」の性質は，「のだ」の機能にも関係している。

[機能の概観]

「のだ」は，説明のモダリティを表さず，否定などのスコープを表す場合がある。次の例では，「悲しいから泣いた」という部分が「の」で名詞のようにまとめられることによって否定のスコープになり，「悲しいから」が否定のフォーカス（焦点）となる（⇒スコープを表す「のだ」については，詳しくは第7部第3

・悲しいから泣いた<u>ん</u>じゃありません。
　　　　［悲しいから泣いた］の　ではない

次の例でも同様に、「私があいつを」「あいつが私を」がフォーカスとなる。

　　　・私があいつを誘った<u>の</u>ではない。あいつが私を誘った<u>のだ</u>。

一方、説明のモダリティを表す「のだ」も、名詞述語文との類似性がある。

　　　・これ　は、　<u>辞書</u>　　です。　　……(1)
　　　　　　　　　　名詞

　　　・欠席します。＿＿＿＿＿＿＿都合が悪いんです。　　……(2)
　　　　　　　　名詞化された部分

(2)のような「のだ」の文は、(1)のような名詞述語文の述語の部分が文になった形をしており、先行する文「欠席します」についての説明を提示している。

　説明のモダリティの「のだ」は、ほかの多くの助動詞と同様、その文に、とりたて助詞の「は」を含むことができるが、否定などのスコープを示す「のだ」は、名詞化された内部に「〜は」を含まない点などで性質が異なる。

　　　・明日は欠席します。［今週は私はとても忙しい］んです。（説明）
　　　・＊［妹は泣いた］のではない。［弟は泣いた］のだ。（スコープ）

[接続と形]

　「のだ」は、動詞・イ形容詞の非過去形・過去形、ナ形容詞の語幹・名詞＋「な／だった」に接続する。

　「のだ」は、平叙文の文末には、「のだ」「んだ」「のです」「んです」「のである」「の」の形で現れる。これらは基本的に文体差であり、機能はほぼ同じである。話しことばでは、「んだ」「んです」「の」の形をとる。平叙文の文末の「の」は女性が用いることが多い（⇒「のだ」の用法と形の関係については、1.2を参照）。

　　　・男「おれ、風邪ひいてる<u>んだ</u>」
　　　　女「実は、私もひいてる<u>の</u>」

　「のだ」は、質問文では、「んですか？」「の（か）？」という形をとる。質問

文の「の？」は，平叙文の「の」に比べると，男性にも用いられやすい。
- 疲れてる<u>ん</u>ですか？
- 疲れてる<u>の</u>？

「のではない」（「んじゃない」）という否定の形は，スコープを表す「のだ」の否定である（⇒「のではない」については，詳しくは第7部第3章を参照）。

このほか，「のかもしれない」「んだろう」「のなら」「んですが」のようにほかの助動詞や接続助詞の前に現れる「の」や「ん」も，「のだ」である（⇒従属節に現れる「のだ」については，4.2を参照）。

また，文の形をそのまま受ける場合，「という」を伴った「というのだ」という形が用いられる場合がある。
- 母から手紙が来た。今度の休みには帰ってこい<u>というのだ</u>。

「です」「ます」には基本的に接続しないが，話しことばでは，まれに，「ますんです」という形が現れることがある。また，女性の上品な話しことばでは，「ですの」「ますの」といった形もある。
- 毎年，8月は軽井沢の別荘で過ごします<u>の</u>。

この「の」は，終助詞化しているが，「のだ」と同じような働きをもっている。
- 毎年，8月は軽井沢の別荘で過ごす<u>んです</u>。

1.2　用法の分類

説明のモダリティを表す「のだ」は，2つの軸によって4つに分類できる。

［提示の「のだ」と把握の「のだ」］

説明のモダリティを表す「のだ」には，話し手が認識していたことを聞き手に提示して認識させようとするときに用いられる提示の「のだ」と，話し手自身が認識していなかったことを把握したときに用いられる把握の「のだ」がある。
- 私，明日は来ません。用事がある<u>んです</u>。（提示）
- あいつ，来ないなあ。きっと用事がある<u>んだ</u>。（把握）

把握の「のだ」は，独話でも用いられ，「のだと思う」のように「と思う」

の中に入ることもできる。提示の「のだ」は、聞き手を必要とし、「と思う」の中に入ることはない。また、「んです」や「の」の形(終助詞を伴わない形)をとるのは、提示の「のだ」だけである。

- 私、明日は来ない。用事がある<u>の</u>。(提示)
- あの人、来ないね。*きっと用事がある<u>の</u>。(把握)

[関係づけの「のだ」と非関係づけの「のだ」]

説明のモダリティを表す「のだ」には、先行文脈や状況について、その事情などを提示・把握する関係づけの「のだ」と、事態をそのまま提示したり把握したりする非関係づけの「のだ」がある。

提示・把握の区別と組み合わせると、説明のモダリティの「のだ」は、2つの軸で4種類に分類される。

- 私、明日は来ません。用事がある<u>んです</u>。(提示・関係づけ)
- あいつ、来ないなあ。きっと用事がある<u>んだ</u>。(把握・関係づけ)
- このスイッチを押す<u>んだ</u>！(提示・非関係づけ)
- そうか、このスイッチを押す<u>んだ</u>。(把握・非関係づけ)

1.3　「のだ」が用いられない場合

「のだ」を用いた文では、その文の内容がすでに定まったものであるということが表される。そのため、話し手が発話時に決定した意志を述べる場合や、発話時の一時的な感情を述べる場合などは、「のだ」は用いられない。

- [注文する品を決めた時に] 私、これに {します／?するんです}。
- [料理を食べて] わあ、{おいしい／?おいしいんです}。

「のだ」を用いた質問文では、聞き手から情報を得たいという話し手の態度が表される。そのため、授業で、教師が生徒に、教師自身は答を知っていることを質問するときなどは、「のだ」は用いられにくい。

- [授業で]

　　教師「明治時代は何年に {始まりました／?始まったんです} か」

2. 提示の「のだ」の性質と用法
2.1 提示の「のだ」の性質
　提示の「のだ」の文では，その事態を聞き手に認識させようという話し手の態度が表される。(1)も(2)も，「兄は無実だ」という事態を，そのことを認識していない聞き手に示している点では同じである。しかし，(1)では，そのことを聞き手に示しているだけなのに対し，「のだ」を用いた(2)では，そのことを聞き手に認識させようという話し手の態度が表される。
- 　信じてください。兄は無実です。　　　……(1)
- 　信じてください。兄は無実<u>ん</u>です。　……(2)

　この性質から，提示の「のだ」は，話し手しか知らないことを述べる「告白」の場合や，子供などに向かって，聞き手の知らないことを言い聞かせる「教示」の場合にも用いられる。
- 　私，実は，以前からあなたのことを知っている<u>ん</u>です。（告白）
- 　ここはね，危ないから入っちゃいけない<u>ん</u>だよ。（教示）

　提示の「のだ」には，関係づけの用法と，非関係づけの用法がある。

2.2 関係づけの用法
　提示の「のだ」の関係づけの用法は，大きく分けると，事情を提示する場合と換言を提示する場合がある。

[事情の提示]

　提示の「のだ」の関係づけの用法は，先行文脈や状況の事情を提示し，聞き手に認識させようとするときに用いられる。
- 　私，明日は来ません。用事がある<u>ん</u>です。

　命令や依頼の事情を提示する場合などは，事情を先に提示してから命令や依頼の内容を続けることも多い。命令や依頼の内容が，聞き手にスムーズに受け入れられるようにするためである。
- 　郵便局に行きたいんです。道を教えていただけませんか？

　質問文では，先行文脈や状況の事情を認識したいという態度を示すときに

「のだ」が用いられる。
- ［日焼けしている人に対して］あ，海にでも行った<u>ん</u>ですか？

「なぜ」「どうして」を用いた質問文では，「のだ」は原則として必須である。
- どうして，これを選んだ<u>ん</u>ですか？
- ＊どうして，これを選びましたか？

[換言の提示]

提示の「のだ」の関係づけの用法は，先行文脈の内容を，聞き手にとってわかりやすい形で換言して提示し，認識させようとするときにも用いられる。
- 佐藤の妻は教師で，佐藤も昔，同じ学校の教師だった。要するに２人は職場結婚をした<u>のだ</u>。

段落末のように，複数の文の後に，その内容を要約する形で換言して提示する場合にも，「のだ」が用いられる。
- たいていのクラスには，勉強熱心な生徒もいれば，そうでない生徒もいます。よく発言する生徒もいれば，無口な生徒もいます。１度学習したことを着実に身につける生徒もいれば，忘れやすい生徒もいます。教師に対して友好的な生徒もいれば，そうでない生徒もいます。つまり，いろいろな性格の人間が集まっている<u>のです</u>。

「のだ」による換言の提示には広がりがある。先行文脈の表現をより正確な表現に換言するときにも用いられる。
- 電車を降り，駅を出るところまで，女といっしょだった。というより，女が勝手についてきた<u>のだ</u>。

先行文脈の内容を，より具体的に提示するときにも用いられる。
- 私は考えごとをしていた。もし１年間の休暇がもらえたら何をしようかと，思いをめぐらせていた<u>のだ</u>。

質問文では，先行文脈の内容を話し手が換言し，その換言が適切かどうかを知りたいときに「のだ」が用いられる。
- A「あまり気が進まないし……」
  B「あ，休む<u>ん</u>ですか？」

2.3 非関係づけの用法

　提示の「のだ」の非関係づけの用法は，すでに定まっているが聞き手は認識していない事態を提示し，認識させようとするときに用いられる。「のだ」を用いない文に比べて，その事態はすでに定まっていることだということが示される。

　　・A「車，ここにとめてもいいですか」
　　　B「だめ<u>なんです</u>」

質問文では，規則などですでに定まっていることを問うときなどに用いられる。

　　・あの，ここ入ってい<u>いん</u>ですか？

提示の「のだ」の非関係づけの用法は，話し手がいったん提示したことを聞き手が認識していない場合に，再度提示して認識させようとするときにも用いられる。

　　・A「行こうよ」
　　　B「えっ？」
　　　A「行く<u>んだ</u>よ」

1度命令したことを再度命令するときにも用いられる。

　　・やめろ。こら，やめる<u>んだ</u>。

一般的に望ましいと思われる行動の実行を，子供などに対して言い聞かせる教示的な場合にも用いられる。

　　・電車の中では静かにする<u>のよ</u>。

また，話し手が，すでに決心していたことを，聞き手に提示する場合にも用いられる。

　　・僕，絶対，プロのサッカー選手になる<u>ん</u>だ。

書きことばや，物語を語る場合には，その物語の進行の中で重要な意味をもつ出来事の発生を述べるときに「のだ」が用いられることもある。

　　・私は家路を急いでいた。ふと腕時計を見ると，もう8時になろうとしていた。そのとき，どこからか叫び声が聞こえてきた<u>のだ</u>。私は思わず立ち止まった。

2.4 提示の「のだった」

「のだ」は基本的に，話し手の発話時の心的態度を表すものなので，過去形にはなりにくい。「のだった」という形はあるが，用法に偏りがある。

書きことばでは，物語の進行している過去の時点に作者が視点を移しているときに，関係づけの「のだ」が「のだった」の形をとることがある。過去の事態について，その事情などが提示される。

- 鈴木は身支度を始めた。6時からパーティーに出かける<u>のだった</u>。
- 田中は携帯電話を手にした。恋人の声が聴きたくなった<u>のだった</u>。

また，物語の進行の中で重要な意味をもつ出来事の発生を述べる場合や，詠嘆的に述べる場合，非関係づけの「のだった」が用いられることがある。

- 鈴木は自分の思いをぶちまけた。佐藤は青ざめて黙っていた。そしてしばらくしてから，佐藤はようやく口を開いた<u>のだった</u>。
- 女というものはわからないと，山本はしみじみ思う<u>のだった</u>。

3. 把握の「のだ」の性質と用法

3.1 把握の「のだ」の性質

把握の「のだ」の文は聞き手を必要としない。「のだ」を用いない文と違い，その事態をすでに定まったこととして把握したことが表される。(1)も(2)も，雨が降っていることに気がついたのは発話の直前だが，(1)は目にした事態をそのまま述べているのに対し，(2)は「雨が降っている」という事態を，すでに定まっていたこととして把握したことが表される。

- あ，雨が降ってる。　　……(1)
- あ，雨，降ってる<u>んだ</u>。　……(2)

予想もしないような事態に突然遭遇し，その事態が成立していたか否かといった把握を経ずに，事態をそのまま言語化するような場合には，把握の「のだ」は用いられない。

- あ，猫が {死んでる／*死んでるんだ}。

また，話し手の眼前で成立した事態をそのまま述べる場合にも，把握の「のだ」は用いられない。

- ［ぎりぎりでバスに乗り遅れて］

    ああ，｛行っちゃった／？行っちゃったんだ｝。

なお，すでに定まっていたこととして事情などを把握したことを表す場合，動詞述語文などでは把握の「のだ」を用いないと多少不自然になるのに対し，名詞述語文では，把握の「のだ」を用いた文だけでなく，「だ」だけの文も用いられることがある。

- あいつ，来ないなあ。きっと用事が｛あるんだ／？ある｝。
- あいつ，来ないなあ。きっと用事｛なんだ／だ｝。

また，把握の「のだ」は，「のだ」「んだ」のままではやや不自然に感じる人もおり，世代差や地域差がある。ただし，「のか」「んだな」のような形は広く受け入れられており，いずれにしても，「のだ」（を含む形）が用いられる。

- そうか，このスイッチを押す<u>のか</u>。

把握の「のだ」にも，関係づけの用法と非関係づけの用法がある。

3.2　関係づけの用法

把握の「のだ」の関係づけの用法は，先行文脈や状況の事情を話し手が把握したことを示す。

- ［映画館の前の長い行列を見て］新作をやってる<u>んだな</u>。

先行文脈の内容を，話し手が自分自身にとってわかりやすい形で換言して把握したときにも用いられる。

- A「毎月，20冊ぐらい読んでます」

    B「とすると，年間200冊以上読んでる<u>んだ</u>」

3.3　非関係づけの用法

把握の「のだ」の非関係づけの用法は，話し手が事態をすでに定まっているものとして把握したときに用いられる。

- ［会場に入って］え，こんなにいっぱい人がいる<u>んだ</u>。

初めて知ったことを把握する場合が多いが，話し手が以前に知っていた事態を思い出して口にする場合や，以前認識していたことを再度体験することに

よって再認識した場合にも用いられる。
- そうそう，思い出した，この近くに薬局がある<u>んだ</u>。
- [以前食べたことのある料理を食べて] そうそう，これがうまい<u>んだ</u>。

自分のとるべき行動を把握する場合もある。
- そうか，このスイッチを押す<u>んだ</u>。

3.4 把握の「のだった」

提示の場合と同様，把握の「のだ」も，過去形はとりにくい。「のだった」という形はあるが，用法に偏りがある。

把握の「のだった」は，忘れていたことを想起したときに用いられる。
- そうだ，今日はお客さんが来る<u>んだった</u>。

「のだ」と違い，以前認識していたことを再度体験して再認識した場合にはあまり用いられない。
- [以前食べたことのある料理を食べて] ？そうそう，これがうまい<u>んだった</u>。

また，把握の「のだった」は，ある行動を実行しなかったことに対する後悔を表すときにも用いられる。
- こんなことなら，もっと早く準備を始める<u>んだった</u>。

4.「のだ」に関連する表現

4.1 「のだ」と「からだ」の異同

事情を提示する「のだ」は，原因・理由を示す「からだ」と類似性がある。
- 旅行は中止した。急な仕事がはいった {のだ／からだ}。

ただし，「のだ」は，状況の事情や，後文の内容の事情を提示することができるが，「からだ」は不自然である。
- [咳をして] 風邪をひいてる {んです／？からです}。
- 気分が悪い {んです／*からです}。休ませてください。

一方，因果関係を明確に示す場合には，「からだ」の方がふさわしい。
- この書類を受け取ることはできません。締め切りを過ぎている {から

です／？んです}。

「からだ」は因果関係を明確に示すため，文脈によっては，「のだ」に比べて，自分の行為を正当化する文になってしまう。

- 明日は休みます。風邪をひいてる {んです／からです}。

4.2 従属節の「のだ」

「のだ」は，従属節にも用いられる。文末における性質や機能と同じ場合もあれば，多少異なる場合もある。「のだ」が用いられない従属節もある。

[「のだったら」「のであれば」と「(の)なら」の関係]

条件を表す「〜たら」節，「〜ば」節，「〜なら」節は，それぞれ性質や機能が異なるが，「のだ」を含む「んだったら」「のであれば」は，「(の)なら」と，ほとんど同じ性質・機能になる(⇒「たら」「ば」「なら」については，第11部第4章第2節を参照)。

- もし1億円 {当たったら／？当たれば／*当たるなら}，何をしよう。
- お客さんが {*来たら／*来れば／来るなら}，掃除しておかなきゃ。
- あなたが {行くんだったら／行くのであれば／行く(の)なら}，私も行きます。

「のだったら」「のであれば」「(の)なら」は，従属節の事態が成り立つと仮定したうえで，それに基づいた判断を主節で述べるときに用いられる。

[「のだから」の性質]

「のだから」の文の文末は，意志，命令，推量など，話し手の判断を含むものに限られ，事実をそのまま述べ立てるだけの表現だと不自然になる(⇒「のだから」については，第11部第4章第3節を参照)。

- 時間がない<u>んだから</u>，{急ごう／早くしろ}。
- あんなに雨が降った<u>んだから</u>，{テニスコートは使えないだろう／*休みました}。

断定形で終わる文でも，話し手の判断を表す文であれば自然である。

- あそこまでがんばったんだから，あいつも立派だ。

「のだから」の前には，話し手から見て，聞き手が知ってはいるが，主節の判断に至るほど十分には認識していないと思われる事態が示される。そして，従属節の事態を認識すれば，必然的に主節の判断に至るはずだということが示される。そのため，聞き手を非難するニュアンスが生じることもある。

- 頭が痛いんだから，静かにしてくださいよ。

[逆接の「のだが」と前置きの「のだが」]

逆接の「のだが」の文では，「が」に比べて，従属節の事態と主節の事態との矛盾や，話し手の感じる意外性が多少強く表される。

- 妹は，やせたがって {いますが／いるんですが}，まったく運動をしません。
- 何度もノックした {が／んだが}，まったく返事がない。

前置きの「のだが」の前には，聞き手が知らないと話し手がみなしている内容が示される。聞き手が知っていると話し手がみなしている内容を前置きにする場合には，「のだが」ではなく「が」が用いられる(⇒「が」については，第11部第8章第2節を参照)。

- 昨日，偶然 {?聞きましたが／聞いたんですが}，佐藤さんも辞めるそうですよ。
- かたい話ばかりが {続きましたが／*続いたんですが}，みなさん，お疲れではありませんか？

[「のだ」のテ形・連用形による節]

「のだ」のテ形・連用形による節は，「のであって」「のであり」という形になるが，これらは説明のモダリティではなく，スコープを表す「のだ」である(⇒スコープを表す「のだ」については，詳しくは第7部第3章を参照)。

次の文では，従属節に「のだ」が用いられることによって，「参加したいから参加した」がスコープとなり，「参加したいから」の部分がフォーカスになる。「のであり」は，おもに書きことばで用いられる。

- 私は、参加したいから参加した{のであって／のであり}、強制されて参加したのではない。

「のだ」をそのままテ形にした「ので」という形は、原因・理由を表す接続助詞として用いられるのが普通であり、「のだ」とは異なる機能をもつ（⇒「ので」については、第11部第4章第3節を参照）。

[「のだ」が用いられない従属節]

同時を表す「ながら」や「まま」の節は、「のだ」を含むことはできない。
- *食事をするのながら、テレビを見た。

条件を表す「と」の節でも、「のだ」は用いにくい。
- *ドアを開けるんだと、すぐ人が出てきた。

ただし、まれに、「んだとすると」と同じような意味で、「んだと」が用いられることもある。
- あいつが休むんだと、ほかの人に仕事を頼まなければならない。

第3節 「わけだ」

◆「わけだ」は、先行文脈からの、論理的必然性のある帰結・結果を示す。
- 3時に着いて4時には出た。たった1時間しかなかったわけだ。

◆「わけだ」の論理的帰結という意味が薄くなると、換言に近くなり、さらに意味が希薄になると、正当性や客観性を主張する意味あいだけが残る。
- もう8月下旬か。9月も近いわけだ。
- 今日は飛行機で来たわけ、で、結構早く着いちゃったわけ、で…。

◆「わけだ」に関する否定の形には「わけではない」「わけにはいかない」「わけがない」の3つがある。
- 仕事には復帰したが、全快しているわけではない。（推論の否定）
- 病人を1人、家に残して行くわけにはいかない。（倫理的・常識的

> に望ましくない行為を実行できない，実行してはいけないという判断）
> - こんなに証拠を残して，逃げ切れる<u>わけがない</u>。（事態が成立するとは考えられないという強い否定）

1. 「わけだ」の全体像
1.1 基本的性質
　「わけだ」は名詞「わけ」に「だ」が接続して助動詞化したものである。名詞の「わけ」は，「理由」といった語で言い換えることができるが，助動詞化した「わけだ」は，「理由だ」と言い換えることはできない。
- 遅れた {わけ／理由} を言いなさい。
- きのう朝8時に起きてから全然寝ていない。40時間近く起きている {わけ／*理由} だ。

　ただし，「わけ」「わけだ」の直前の部分に結果や帰結が示されるという点では，共通している。また，名詞「わけ」のもつ「理由」「道理」という意味は，助動詞「わけだ」にも残っており，助動詞「わけだ」は，論理的必然性のある結果・帰結を示す。

[接続と形]
　「わけだ」は，「わけだ」「わけです」「わけである」「わけ」の形をとる。
　動詞・イ形容詞の非過去形・過去形，ナ形容詞の語幹・名詞＋「な／だった」に接続する。ただし，名詞の場合，「？なわけだ」「？であるわけだ」ともに落ち着きが悪い。「という」を用いることで自然に接続できる。
- あいつも自分の店をもった。もう一人前 {*の／？な／？である／という} わけだ。

　「わけなんだ」という接続はあるが，「*のなわけだ」という接続はない。

1.2 用法の分類
　「わけだ」は，先行する文の内容をもとにして，論理的必然性のある帰結や

結果を提示したり，把握したりすることを表す。

- 今なら入会料は無料，来月からは2000円かかります。つまり，今，入会すると，1回の使用料の分，お得になる<u>わけです</u>。（帰結の提示）
- 本体が1万円で，付属品が3000円か。全部で1万3000円もかかる<u>わけだ</u>。（帰結の把握）

帰結の提示や，帰結の把握の用法で，論理性がやや低くなると，換言に近くなる。

- 姉は就職しました。進路を変えた<u>わけです</u>。
- 仕事も家のこともしていないのか。楽してる<u>わけだ</u>。

さらに論理性が希薄になると，話しことばなどで軽く用いられ，その文の内容がたしかに存在することを聞き手に示すような用法となる。

- その問題，私，ぜんぜんわかんなかった<u>わけ</u>。それで，ほかの人に聞いた<u>わけ</u>。そしたら，誰も知らないって言う<u>わけ</u>。

このほか，すでに認識していた事態について，その事情を知り，必然性を納得する用法がある。

- 事故があったのか。どうりで渋滞してる<u>わけだ</u>。

2. ほかの形式との比較

2.1 「わけだ」と「のだ」

[「わけだ」と「のだ」の使い分け]

「わけだ」には，論理的必然性を示すという性質があるが，「のだ」にはそういった性質はない。したがって，「わけだ」も「のだ」も用いられうる場合には，「わけだ」を用いた文の方が，論理的必然性のある帰結や結果であることが示される。

- 佐藤さんが来たのは4時，田中さんが帰ったのは5時です。2人は1時間しか話ができなかった｛わけです／んです｝。
- 大雨だと中止か。ということは，小雨だと決行する｛わけだ／んだ｝。
- 通勤で必要になるまでは車に乗っていなかった。ペーパードライバーだった｛わけだ／んだ｝。

「わけだ」の論理性が希薄化し、軽く用いられる用法は、「のだ」が、同様に軽く用いられる場合と接近する。しかし、やはり、「わけだ」の方が、話し手の述べることは客観的事実であるというニュアンスを帯びやすい。

- 「そのとき、知らない人に急に話しかけられた {わけ／の}、で、びっくりした {わけ／の}、で、それからね、……」

「わけなのだ」というように、「わけだ」と「のだ」が接続する場合は、「わけだ」が、論理的必然性を表し、「のだ」は、文の内容を聞き手に認識させようという態度を表す。

- 電車とバスで通勤すると1時間45分かかりますが、車だと1時間です。それで、免許をとることに決めた<u>わけなんです</u>。

[「のだ」だけが用いられる場合]

「のだ」と「わけだ」は、類似した文脈で用いられることも多いが、「のだ」だけが用いられ、「わけだ」には置き換えられない場合も多い。「のだ」は、言語化されていない状況について、その事情を提示したり把握したりする場合にも用いられるが、「わけだ」は用いられにくい。

- ［咳をして］風邪ひいてる {んです／*わけです}。
- ［旅行カバンを持っている人に］旅行に行く {んです／?わけです}ね。

また、「のだ」は、先行文脈の内容について、その事情を提示する場合にも用いられるが、「わけだ」は用いられにくい。

- 今日は早退します。熱がある {んです／*わけです}。

先行文脈の内容について、事情を把握する場合なら、「わけだ」も用いることができる。

- A「明日から3日間留守にします」
  B「あ、旅行に行く {んです／わけです} ね」

「のだ」には、先行文脈や状況と関係づけずに、すでに定まっている事態を提示したり把握したりする用法があるが、「わけだ」は用いられない。

- 実は、わたし、もうすぐ結婚する {んです／*わけです}。

- あ，そうだ，いつもより大勢集まる {んだ／*わけだ}。

「のだった」という過去形は，用法に偏りはあるが用いられるのに対し，「わけだった」という形はあまり用いられない。

- 佐藤は急いで準備をしている。出発の時刻が近づいている<u>のだ</u>。
- 佐藤は急いで準備をしていた。出発の時刻が近づいている<u>のだった</u>。
- 4時だ。5時の出発まで，あと1時間しかない<u>わけだ</u>。
- 4時だった。*5時の出発まで，あと1時間しかない<u>わけだった</u>。

[「わけだ」だけが用いられる場合]

すでに認識していた事態について，その事情を知り，必然性を納得する用法は，「わけだ」にはあるが，「のだ」にはない。

- 事故があったのか。渋滞してる {わけだ／*んだ}。

[質問文の「わけだ」と「のだ」]

「わけだ」は，質問文に用いられた場合も，「のだ」に比べて，論理的必然性を表す性質をもっている。

- A「さっき，3人，部屋を出たようだ」
  B「じゃあ，もうだれも残っていない {わけです／んです} か？」

聞き手の行動や意図を聞く質問文に「わけだ」を用いると，「のだ」に比べて，論理的に聞き手を問いつめるニュアンスをもちやすく，詰問になることもある。

- なんでそんなことが言える {わけ／の}？

「わけだ」による質問文は，詰問調になりやすい性質をもつため，目上の人に向かって，その人の行動や意図などを質問すると，かなりきつい言い方になる。

- どうしてそのようなことをおっしゃる {わけですか／んですか}？

[前置きの「わけだが」と「のだが」]

前置きの「わけだが」と「のだが」には対称性がある。「のだが」が，聞き手が知らないことを提示するのに対して，「わけだが」は，「が」同様，聞き手

もすでに知っていることを前置きとして提示する。

- みなさんが入学して，3ヶ月 {たつわけです／？たつんです／たちます} が，学校には，もう慣れましたか。

2.2 「わけだ」と「はずだ」

「わけだ」には，話し手が新たな事実を知ることによって，それまで，事情がよくわからなかった事実を，論理的帰結として当然だと納得したことを表す用法がある。「どうりで」と共起することも多い。

- 事故があったのか。どうりで渋滞している<u>わけだ</u>。

この納得の「わけだ」は，原則として，「はずだ」と置き換えることができる。

- 事故があったのか。どうりで渋滞している<u>はずだ</u>。

納得の「わけだ」「はずだ」は，「わけです」「はずです」「わけ」「はず」という形はとりにくく，「わけだ」「はずだ」の形をとるのが普通である。

また，「ないわけだ」「ないはずだ」という形をとることはあるが，納得の「わけだ」「はずだ」の後には否定は現れない。

- 事故があったのか。皆まだ来ない {わけだ／はずだ}。
- 事故があったのか。*皆が来る {わけではない／はずではない}。

2.3 「わけだ」と「からだ」

「わけだ」と「からだ」は，いずれも因果関係に関わるが，文の関係づけの仕方に違いがある。「からだ」が，その直前の部分で原因・理由を表すのに対し，「わけだ」の直前の部分では結果や帰結が示される。

- 試合には出なかった。骨折した<u>からだ</u>。
- 骨折した。それで，試合に出なかった<u>わけだ</u>。

「わけだ」と「からだ」は，さらに接近しているように見える場合がある。

- 鈴木が辞職した。部長との関係が修復できなかった<u>わけだ</u>。 ……(1)
- 鈴木が辞職した。部長との関係が修復できなかった<u>からだ</u>。 ……(2)

例の(1)では，「鈴木が辞職した」ということから，論理的に考えると，その

理由として,「部長との関係が修復できなかった」という事態が存在すると考えられる,ということが「わけだ」によって示されている。

一方,(2)では,「鈴木が辞職した」という事態が生じた原因は「部長との関係が修復できなかった」ことだ,ということが「からだ」によって示されている。

「からだ」が単純な「結果 – 原因」の関係を表しているだけなのに対して,「わけだ」は,ある事態から論理的に導き出した帰結を述べるものである。

3.「わけだ」の否定の形

「わけだ」には,関連する否定の形が3つある。「わけではない」「わけにはいかない」「わけがない」である。

3.1 「わけではない」

[接続と形]

動詞・イ形容詞の非過去形・過去形,ナ形容詞の語幹+「な／だった」,名詞+「(な／である／)だった」に接続する。

「わけではない」は,「というわけではない」という形をとることもある。特に,名詞述語の非過去形に接続する場合は,「名詞+という」の形が自然である。

・ちょっと疲れてはいるが {病気という／?病気な} わけではない。

「わけではなかった」というように過去形をとることもできる。

[意味と用法]

「わけではない」は,状況や先行文脈を根拠として,聞き手が推論によって導き出した帰結,聞き手や一般の人々が導き出すと予想される帰結を否定するときに用いられる。

・A「スポーツ,ずっとやってないなあ」
　B「嫌いなの?」
　A「いや,嫌いなわけじゃないけど,ここんとこ忙しいんだ」

- 最近，私はスポーツをやってないが，けっして嫌いなわけではない。

「というわけではない」の機能は，基本的に「わけではない」と同じである。「まったく～ない」といった全部否定の帰結を否定する場合には特に「というわけではない」が用いられやすい。

- この製品は，アレルギー・テストを行っておりますが，すべての人にアレルギーがおきないというわけではありませんので，お肌に合わないときは，ご使用をおやめください。

また，「わけではない」は，話し手が，聞き手の発言を受けたり，聞き手や一般の人の推論を予想したりしたうえで，その推論を否定する表現なので，「わけではありませんか」といった質問文の形はとらない。

[ほかの形式との比較]

「のではない」も，「わけではない」と同じような文脈で用いられることがある。

- 最近，私はスポーツをやってないが，けっして嫌いな{わけではない／のではない}。

しかし，「わけではない」はそれ自体が推論の否定を表すが，「のではない」自体は，推論の否定を表さないため，用いられ方に違いがある。

「わけではない」の文では，否定される帰結が，推論の根拠になりそうな内容より前に示されることもある。話し手の発話について聞き手が誤解しないように，先回りしておく場合である。こういった場合は「のではない」は用いられにくい。

- 話をそらす{わけじゃない／?んじゃない}けど，もう一杯飲まない？

推論によって導き出された，あるいは導き出されると予想される帰結に，「全部」「必ず」や，「たくさん」「しょっちゅう」といった語が含まれている場合，「わけではない」を用いた否定によって，聞き手が推論するほどの程度には至らないということが表される。聞き手が推論するほどの程度には至らないが，まったく逆ではなく，中間的な程度だということである。「のではない」は用いられにくい。

- 全部理解できた ｛わけじゃない／？んじゃない｝ けど，だいたいわかったよ。
- そんなにしょっちゅう休んでる ｛わけじゃない／？んじゃない｝ よ。

「ない」が含まれる帰結を，「わけではない」を用いて否定すると二重否定になる。聞き手の「〜ない」という帰結を否定するとともに，まったく逆ではなく中間的な程度だということが表される。「のではない」は用いられにくい。

- 君の言うこともわからない ｛わけじゃない／？んじゃない｝ が……。

3.2 「わけにはいかない」

［接続と形］

「わけにはいかない」は，動詞の非過去形に接続する。

- 今日は休む<u>わけにはいかない</u>。

「というわけにはいかない」という形をとることもあり，その場合は，次のように，述語のない形に接続することもできる。

- スピーチは，原稿を棒読みすると，気持ちが伝わらない。かといって，素人は，まったく準備なしでという<u>わけにはいかない</u>。

「わけにはいかなかった」というように過去形をとることもできる。

［意味と用法］

「わけにはいかない」は，その行為が倫理的，常識的に考えて望ましくないために実行できない，実行してはいけないという判断を表す。主語が実行を望んでいる行為，実行する可能性のある行為について述べられることが多い。

- 扶養家族もいるので，会社をやめる<u>わけにはいかない</u>。
- あんな法案が通るのを黙って見逃す<u>わけにはいかない</u>。

「わけにはいかない」は，次の例のように，状況可能を表す表現の否定と似ている場合がある（⇒可能については，第4部第4章第1節を参照）。

- 休むとみんなに迷惑がかかるから，今日は休む<u>わけにはいかない</u>。
- 休むとみんなに迷惑がかかるから，今日は休めない。

ただし，可能表現とちがい，行為を実行しないという話し手自身の判断を表す

ので，状況によって不可能であることだけを表す文では用いられにくい。

- こんなに暗くては，{本が読めない／?本を読むわけにはいかない}。

また，「わけにはいかない」は，次の例のように，意志的でない動詞にも比較的接続しやすい点などで，典型的な可能表現とは異なる。

- 3度目の受験だ。今度は{*落ちられない／?落ちることはできない／落ちるわけにはいかない}。

なお，「わけにはいかない」は，質問文にはなりにくいが，「〜わけにはいかない(の)？」「〜ていただくわけにはいきませんか？」といった質問文が用いられることがある。

- どうしても休む<u>わけにはいかないの</u>？ ……(1)
- 引き受けていただく<u>わけにはいきませんか</u>？ ……(2)

(1)は，聞き手がその行為を，倫理的・常識的理由で実行しがたいという状況を知ったうえで，それでも実行がのぞましいと考え，実行がまったく不可能なのかどうかを問う質問文である。(2)は，話し手が実行をのぞむ行為に対して，聞き手が実行に消極的であるという状況を知ったうえで，あえて，その実行を依頼するときに用いられる文である。

[関連する表現]

「わけにはいかない」は，その事態が望ましくないことを表す点で，「てはいけない」のような評価のモダリティとも類似性がある。ただし，「てはいけない」は2人称者が主語になることが多いが，「わけにはいかない」は1人称者が主語になることが多い(⇒「てはいけない」については，第3章第5節を参照)。

- こんなことで泣い<u>てはいけません</u>。
- こんなことで泣く<u>わけにはいきません</u>。

「ないわけにはいかない」という二重否定の形になると，倫理的，常識的に考えて，その行為の実行が必然的であるという意味になり，必要を表す評価のモダリティ表現の1つと位置づけられる。「ざるを得ない」と類似している(⇒「ないわけにはいかない」については，第3章2節6.を参照)。

- そこまで言われたら，引き受け<u>ないわけにはいかない</u>なあ。

また、「というわけにはいかない」は、「というわけではない」とよく似た用いられ方の場合がある。何かが可能だという推論を否定するときである。
- 花子は、医者の娘である。何不自由なくという<u>わけにはいかない</u>が、お金に関して恥ずかしい思いをしたことはない。

3.3 「わけがない」
[接続と形]
「わけがない」は、動詞・イ形容詞の非過去形・過去形、ナ形容詞の語幹・名詞＋「な（／だった）」、に接続する。過去形をとることもできるが、過去の出来事について述べていても過去形が用いられないこともある。
- A「きのう、ゲームセンターで佐藤を見かけたよ」
  B「きっと人違いだよ。佐藤がそんなとこに行く<u>わけないよ</u>」

「わけがない」と「わけはない」に明確な違いはない。話しことばでは、「わけない」という形になることが多い。また、話しことばでは聞き手の発言を受けて、「(そん)なわけない」という形をとることもある。

「というわけがない」という形も可能だが、「というわけではない」「というわけにはいかない」に比べると、「という」を伴う形はとりにくい。

「わけがなかった」というように過去形をとることもできる。「*わけがありませんか」といった質問文は用いられにくい。

[意味と用法]
「わけがない」は、そのことが成立するとは考えられないという強い否定を表す。まったく道理にあわないものとして、強く否定するときに用いられる。
- たった10分間の面接で、その人の人間性がわかる<u>わけがない</u>。
- 被害者側の人権が尊重されない現行法制が、このまま続いていい<u>わけがない</u>。
- あれだけ今日を楽しみにしていた佐藤さんが、来ない<u>わけがない</u>。

聞き手の発言内容を強く否定する場合もある。
- A「暑いな。タクシーが来るといいんだけど」

B「何言ってんの。こんなとこにタクシーなんか来るわけないよ」
　聞き手の発言内容を否定する場合，「わけないじゃない(か)」「わけないだろう」といった形をとることも多い。否定が正当であることは，聞き手にもわかって当然だということが表される(⇒「じゃない(か)」「だろう」に関しては，第2章第3節4.2を参照)。
　　・A「あんたんとこの商売，うまくいってるの？」
　　　B「うまくいってるわけないでしょう。こんな景気じゃ」

[ほかの形式との比較]
　「はずがない」は「わけがない」によく似た意味・機能をもつ。
　　・　あの優しい先生が，そんなことを言う ｛はずがない／わけがない｝。
　　・　プロでもしばしば失敗するような，難しい仕事なのだ。素人にできる ｛はず／わけ｝ がない。
ただし，「はずがない」の方が，論理的にありえないという意味を強くもっているため，話しことばで，特に否定の根拠を示さないような場合には「わけ(が)ない」の方が用いられやすい。
　　・A「じゃあ，俺がやるよ」
　　　B「できる ｛?はず／わけ｝ ないだろ」

第4節　「ものだ」と「ことだ」

◆助動詞「ものだ」「ことだ」には，名詞「もの」「こと」の意味・性質が残っている。
◆「ものだ」は，その前の部分に表された事態が，客観的に存在しているということを表す性質をもち，4つの用法がある。
　　・　人間はみな寂しいものだ。(本質・傾向)
　　・　遅れそうなときは，まず連絡を入れるもんだ。(当為)
　　・　夏祭りには毎年ゆかたで出かけたものだ。(回想)
　　・　よくもまあ，あんなうそが言えたものだ。(感心・あきれ)

◆「ことだ」には，助言・忠告を表す用法と感心・あきれを表す用法がある。
- 早く治りたいのなら，とにかくゆっくり休むことだ。（助言・忠告）
- わざわざお出迎えとは，ご苦労なことだ。（感心・あきれ）

1.「もの」「こと」と「ものだ」「ことだ」

　「もの」というのは，時間が経過しても基本的に変化しない物体であり，「こと」というのは，時間の流れの中で生起する出来事である。「もの」は確固たる，動かしがたい「もの」であるため，プラス評価の表現に比較的用いられやすく，「こと」は，平常の状態に変化をもたらすため，マイナス評価の表現に比較的用いられやすいという傾向がある。
- こいつは，ものになる。
- これは，ものがいい。
- こりゃあ，ことだ。
- ことが起きてからでは遅い。

　助動詞「ものだ」にも，「もの」の性質が残っており，「ものだ」は，その前の部分に表された事態が，客観的に存在しているということを表す性質をもつ。恒常的な性質を述べるのが「本質・傾向」の用法であり，一般的に望ましい行為の実行を促すのが「当為」の用法である。
- 人は，寂しいものだ。（本質・傾向）
- 人には，親切にするものだ。（当為）

もう手の届かない過去をなつかしむ「回想」，意外な事態に対する「感心・あきれ」といった用法も，それぞれ，事態が確かなものとして存在していると話し手がとらえている点で共通している。

　一方，「ことだ」にも，「こと」の性質が残っている。その行為を実行しないと悪いことが起きるという流れの中で，行為の実行を促すのが「忠告」の用法である。
- けがをしたくなかったら，おとなしくすることだ。（忠告）

2.「ものだ」

2.1 基本的性質

「ものだ」のおもな用法は「本質・傾向」「当為」「回想」「感心・あきれ」の4つである（⇒当為の用法については，第3章第2節5. も参照）。

［接続と形］

「ものだ」の接続は，用法によって異なる。どの用法でも，「です」「ます」には接続しない。

「ものだ」は，「ものだ」「もんだ」「ものです」「もんです」「ものである」「もんである」の形で現れる。これらは文体差であり，機能は同じである。「もの」「もん」という形はとらないが，終助詞を伴う「ものよ」「ものね」といった形をとることはできる（⇒終助詞の「もの」については，2.7を参照。詳しくは，第6章第3節4.2を参照）。

質問文にはなりにくいが，当為の用法で，質問文になることもある。

- こういうときは，まず手紙でお願いする<u>ものですか</u>？

当為の用法では，「ものではない」という否定の形がある。本質・傾向の用法も，否定文が可能である。そのほかの用法では，否定にはならない。

- 人の嫌がることを言う<u>もんじゃない</u>。（当為）
- 学生は，教師の思いどおりになる<u>ものではない</u>。（本質・傾向）

2.2 本質・傾向の用法

［接続と形］

動詞・イ形容詞の非過去形，ナ形容詞の語幹＋「な」に接続する。名詞＋「である」には，接続しにくい。

- 人は，｛悲しいときには泣く／寂しい／孤独な／*誰でも1人である｝<u>ものだ</u>。

本質は，時を越えた性質なので，過去形には接続しにくく，「ものだ」自体も過去形にはなりにくい。

- 人は，悲しいときには｛泣く／*泣いた｝<u>ものだ</u>。

- 人は寂しい{ものだ／*ものだった}。

過去の傾向を「過去形＋ものだ」で表すと，回想の用法となる(⇒回想の用法については，2.4を参照)。

[意味と用法]

「ＸはＹものだ」の形で，Ｘの本質や傾向を述べる用法である。Ｘは総称的な名詞に限られる。特定の個体だと不自然になる。

- {人間は／*私は} 寂しい<u>ものだ</u>。

「ものだ」の文では，単に本質や傾向などが述べられるだけではなく，ＸがＹという本質や傾向をもっていると，話し手がとらえているということが示される。

2.3 当為の用法

[接続と形]

動詞の非過去形に接続する。過去形には接続せず，「ものだ」自体も過去形にはならない。

- 学生は {勉強するものだ／*勉強したものだ／*勉強するものだった}。

(当為の用法として)

[意味と用法]

「ＸはＹものだ」の形で，一般的に望ましいと話し手が考えている行為を提示する。Ｘは特定の個体ではなく，総称的な名詞や，状況を表す名詞などである。「Ｘなら」「Ｘたら」といった形でもよい。

- {学生は／*君は} 勉強する<u>ものだ</u>。
- {悪いことをした時は／悪いことをしたら}，すぐあやまる<u>ものだ</u>。

聞き手が，総称的な名詞Ｘに含まれる場合や，Ｘで示される状況にある場合は，間接的に，聞き手に行為の実行を促すことになる。

- X（悪いことをした時）は　Y（あやまる）ものだ　（提示する文）
　　＋
  聞き手は　X（悪いことをした）　　　　　　（文脈・状況）
  ↓
  聞き手は　Y（あやまる）　のが望ましい　　　（結論）

その行為が望ましくないことを示すときには，「ないものだ」という形と，「ものではない」という形がある。

- 人の嫌がることは言わない<u>ものだ</u>。
- 人の嫌がることを言う<u>もんじゃない</u>。

「ものではない」は，すでに聞き手が実行した行為を非難する際に用いられやすい。「ものではない」の文では，「Xは」を伴わなくてもよい。

2.4　回想の用法

[接続と形]

　動詞の過去形に接続することが多いが，イ形容詞の過去形，ナ形容詞の語幹・名詞＋「だった」に接続することもある。

- 学生時代，あいつは，｛よく笑った／可愛かった／無邪気だった／優等生だった｝　<u>ものだ</u>。

回想の用法では，「ものだ」と「ものだった」にはあまり違いはない。

- あの頃は，よく銭湯に通った｛ものだ／ものだった｝。

[意味と用法]

　過去の出来事を回想する用法である。習慣的な出来事を回想することが多い。単に思い出しているのではなく，なつかしさを伴う回想である。

- 夏祭りには毎年ゆかたで出かけた<u>ものだ</u>。

1回限りの出来事の回想には用いられにくいが，感慨を伴う内容の場合，用いられることもある。

- ＊夏祭りには，1度出かけた<u>ものだ</u>。
- あの時は，心臓がとまりそうなくらい驚いた<u>ものだ</u>。

2.5　感心・あきれの用法
[接続と形]

　動詞の非過去形・過去形，イ形容詞の非過去形，ナ形容詞の語幹＋「な」に接続する。名詞には接続しない。

- ｛よく降る／よく降った／ずうずうしい／生意気な｝ もんだ。

　動詞の場合は，「よく」「たくさん」のような程度の表現を伴わないと，不自然になりやすい。

- ｛*降る／よく降る｝ もんだ。
- ｛*来た／たくさん来た｝ もんだ。

過去形にはならない。

- *よくもまあ，あんなうそが言えたものだったね。

[意味と用法]

　意外な事態の存在に対する，感心やあきれを表す。終助詞「な（あ）／ね（え）」や，可能を表す動詞が用いられることが多い。可能を表す動詞の文では，「よく（も）」が必須である。

- こんな雨の中，たくさん人が集まったもんだなあ。
- よくもまあ，あんなうそが言えたものだね。

2.6　そのほかの用法

　「ものだ」には，ほかの形式と接続して固定した表現がある。いずれの用法も，事態を，自分には変えることができないものとしてとらえている点で共通している。

「たいものだ」「てほしいものだ」「てもらいたいものだ」

　自分の願望を，変えがたいものとして述べる。実現しにくい願望を述べる場合が多い。

- 一度でいいから，あんな大舞台に立ってみたいものだ。

「てほしいものだ」「てもらいたいものだ」は，行為が2人称者や3人称者に

よって実行されることに対する願望を，当然のものとして述べるときに用いられる。
- 警察は，誠意ある対応を見せてもらいたい<u>ものだ</u>。

「(し)そうなものだ」
　その事態の実現が，当然のこととして予想されるにも関わらず，実現しないということを表す。
- 欠席するのなら，連絡ぐらいはくれそうな<u>ものだ</u>よね。
- 人にあれだけ迷惑をかけたら，ふつうは嫌われそうな<u>ものだ</u>けど，あいつ，なぜか，人気があるね。

2.7　関連する表現
「ものと思われる」「ものらしい」
　「ものと思われる」は，根拠のある，たしかな判断を示すときに用いられる。
- 今度の新製品も，順調に売れる<u>ものと思われる</u>。

　「ものと思われる」「ものらしい」は，先行文脈に表された事態について，その事情を解説するときにも用いられ，その場合は，関係づけの「のだ」の文と類似性がある。
- 証拠品は見つかっていない。犯人が処分した<u>もの</u>と思われる。
- 証拠品は見つかっていない。犯人が処分した<u>もの</u>らしい。
- 証拠品は見つかっていない。きっと犯人が処分した<u>のだ</u>。

ただし，「もの{と思われる／らしい}」は，「のだ」とちがって，くだけた話しことばではあまり用いられない。
- 証拠品は見つかってないんだって。？犯人が処分した{ものと思われる／ものらしい}よ。
- 証拠品は見つかってないんだって。きっと犯人が処分した<u>んだ</u>よ。

「ものか」
　動詞・イ形容詞の非過去形，ナ形容詞の語幹＋「な」に「ものか」が接続し

た形で，反語を表す(⇒反語については，第2章第3節5.を参照)。
- おまえなんかに俺の気持ちがわかる<u>もんか</u>。

「もの」
　「もの」という形は，理由を表す終助詞として用いられる。「もん」という形をとることも多い。
- 心配してるよ。だって，友達だ<u>もん</u>。
- 絶対いや。早起きしたくない<u>もの</u>。

「もの」は，その理由を正当なものとして示すので，話し手自身の感情や個人的な事情などを「もの」で示すと，独りよがりの幼い言い方になりやすい(⇒終助詞「もの」については，第6章第3節4.2を参照)。

3.　「ことだ」
3.1　基本的性質
　「ことだ」のおもな用法は，「助言・忠告」と「感心・あきれ」である(⇒助言・忠告の用法については，第3章第2節5.も参照)。「ものだ」の「当為」「感心・あきれ」の用法とそれぞれ類似している。そのほか，「ことだろう」(推量)，「(どれほど)～ことか」「ということだ」といった形でも用いられる。
　接続と形は，用法によって異なる。

3.2　助言・忠告の用法
[接続と形]
　助言・忠告の「ことだ」は，「ことだ」「ことです」の形で現れる。書きことばでは，「こと」という形で，規則や注意事項，標語などを提示する際に用いられる。
- 窓から顔や手を出さない<u>こと</u>。
- この扉を開閉した際は必ず施錠する<u>こと</u>。

原則として，意志動詞の非過去形に接続する。過去形には接続せず，「ことだ」自体も過去形にはならない。動作名詞の一部に，「のこと」を加えた形も

ある。動詞＋「こと」よりも，かたい文体である。

- この扉を開閉した際は必ず施錠のこと。

［意味と用法］

　助言・忠告の「ことだ」は，聞き手のためには，その行為の実行が必要，重要だという話し手の判断を示す。聞き手が目的を達成するための助言や，聞き手が悪い状況にとどまったり陥ったりしないための忠告である。

- 勝ちたいのなら，とにかく毎日練習することだ。
- 解放してほしかったら，おとなしくすることだ。

目上の立場にある話し手が，目下の聞き手に対して助言する場面や忠告する場面で用いられることが多く，比較的高い年齢層で用いられやすい。

　行為の主体は2人称者であることが多いが，3人称者が主体になることもある。

- あいつも，早く治りたいのなら，ゆっくり休むことだよね。

否定を含む形には，「ないことだ」と「こと(は)ない」がある。「ことではない」という形にはならない。

- 早く治りたいのなら，あまり無理をしないことだ。
- そんなに無理して働くことはないよ。

「ないことだ」は，聞き手が目的を達成するため，悪い状況に陥ったりしないためには，その行為を実行しないことが必要，重要だという話し手の判断を示す。

「ことはない」は，行為の実行が不必要だという話し手の判断を示す。「こと(は)ない」は，「ことだ」と違って，同等の間柄でも用いやすい（⇒「ことはない」については，第3章第4節2.を参照）。

- お前があやまることないよ。

3.3　感心・あきれの用法

［接続と形］

　感心・あきれの「ことだ」は，「ことだ」の形で用いられることが多いが，「ことです」という形で現れることもある。

動詞の非過去形・過去形，イ形容詞の非過去形，ナ形容詞の語幹＋「な」に接続するが，よく用いられる形容詞は限られている。
- ほんとうに，{けっこうな／うらやましい} ことだ。

特殊な接続として，「何ということだ」（「なんてこった」）という固定した表現もある。

いずれの品詞に接続した場合でも，「ことだった」という形はとらない。
- ＊うらやましいことだった。

[意味と用法]

意外な事態に対する感心・あきれを表す。動詞の場合は，「よく」や「まったく」を伴うことが多い。「ものだ」も同じような文脈で用いられるが，「ことだ」の方が「あきれ」の意味あいがやや強く，マイナス評価や皮肉を表しやすい。
- よく，こんなにたくさん集めた {ものだ／ことだ}。
- まったく世話の焼けることだ。

3.4　関連する表現

「ことだろう」「ことと思う」

「ことだろう」「ことと思う」は，人の感情など，話し手が直接知ることのできない事態を推量するときや，ある仮定のもとで起きる事態を想像して述べるときに用いられる（⇒「ことだろう」については，第4章第2節3.4も参照）。
- ご両親もさぞお喜びになったことでしょう。
- 長旅でお疲れのことと思いますが，発表の準備をお願いします。
- 社長が違う人物だったら，適切な対応がなされていたことだろう。

「ことか」

「ことか」は疑問語を含む文に用いられ，程度がはかりしれないほど甚だしいことに対する詠嘆を表す（⇒「ことか」については，詳しくは第2章第7節を参照）。

- この日をどれほど待ち望んでいた<u>ことか</u>。

程度が大きくても，具体的に知ることが可能な場合には用いられにくい。
- ＊今日のパーティーにはどれほどたくさんの人が集まった<u>ことか</u>。

「ということだ」

「ということだ」には，「伝聞」の用法と，「換言」の用法がある。伝聞の用法は，他者の発言や記述をそのまま聞き手に伝えるもので，「とのことだ」という形もある(⇒伝聞の「ということだ」「とのことだ」については，詳しくは第4章第4節5.を参照)。
- 専門家の話では，もう噴火の可能性はあまりない<u>ということだ</u>。

「ということだ」の換言の用法は，「ということですね」「ということですか」というように，換言の適否を聞き手に確認する場合に，特によく用いられる。「(という)わけだ」と類似性がある。
- A「安全確認を怠ったために起きた事故だ」
  B「つまり，人災だ<u>ということですね</u>」

「こと」

終助詞的に用いられる「こと」は，「ことだ」の感心・あきれの用法と似ているが，「あきれ」を表しやすいという傾向はない。聞き手に関する事物をほめるときなどに用いられる，感嘆の表現である。ナ形容詞の語幹・名詞＋「だ」「です」に接続し，ある程度高い年齢層の女性の上品な話しことばに限って用いられる。
- まあ，素敵なお召し物だ<u>こと</u>。
- まあ，素敵なお召し物です<u>こと</u>。

第6章 伝達のモダリティ

第1節 伝達のモダリティとは

> ◆伝達のモダリティとは，話し手がその文をどのように聞き手に伝えようとしているかに関わるモダリティである。
> ◆伝達のモダリティは，普通体と丁寧体の選択による丁寧さのモダリティと，終助詞によって表される伝達態度のモダリティからなる。

1. 伝達のモダリティの規定

　文の機能は多岐にわたる。文は，まず，聞き手に情報を伝えたり，聞き手から情報を得るといった情報のやりとりを行う手段である。さらに，話し手の行為を聞き手に宣言したり，聞き手に行為の実行を要求するといった行為に関わる機能ももっている。これらはいずれも聞き手めあての伝達的な機能である。

　一方で，文には，独話や心内発話といった聞き手の存在しない発話環境を中心に現れるタイプもある。話し手の情意や意志の表出のような，聞き手を意識しない機能がこのようなタイプにあたる。聞き手に伝えることを意図しない文が存在するというのも，文がもつ伝達的な機能の1つの側面を表しているのである。

　このように，文は，さまざまな機能をもつ伝達的な存在である。伝達のモダリティは，文が伝達的な存在であることを反映して，話し手がその文を聞き手にどのように伝えようとするかを表すモダリティである。文は，伝達のモダリティが分化することによって，さまざまなコミュニケーション的機能を十分に果たすことが可能になるのである。

2. 伝達のモダリティの下位類

　伝達のモダリティは，丁寧さのモダリティと伝達態度のモダリティの2つの下位類からなる。

　丁寧さのモダリティは，丁寧な話し方をするかしないかということの選択に

関わるモダリティである。聞き手や発話状況に配慮して，普通体(例(1))と丁寧体(例(2))という2つのスタイルのうちのどちらを選択するかによって表される。

- 駅で雑誌を<u>買った</u>。　　……(1)
- 駅で雑誌を<u>買いました</u>。　……(2)

対話では，話し手は，この2つのスタイルのうち，どちらかを選択しなければならない。一方，独話では普通体しか用いられないので，2つのスタイルの間での選択の必要性はない。

　伝達態度のモダリティは，話し手がその文をどのような伝達態度で聞き手に伝えようとするかを表すモダリティである。伝達態度のモダリティは「よ」「ね」「なあ」のような終助詞によって表される。

- みんな，君が来るのを待ってる<u>よ</u>。
- この料理，おいしい<u>ね</u>。
- 疲れた<u>なあ</u>。今日は早く寝よう。

「よ」や「ね」は，聞き手に対する文の伝え方を表すものであり，対話的な性質をもつ終助詞である。一方，「なあ」は，その文が話し手の感情・感覚の発露であることを表すものであり，独話的な性質をもつ終助詞である。

第2節　丁寧さのモダリティ

◆丁寧さのモダリティは，聞き手や発話状況に応じたスタイルの選択に関わるモダリティである。
◆丁寧さのモダリティにおいて選択される基本的なスタイルは，普通体と丁寧体である。

- みんな<u>集まった</u>。<u>出発しよう</u>。（普通体）
- みんな<u>集まりました</u>。<u>出発しましょう</u>。（丁寧体）

1. 丁寧さのモダリティの規定

話し手は，聞き手に対して何かを伝えようとするとき，聞き手と自分との関係や発話状況などから，どのようなスタイルの文を選ぶかという選択を行わなければならない。

丁寧さのモダリティとは，このようなスタイルの選択に関わるモダリティである。基本的に，普通体と丁寧体という2つのスタイルの対立からなる(⇒待遇表現の中での丁寧語については，第13部第3章を参照)。

- みんな集まった。出発しよう。(普通体)
- みんな集まりました。出発しましょう。(丁寧体)

2. 接続と形

丁寧さのモダリティは，基本的に，述語の普通体(非丁寧形)と丁寧体(丁寧形)の対立によって表される。1つの述語に複数の丁寧形が存在する場合があったり，肯定文と否定文とで違いが見られるなど，丁寧形は形態的に非常に複雑な様相を呈している。

2.1 肯定文における丁寧さのモダリティの形式

丁寧体(デスマス体)は，動詞述語は「ます」，そのほかの述語は「です」という形式によって表されるスタイルである。動詞述語では，非過去形は動詞の語基に「ます」が接続し，過去形は動詞の語基に「ました」が接続する。イ形容詞述語では，非過去形・過去形に「です」が接続する。ナ形容詞述語と名詞述語では，非過去形はナ形容詞語幹あるいは名詞に「です」が接続し，過去形は「でした」が接続する。

- 夕食には刺身を {食べます／食べました}。(動詞述語)
- 今週はずっと {忙しいです／忙しかったです}。(イ形容詞述語)
- 佐藤さんは {元気です／元気でした}。(ナ形容詞述語)
- 妹は {学生です／学生でした}。(名詞述語)

形容詞述語・名詞述語には，丁寧体よりさらに上の丁寧さを表す「ございます」という特別丁寧体(ゴザイマス体)の形式もある。

- お暑うございますが、いかがお過ごしでいらっしゃいますでしょうか。
- この部屋は静かでございますね。
- ただいまご紹介にあずかりました、田中でございます。

特別丁寧体は非常に丁寧なスタイルなので、あらたまった場面での自己紹介やあいさつ、手紙のような書きことばを例外として、現代の話しことばとして用いられることは多くない。

肯定文において、普通体と丁寧体の形式は次のように整理される。

肯定述語における丁寧さのモダリティの形式

	普通体	丁寧体 （デスマス体）	特別丁寧体 （ゴザイマス体）
動詞述語	食べる	食べます	―
	食べた	食べました	―
イ形容詞述語	忙しい	忙しいです	忙しゅうございます
	忙しかった	忙しかったです	忙しゅうございました
ナ形容詞述語	元気だ	元気です	元気でございます
	元気だった	元気でした	元気でございました
名詞述語	学生だ	学生です	学生でございます
	学生だった	学生でした	学生でございました

このほかに、推量形式「だろう」には「でしょう」、意志形「しよう」には「しましょう」のような丁寧形が存在する。

2.2 否定文における丁寧さのモダリティの形式

否定文の丁寧体の形式は、肯定文よりも形態的にさらに複雑である。動詞述語の否定形の丁寧体には、動詞的な「ません」と形容詞的な「ないです」という2つの語形が存在する。動詞述語以外の述語には、動詞的な丁寧体「ありま

せん」と「です」の付加による「ないです」の2つの語形がある。動詞的な丁寧体の方がやや一般性が高い形式であるが、「ないです」も話しことばではよく用いられる。

否定述語における丁寧さのモダリティの形式

		普通体	丁寧体 (デスマス体)	特別丁寧体 (ゴザイマス体)
動詞述語		食べない	食べません 食べないです	―
		食べなかった	食べませんでした 食べなかったです	―
イ形容詞述語		忙しくない	忙しくありません 忙しくないです	忙しゅう(は)ございません
		忙しくなかった	忙しくありませんでした 忙しくなかったです	忙しゅう(は)ございませんでした
ナ形容詞述語		元気ではない	元気ではありません 元気ではないです	元気ではございません
		元気ではなかった	元気ではありませんでした 元気ではなかったです	元気ではございませんでした
名詞述語		学生ではない	学生ではありません 学生ではないです	学生ではございません
		学生ではなかった	学生ではありませんでした 学生ではなかったです	学生ではございませんでした

2.3 丁寧形の複雑さの要因

丁寧形は、形態的に、非常に複雑である。これには、それぞれの品詞によって異なる要因がある。

動詞述語の丁寧形は、「ます」であるが、「ます」は接尾辞なので、テンス形式よりも内側に生起する。

・ 新聞はもう読み<u>ました</u>。

この点で、動詞の丁寧形は、伝達のモダリティの形式は文の外側に生起するという日本語の一般的な性質を満たしていない。

動詞の否定形「しない」はイ形容詞型の活用をするので，動詞の否定形は，動詞であると同時に，形態上は形容詞の性質ももっていることになる。そのため，動詞の否定形には動詞的な「ません」とイ形容詞的な「ないです」という2つの形式が存在する。「ません」の方が一般的な形式であるが，話しことばでは「ないです」を用いることも多い。

・　私は新聞は {読みません／読まないです}。

　さらに，「ます」には「ました」のようにテンス形式が分化するが，「ません」は「*ませんた」のようにテンス形式を分化することができない。過去形は，「でした」を付加することによって作られる。

・　昨日は新聞を読み<u>ませんでした</u>。

　次に，イ形容詞には，本来，丁寧形の形式が存在しない。現代語としては，イ形容詞の丁寧形は「です」を付加することで作られるが，この形式は丁寧形としての安定性がやや低い。話しことばでは広く用いられるが，書きことばではやや不自然さを感じさせる。

・A「クーラー，つけましょうか？」
　B「今日は本当に暑い<u>です</u>ね。そうしてもらえるとうれしい<u>です</u>」
・[手紙] 暑い日が続きますが，田中先生にはいかがお過ごしでしょうか。？私は相変わらず忙しい<u>です</u>。

書きことばでは，意味の近い動詞的表現への置き換えなどによって，イ形容詞の丁寧形の使用を避けることが多い。

・　暑い日が続きますが，田中先生にはいかがお過ごしでしょうか。私は相変わらず<u>忙しくしております</u>。

　イ形容詞の丁寧形は，「です」を丁寧体を作るという機能だけをもった形式として用いる点で，伝達に関わる要素が文の外側に生起するという日本語の一般的な性質を満たしているが，形式として十分確立しているとは言えない。

　最後に，名詞は助動詞「だ」の丁寧形「です」，ナ形容詞は活用語尾「です」によって丁寧形が作られる。名詞・ナ形容詞の「です」は，形態的にはイ形容詞の「です」と同じであるが，文法的な機能は異なっている。イ形容詞の「です」は述語に丁寧さの意味だけを付加する形式であるため，テンス形式を分化

することはできない。一方，名詞とナ形容詞語幹に付加される「です」は，それぞれを述語化する助動詞と活用語尾なので，テンス形式が分化する。

- ＊昨日の映画は面白いでした。
- 　その頃，私は大学生でした。
- 　近所にパチンコ店ができるまでは，このあたりは静かでした。

この点では，動詞の丁寧形と同様，名詞述語とナ形容詞述語の丁寧形も，伝達に関わる要素が文の外側に現れるという日本語の一般的な性質を満たしていないことになる。

　これらの述語でも，話しことばでは，非常にまれながら，過去形に「です」が接続することがある。

- ？その頃，私は大学生だったです。
- ？近所にパチンコ店ができるまでは，このあたりは静かだったです。

しかし，非過去形に「です」を付加することはできないので，このような例においても「です」が丁寧さだけを表す形式として確立しているわけではない。

- ＊私は大学生だです。
- ＊教室は静かだです。

3. 機能

3.1　普通体と丁寧体の基本的機能

　丁寧さのモダリティは，聞き手や発話状況に応じたスタイルの使い分けをするという機能をもっている。聞き手あるいは発話状況によって，普通体と丁寧体のどちらのスタイルを選択するのが適切かということは，話し手が，聞き手や発話状況をどのようにとらえているかに関わっている。

　普通体は聞き手に対する関係の近さを表すスタイルであると同時に，聞き手の存在しない状況でも用いられる基本的なスタイルである。一方，丁寧体は聞き手めあての状況に限定されるスタイルである。そのため，丁寧体は，独話や心内発話などでは用いられない。

- 「独話で」＊あ，鍵，ここにありました。
- ＊私は鈴木さんはとても間に合いませんと思いました。

3.2 スタイルの選択の要因

　普通体と丁寧体の選択にはさまざまな要因が関わっているが，一般に，目上・目下，親疎，発話状況のフォーマリティといった要因が強く影響する。

　丁寧さのスタイルの選択に大きく関わってくるのは，目上・目下の要因である。これは，聞き手が自分より，年齢あるいは社会的立場が上か，同等か，下かといったことである。聞き手が同等あるいは目下の聞き手に対しては普通体が用いられ，目上の聞き手に対しては丁寧体が用いられることが多い。

　・A「ねえ，昨日のサッカー見た？　いい試合だったねえ」
　　B「すごかったね。次の試合も楽しみだ」
　・A「先輩。昨日のサッカー，見ましたか？　いい試合でしたねえ」
　　B「すごかったね。次の試合も楽しみだな」

　親疎も丁寧さのスタイルの選択にとって重要である。同等の関係の場合，聞き手が親しければ普通体が用いられるが，あまり親しくなければ丁寧体が用いられることもある。

　・A「今日は暑いですねえ」
　　B「本当に暑いですね。嫌になりますよ」

また，目下の聞き手であっても，あまり親しくない場合には，丁寧体が選択されることがあるし，目上の聞き手であっても，ごく親しい関係である場合には普通体が選ばれることもある。

　発話状況も，丁寧さのスタイルの選択に大きな関わりをもつ。会議のようなフォーマリティの高い，あらたまった発話状況では，親しい相手や，目下の相手に対しても，丁寧体が選ばれることがある。

　・A「この件について，君が反対している理由をお聞きしたいのですが」
　　B「別に絶対反対というわけではありません」

　丁寧さのスタイルの選択には，目上・目下，親疎，発話状況のフォーマリティといった要因が複雑に関係しているが，これ以外に表現効果やテキストの性質なども丁寧さのスタイルの選択に関わってくる。

　表現効果としては，皮肉のような表現効果をねらう文には，通常は普通体を用いる聞き手に対しても，丁寧体が選ばれることがある。

- A「さすがだね。まあ，君が間違えることなんてないん<u>でしょう</u>けどね」
- B「嫌みな言い方だなあ」

　書きことばにおける丁寧さのスタイルの選択には，テキストの性質が大きく関係する。新聞記事のような事実の記録や，評論や論文のようなかたい文体の説明文，日記のように読者を想定しない私的な文章には，一般的に普通体が用いられる。一方，手紙のように特定の個人に対する私信には丁寧体が用いられるのが一般的である。また，小説の地の文は普通体が用いられることが多いが，特定の語り手の視点から出来事が叙述されていく文体の小説では，地の文に丁寧体が用いられることもある（⇒テキストの性質については，第12部第7章を参照）。

4. 丁寧さのモダリティ以外の丁寧さ

　丁寧さのモダリティは，普通体と丁寧体の形態的な対立によって，聞き手に対する丁寧さを表すものである。しかし，聞き手との間で円滑なコミュニケーションを行っていくためには，丁寧さは非常に重要な価値をもっているので，2つのスタイルの選択以外にも，聞き手に対する丁寧さはさまざまな手段によって表される。

　語彙的に丁寧なことば，上品なことばを選ぶのも丁寧さを表す手段である。名詞に接頭辞「お／ご」をつけたり，謙譲語を用いることによって，丁寧さを表すのはこの例である。

- <u>お</u>手紙，<u>拝見し</u>ました。
- すぐに<u>参り</u>ます。
- 鈴木先生には，私の方から<u>申し</u>ます。

謙譲語の中で「参る」「申す」のようなものは，聞き手に対する敬意を表すため，文中では必ず丁寧形で用いる（⇒謙譲語については，第13部第2章第3節を参照）。

　文法的に丁寧さを表す手段としてもっとも重要なのは，直接的な表現を避けて，間接的な表現を選択するというストラテジー（方略）である。

　場所を尋ねる疑問文における「どちら」の使用は，間接的な表現の選択とい

うストラテジーの例である。一般的に場所を尋ねる疑問語は「どこ」であり，「どちら」は2つの要素からの選択や方向を表す疑問語であるが，丁寧な表現が必要になる発話状況では，「どちら」によって場所を尋ねることがある。

- やあ，<u>どこ</u>に行くの？
- あ，<u>どちら</u>にいらっしゃるんですか？

これは，直接場所を尋ねる「どこ」の使用を避けて，方向を表す「どちら」を用いることで，間接的で，丁寧な質問にするものである。

　行為要求文におけるさまざまな表現の使用も間接的な表現によって丁寧さを表現する例になる。聞き手に行為の実行を要求するのに，直接的な命令文の使用を避けて，疑問文や希望文を用いることがある。疑問文は，その行為を実行するかしないかという選択の余地を聞き手に与えるという発想に基づいて，丁寧な要求表現となる。また，希望文は，その行為の実行を話し手が望んでいることを聞き手に伝えるにとどめて，あとの判断を聞き手にゆだねるという発想に基づいて，丁寧な要求表現となる。

- こっちに<u>来い</u>。
- こっちに<u>来てくれる</u>？
- こっちに<u>来てほしいんだけど</u>。

その行為の実現を仮定して，その場合の評価や気持ちを表すことによって，非常に間接的な表現にすることもある。

- こっちに<u>来てくれるとありがたいんだけど</u>。

　丁寧さを表すストラテジーには，間接的な表現の使用のほかに，前置きの表現の使用，程度を控えめに示す表現の使用などもある。

- <u>お忙しいところを申し訳ないんですが</u>，田中さんにぜひお願いしたいことがあるんです。
- <u>個人的なことで恐縮なんですが</u>，ご相談したいことがあるので，お時間をいただけないでしょうか？
- <u>あまり</u>無理をしない方がいいよ。
- <u>ちょっと</u>手伝ってくれる？

第3節　伝達態度のモダリティ

◆伝達態度のモダリティは，話し手が発話状況をどのように認識し，聞き手にどのように示そうとしているのかを終助詞によって表すものである。
◆終助詞には，伝達に関わる「よ」「ぞ」「ぜ」「さ」「わ」，確認・詠嘆に関わる「ね」「な」「なあ」「よね」がある。さらに，「とも」「もの」(「もん」)「の」「っけ」「ってば」のような終助詞相当形式もある。

1. 伝達態度のモダリティの規定

　文を発話することによって，話し手は聞き手に何らかの情報を伝えたり，情報の提供を求めたり，行為の実行を表明したり，行為の実行を求めたりする。また，聞き手が存在しない状況で，独話として文を発話することもある。

　話し手がその状況をどのように認識し，聞き手にどのように伝えようとするかを表すのが伝達態度のモダリティである。伝達態度のモダリティはおもに話し手が聞き手に対してどのように伝えようとしているかを表す対話的な性質をもつものであるが，聞き手に伝えることを意図しない非対話的な文として独話や心内で発話するというのも伝達態度のあり方の1つである。

　伝達態度のモダリティは終助詞によって表される。終助詞には「よ」「ぞ」「ぜ」「さ」「わ」「ね」「な」「なあ」のようなものがある。「よ」と「ね」が複合した「よね」も終助詞の1つとして重要な役割をもっている。さらに，接続助詞や形式名詞などに由来する「とも」「もの」(「もん」)「の」「っけ」「ってば」といった形式も終助詞相当の機能をもっている(⇒終助詞「か」「かな」「かしら」については，第2部第3章を参照)。

　終助詞には，対話的な性質を強くもつものと非対話的な性質を強くもつものがある。「よ」や「ね」は対話的な性質を強くもつものである。このような終助詞は聞き手に対する伝達や確認に関わる機能をもっている。聞き手めあての性質をもっているので，一般的に対話的な終助詞は聞き手の存在する対話で用いられるものであり，独話や心内発話として用いられることはない。

- そこに朝食の用意ができてる<u>よ</u>。
- ＊朝食の用意ができてる<u>よ</u>と思った。

一方,「なあ」や「な」は非対話的な性質を強くもつものである。このような終助詞は,認識の状態を反映したり,詠嘆を表す機能をもっている。聞き手めあての性質をもたないので,一般的に独話のような非対話的な状況で用いられるが,対話で用いられることもある。

- この花,きれいだ<u>なあ</u>。
- A「山本さんって知ってる？」
  B「知らない<u>なあ</u>」

「ね」や「さ」のように,文末で用いられるだけでなく,文中に挿入されて聞き手の反応をうかがう間投用法をもつものもある。

- 私は<u>ね</u>,最近まで<u>ね</u>,佐藤君が大学生ということを知らなかったんだ。

終助詞は男女差,地域差,年齢差が大きい形式である。述語との接続についても,すべての終助詞が同様の性質をもっているわけではない。述語の種類,丁寧さのスタイルによる終助詞の接続は次のようにまとめられる。

終助詞の接続

		学生だ―	学生です―	学生―	遊ぶ―	遊びます―	遊べ―	遊ぼう―	だろう―
伝達を表す終助詞	よ	○	○	○	○	○	○	○	△
	ぞ	○	△	×	○	△	×	×	×
	ぜ	○	△	×	○	△	×	×	○
	さ	×	×	○	○	×	○	×	×
	わ	○	○	×	○	○	×	×	×
確認・詠嘆を表す終助詞	ね	○	○	○	○	○	○	○	○
	な	○	△	×	○	△	×	○	○
	なあ	○	△	×	○	△	×	×	○
	よね	○	○	○	○	○	△	×	×

○……自然なもの。×……不自然なもの。△……かなり不自然であり,用いられるとしても使用者に偏りがあるもの。

終助詞が，相互に接続することもある。「よ」と「ね」「な」「なあ」の接続は頻繁に見られ，意味的にも1つの終助詞として重要な機能を果たしている。
- 君もいっしょに行く {よね／よな} ？
- やっぱりそうだよなあ。

「わ」には「よ」「ね」「よね」が接続する。
- そんなに心配しなくても，きっとうまく行くわよ。
- どこかでお目にかかったこと，ありましたわね。
- 田中さんが結婚なさったこと，あなた知ってるわよね？

2. 伝達を表す終助詞

2.1 「よ」

[接続]

　「よ」は，「ね」と並んで，もっとも頻繁に用いられる終助詞であり，さまざまな文に接続することができる。

　平叙文にはまったく問題なく接続する。名詞述語に接続するときは，「だ」を介して付加されることが多いが，名詞に直接付加されることもある。名詞に直接「よ」が付加された文は，おもに女性が用いる表現である。
- あ，バスが来たよ。
- ［電話で］こっちは毎日暑いよ。そちらはどう？
- 山本さんは友達 {だ／φ} よ。

「よ」は丁寧形にも自由に接続することができる。
- あ，バスが来ましたよ。
- ［電話で］こっちは毎日暑いですよ。そちらはどうですか？
- 山本さんは友達ですよ。

　認識のモダリティの形式にも接続できる。ただし，「だろう」にはやや接続しにくく，接続する場合には，投げやりで，突き放したニュアンスを帯びる。
- 油断していると，あのチームに足元をすくわれるかもしれないよ。
- 佐藤のやつ，今日は来られないらしいよ。
- ?あの人は，今ごろ，どこかで幸せに暮らしているだろうよ。

- 人に仕事を押しつけたんだから，そりゃ，君はいいだろう<u>よ</u>。

平叙文以外の表現類型にも広く接続する。意志形「しよう」は意志の解釈のときは基本的に独話的な性質をもつので，対話的な終助詞「よ」は接続しにくいが，勧誘の解釈であれば自然な文になる。

- 5時か。そろそろ帰ろう<u>よ</u>。

命令文にも接続することができる(⇒命令文に「よ」が接続した場合の機能については，第2章第6節2.1を参照)。

- もう少し待っていろ<u>よ</u>。

疑問文にも接続することがある。

- あんなにひどいことを言われて，君はそれでいいのか<u>よ</u>。
- だれがそんなことを言ったんだ<u>よ</u>。

[意味と用法]

「よ」は，その文が表す内容を，聞き手が知っているべき情報として示すという伝達態度を表す。

「よ」の機能がもっとも端的に表れるのは，聞き手が気づいていない事態に対して注意を向けさせようとする文に付加される例である。

- あ，切符が落ちました {よ／？φ}。
- [運転者に] 赤信号だ {よ／？φ}。ちゃんと前を向いて運転してよ。

このような例では，聞き手が知っているべき情報を示し，注意を促すという「よ」の存在は必須的である。「よ」のない文は，話し手が気がついたことを独話的に口にしたというだけで，聞き手に注意を促そうという機能が感じられない。

「よ」は，聞き手に対して状況説明をする「のだ」とともに用いられることがよくある(⇒説明のモダリティの「のだ」については，第5章第2節を参照)。このような「よ」は，下降イントネーションをとるのが普通である。

- A「あれ？　こんなところでどうしたんですか？」
  B「実家がこの近所なんです<u>よ</u>」
- A「何を買うの？」

　　　　B「新しい本棚です。入りきらない本があふれているんです<u>よ</u>」
聞き手に対する説明を行う「のだ」には，「よ」の機能と重なるところがある。そのため，このような例では「よ」があってもなくてもそれほど大きな違いがないことが多い。
　　・A「あれ？　こんなところでどうしたんですか？」
　　　B「実家がこの近所なんです」
　　・A「何を買うの？」
　　　B「新しい本棚です。入りきらない本があふれているんです」
　一方，話し手が確かな知識をもたない事態に対して「のだ」が用いられることがある（⇒把握の「のだ」については，第5章第2節3.を参照）。このような例では，「よ」を用いないと，話し手がその事態を事実として知っているものとして表してしまう。
　　・A「日曜日だから道が空いているだろうと思ってタクシーに乗ったんだけど，あんなに混んでるなんて思わなかったなあ」
　　　B「君と同じように考える人がたくさんいるんだ {よ／？φ}」
　　・A「あいつ，電話に出ないぞ」
　　　B「風呂にでも入っているんだ {よ／？φ}。かけ直した方がいいな」
実際には確かなことはわからないものの，先行文脈や状況の事情を話し手がどのように把握したかを聞き手に示す機能である。
　当然知っているべきことを知らない聞き手に対する非難や皮肉を表す文に「よ」が付加されて，このニュアンスを強めることがある。
　　・A「うるさいなあ。朝っぱらから何だい？」
　　　B「もう2時だよ。朝じゃないぞ」
　　・　君，こんなスピードでつっこんでくるなんて，自殺行為だ<u>よ</u>。
　　・　こんな時間まで何をしていたの？　心配していたの<u>よ</u>。
このような例では，気づきを促すように，上昇イントネーションをとることが多い。
　また，自分の知識や能力を正当に評価していない聞き手に抗議する文に「よ」が付加されて，このニュアンスを強めることがある。

6章●3節　伝達態度のモダリティ　　243

- A「君，株のことなんかわかるの？」
  B「わかるわよ」
- A「君，本当に料理なんてできるの？」
  B「できるよ。黙って待ってろ」

この場合は下降イントネーションをとることが多い。

　相手からの依頼を受け入れることを表す「いいです」には，「よ」が必須的に用いられる。

- A「忙しいところを悪いんだけど，この書類，コピーしてきてくれない？」
  B「いいです {よ／*φ}」
- A「無理を言ってるのはわかってるんだけど，手伝ってもらいたいんだ」
  B「いい {よ／*φ}。協力しよう」

このような例では，上昇イントネーションによって，相手の心理的負担を軽くするようなニュアンスが示されるのが一般的である。

　なお，相手の申し出を断るときに用いられる「いいです」では「よ」は任意であり，付加されてもされなくてもよい。

- A「お茶のおかわりはいかがですか？」
  B「あ，いいです {φ／よ}。お気づかいなく」

2.2 「ぞ」

[接続]

　「ぞ」は，平叙文に付加されて，話し手の認識のあり方を表す終助詞である。名詞述語に接続するときは，「だ」を介して付加される。

- あれ，こんなところに財布が落ちてるぞ。だれのだろう。
- テレビの映りがおかしいぞ。故障かな。
- これ，私の手帳 {だ／*φ} ぞ。どうしてあの人がもっているんだろう。

「ぞ」は非対話的な性質をもつ終助詞であり，また，くだけた表現なので，丁寧形には接続しにくい。

- ？あそこにだれかいます<u>ぞ</u>。
- ？あの人はうちの学校の先生です<u>ぞ</u>。

認識のモダリティを表す形式には基本的に接続することができるが，「だろう」には付加できない。

- こんな渋滞につかまっては，遅刻するかもしれない<u>ぞ</u>。
- ＊こんな渋滞につかまっては，遅刻するだろう<u>ぞ</u>。

疑問文や，意志文，命令文など平叙文以外の表現類型には付加されない。

- ＊だれが来る<u>ぞ</u>？
- ＊そろそろ出かけよう<u>ぞ</u>。
- ＊ちょっとこっちへ来い<u>ぞ</u>。

[意味と用法]

「ぞ」は新たな認識が成立したことを表す機能をもっている。対話で用いられることもあるが，基本的には話し手の認識のあり方を表す非対話的な終助詞であり，聞き手への伝達は意図されない。おもに男性が用いるが，非対話的な状況では女性が用いることもある。

「ぞ」の基本的な用法は，独話や心内発話といった非対話的な状況において，何かを発見したり，その状況から得られた感覚を確認していることを表すものである。

- あ，だれかいる<u>ぞ</u>。
- ［おかずを一口食べて］あれ，味が変だ<u>ぞ</u>。
- だれも来ていないなんておかしい<u>ぞ</u>。待ち合わせ時間を間違えたのかな。

「ぞ」は新しく成立した認識を心内で吟味し，確認していることを表すので，新しく認識が成立した場合であっても，その認識を心内で確認する余裕のない状況では付加しにくい。

- ［風呂の湯加減を見て］？あ，熱い<u>ぞ</u>！
- ［足をぶつけて］？痛い<u>ぞ</u>！

さらに，感情を表す表現がその発話状況での自発的な感情の表出として用い

られる場合，その感情の成立は再確認することができないので，「ぞ」は付加しにくい。

- 明日は休日か。？うれしい<u>ぞ</u>。

「ぞ」の基本的性質は非対話的であるが，対話において聞き手に情報を伝達する用法もある。聞き手がはっきりと認識していないと思われる事柄を認識するよう求めることになる。

- ［試合中に］おい。このチーム手強(てごわ)い<u>ぞ</u>。油断するな。
- 先生にそんな口のきき方しちゃ，おかしい<u>ぞ</u>。
- 見てみろよ。雨が降っているらしい<u>ぞ</u>。傘をさしてる人がいる。
- 散歩しておいでよ。気持ちいい<u>ぞ</u>。

「ぞ」は，聞き手にこれまでの認識をあらためて，新しい認識を成立させるように求めることに重点がある。

聞き手が認識していないことに注意を向けさせることは，その認識に結びつく行為の実行を聞き手に求めることにつながりやすい。

- おーい。ビールがない<u>ぞ</u>。
- そろそろ行く<u>ぞ</u>。

これらの例で，「ビールがない」ことを認識させることはビールを持ってくることを求めることにつながるし，「そろそろ行く」ことを認識させることは出発の準備をするように求めることにつながる。

当然認識すべきことを聞き手が認識していないことをうかがわせる状況で「ぞ」が用いられた場合には，警告のニュアンスが強く出てくる。

- あまり子供に甘くしていると，しつけによくない<u>ぞ</u>。
- 足下に注意していないと危ない<u>ぞ</u>。
- ［会議で］君に発言を許した覚えはない<u>ぞ</u>。

話し手の意志を聞き手に宣言する動詞の非過去形に付加して，その決意の揺るぎなさを強調することもある。

- 何度言っても，その話はもう聞かない<u>ぞ</u>。

2.3 「ぜ」

[接続]

「ぜ」は基本的に平叙文に付加される終助詞である。名詞述語に接続するときは，「だ」を介して付加される。

- 佐藤なら部屋にいるぜ。呼んでこようか。
- こんな時間に出歩いていては危ないぜ。
- もうこんな時間 {だ／*φ} ぜ。

「ぜ」はくだけた表現なので，丁寧形には接続しにくい。

- ?佐藤なら部屋にいますぜ。
- ?もうこんな時間ですぜ。

認識のモダリティを表す形式には広く接続する。ただし，「だろう」に接続することは実際には多くはない。

- おかしいな。道に迷ったのかもしれないぜ。
- あと5分もすれば，来るだろうぜ。

平叙文以外の疑問文，命令文，意志文といった表現類型には接続しない。

- *だれが来るんだぜ？
- *早く起きろぜ。

話し手の意志を表す「しよう」には付加されないが，勧誘であれば自然に付加される。

- *そろそろ帰ろうぜと思った。
- 時間があるなら，食事にでも行こうぜ。

[意味と用法]

「ぜ」は，話し手が認識した内容や決めたことを一方的に聞き手に伝えることを表す伝達機能をもっている。おもに男性が用いるが，現在ではあまり用いられなくなっている。

「ぜ」は「ぞ」と似た意味をもっているが，「ぞ」が新しい認識の確認という非対話的な意味を基本としており，対話ではその認識を聞き手に求めることを表すのに対して，「ぜ」は対話的な性質が強く，独話では用いられないという

違いがある。
- おや，ここに何かある {ぞ／?ぜ}。(独話)
- ここに何かある {ぞ／ぜ}。注意しろ。(対話)

「ぜ」の基本的な用法は，話し手が認識している内容を聞き手に一方的に伝えるというものである。「ぞ」のように，新しい認識を求めたり，その認識に結びつく行為の実行を促すといった働きは強くない。
- 資料はそこにあるぜ。
- 準備はできているから，いつでも出発できるぜ。
- あの本なら，図書館にあったぜ。

次のような文では，「ぞ」が聞き手にも出発を促している解釈が強いのに対して，「ぜ」は話し手が出発することを伝えている解釈の方が強い。
- そろそろ行く {ぜ／ぞ}。

「ぞ」と同様，「ぜ」にも聞き手に対する警告を表す例がある。ただし，「ぞ」を用いる方が一般的である。
- 部屋に入って服を着替えろよ。濡れた服を着たままだと風邪をひくぜ。
- そんなにコーヒーを飲むと，眠れなくなるぜ。

「ぜ」を用いやすくなるのは，その文が表す内容自体が聞き手に対する配慮を強く示している場合である。
- そうだなあ。僕だったら，あまり周りが気をつかっているのがわかるっていうのは，かえってつらく感じると思うぜ。
- 君が泣くことないぜ。これは僕の問題なんだから。
- みんな君のことを心配しているんだぜ。早く元気な顔を見せてくれよ。

このような例では，「ぞ」より「ぜ」の方が自然である。聞き手に対する働きかけが強くない「ぜ」の性格が，聞き手に伝えようとしている内容の重さをやわらげるという効果につながっている。

勧誘を表す意志形「しよう」に「ぜ」が付加されることも多い。
- そこに座れよ。いっしょに飲もうぜ。

- 急ごう<u>ぜ</u>。最終電車に遅れそうだ。

「よ」が付加された勧誘文と比べると，話し手はその勧誘を聞き手が断るとは思っておらず，決めつけているニュアンスが強くなる。

2.4 「さ」

[接続]

「さ」は接続の制限が非常に強い終助詞であり，基本的に，平叙文に接続する。名詞述語に接続するときは，「だ」を介さず直接名詞に付加される。

- あいつならそのうち来る<u>さ</u>。先に始めようぜ。
- A「ねえ，眠くない？」
  B「こんな時間だもの。そりゃ眠い<u>さ</u>」
- 山本はもう大学生 {φ／*だ} <u>さ</u>。知らなかったの？

「さ」は丁寧形には接続しない。

- *あいつならそのうち来ます<u>さ</u>。先に始めましょう。
- *田中さんのことなら心配しなくても大丈夫です<u>さ</u>。

認識のモダリティの形式に接続することもある。

- だれも信じてくれないかもしれない<u>さ</u>。だけど，本当なんだ。
- 君はいいだろう<u>さ</u>。押しつけられたこっちの身にもなってくれよ。

平叙文以外の表現類型では，命令や意志の文には接続しない。

- *こっちへ来い<u>さ</u>。
- *お腹がすいたなあ。お菓子でも食べよう<u>さ</u>。

真偽疑問文に付加することはできないが，「のか」の補充疑問文に付加されることがある。

- *もう帰るの<u>さ</u>？
- ところで，これから君はどうするの<u>さ</u>？

[意味と用法]

「さ」は話し手にとって当然と思える内容を聞き手に説明しようとする伝達的な機能をもっている。おもに男性が用いる。

相手からの問いかけや確認に対して応答する際に，それを話し手が当然だと思っていることを伝えるというのが「さ」の基本的な用法である。
- A「どうして君がそんなこと知ってるの？」
  B「本人に直接聞いたの<u>さ</u>」
- A「私の誕生日，覚えてる？」
  B「覚えてる<u>さ</u>」
- A「田中さん，疲れているみたいだね」
  B「無理ない<u>さ</u>。このところ休みなしだもの」
- A「パソコン使えるんだね」
  B「今どき，パソコンぐらいだれでも使える<u>さ</u>」

「さ」は聞き手に当然性を伝えるという対話的性質を強くもっているので，独話で用いられることはない。

　聞き手が疑問を感じていたり，不思議に思っていたりする状況で，当然そういうこともありうるということを聞き手に言い聞かせるような例もある。
- A「あれ，どうしてあの２人，今日はいっしょに帰らないんだろう」
  B「驚くことはない<u>さ</u>。だれだってけんかすることぐらいあるんだから」
- A「もうこんな時間なのに，あの子，何してるのかしら」
  B「まあ，そのうち帰ってくる<u>さ</u>」

このような例における「さ」は，聞き手に言い聞かせて，落ち着かせようとするようなニュアンスを感じさせる。

　「さ」は聞き手の発言を受けて用いられるばかりでなく，話し手が，先行する自分の発言に対して理由づけを行う場合にも用いることができる。
- 　会社を辞めるなんて，簡単に決めない方がいいと思うよ。そりゃ，俺だって，辞めたくなることはある<u>さ</u>。だけど，辞めるのはいつだってできるんだ。

この用法は，聞き手の発言に対する応答ではないが，話し手の発言内容に聞き手が納得していないことを意識しながら用いられるものである。

　「さ」には，開き直りや投げやりといったニュアンスを強く感じさせる例がある。

- A「君，昨日山本さんに会った？」
  B「会った<u>さ</u>」
- A「部屋を片づけなさいね」
  B「そのぐらい，言われなくても，やる<u>さ</u>」

開き直りや投げやりのニュアンスは，話し手があらためて言うまでもないほど当然だと感じていることを聞き手から尋ねられたり，指摘されることから派生されるものである。

「だろう」や「かもしれない」のような認識のモダリティの形式に「さ」が付加されて，相手の主張をとりあえず認めておくということを表す用法もある。このときも，投げやりなニュアンスが感じられる。

- A「鈴木さんだって，結局，自分の都合を最優先すると思うよ」
  B「そういう人もいるだろう<u>さ</u>。だけど，鈴木さんはそんな人じゃない」

認識のモダリティを表す形式の中で，相手の主張をいったん認めるという用法をもたない「らしい」や「ようだ」には「さ」は付加しにくい。

- ？そういう人もいるらしい<u>さ</u>。

「さ」によって表される当然さは，状況を変えることができないというあきらめにつながることもある。

- A「今のところ順調に進んでるね」
  B「そのうち失敗する<u>さ</u>」

「んだって」や「って」のような引用に由来する形式に付加されて，人の発言内容を話し手の主観をまじえずに聞き手に伝えるような用法もある。この用法は，「さ」の基本的な用法とは性格がかなり異なり，女性が用いることもある。またおもに上昇イントネーションをとる。

- 佐藤さん，今日は来られないんだって<u>さ</u>。
- 先生が，体に気をつけて，元気で頑張りなさいって<u>さ</u>。

「さ」には，文末に付加されるだけでなく，文中で間投的に用いられることもある。間投的な「さ」は，聞き手に自分の考えを説明するような文で用いられることが多い。

- だから<u>さ</u>，何度も言っていると思うんだけど<u>さ</u>，君の意見は決して間

違ってはいないんだけど<u>さ</u>，現実性に欠けるんだよね。

話し手の個人的な経験を伝える文に間投的な「さ」を用いても，その文には説明的なニュアンスが出る。

- 昨日<u>さ</u>，田中にばったり会ったんだけど<u>さ</u>，どうもいつもの元気がないんだよ。

2.5 「わ」

[接続]

「わ」は平叙文に付加される終助詞である。名詞述語に接続するときは，「だ」を介して付加される。

- バスが来た<u>わ</u>。急がなくちゃ。
- 今日はちょっと寒い<u>わ</u>よ。上にもう1枚着て行きなさい。
- あら。あそこにいるの，うちの弟 {だ／*φ} <u>わ</u>。

丁寧形にも接続することができるが，丁寧形に付加されると過度に丁寧な表現になる。このような表現は，現在ではあまり用いられない。

- バスが来ました<u>わ</u>。
- 今日はちょっと寒いです<u>わ</u>よ。
- あら。あそこにいるの，うちの弟です<u>わ</u>。

認識のモダリティを表す形式にも接続するが，「だろう」には付加されない。

- その本なら家にあるかもしれない<u>わ</u>。
- *あいつのことだから，時間どおりには来ないだろう<u>わ</u>。

平叙文以外の表現類型には接続しない。したがって，命令文や意志文，疑問文には「わ」は付加されない。

- *黙って食べなさい<u>わ</u>。
- *眠いから，今日はこの辺で終わりにしよう<u>わ</u>。
- *今日の夕食，何にする {φ／か／の} <u>わ</u>？

[意味と用法]

「わ」はその発話が話し手の個人的な感情や考えであることを表すという伝

達機能をもっている。

「わ」は、おもに女性によって用いられる。若い世代では「わ」の使用は少なくなってきている。

地域差や世代差もあるが、「わ」という終助詞自体は用法によっては男性が用いることもある。気づきを表すような非対話的な用法は女性だけが用いるが、相手からの情報による納得や、意志の表明を表す対話的な用法は男性が用いることもある。

- ［独話で］あ、そうだ<u>わ</u>。あの件、鈴木さんに伝えておくの忘れてた。
- A「この問題、こうやったら解けるんですよ」
  B「あ、なるほど、そうだ<u>わ</u>」
- じゃ、そろそろ行く<u>わ</u>。

ただし、女性が用いる「わ」は上昇イントネーションをとり、男性が用いる「わ」は下降イントネーションをとるという違いがある。

「わ」の基本的な用法は、ある事態に気がついたということを表すものである。

- そうだ<u>わ</u>。締め切り、今日までだったんだ。
- そうそう、あの人の名前、思い出した<u>わ</u>。
- あ、こんなところにボタンが落ちてる<u>わ</u>。どの服のかしら。

聞き手に対する情報の伝え方を積極的に表すという性質をもたない、非対話的な終助詞なので、この用法の「わ」は独話や心内発話として現れることがある。

- あ、田中さんだ<u>わ</u>。こんなところで何をしてるのかしら。
- やっぱり、留守中にだれか部屋に入ったんだ<u>わ</u>と思った。

「わ」は非対話的な性質をもった終助詞であるが、対話で用いられることも多い。このとき、聞き手にその内容を積極的に伝えようとするのではなく、独話的につぶやくことによって間接的に伝わるような表現になる。

- A「どうしたの？」
  B「電車に傘忘れちゃったわ」
- ［体温計を見ている母親の発言］まだ熱がある<u>わ</u>。もう少し寝ていな

さい。

　感情を表す表現に付加されて，聞き手に対する伝え方への配慮を表すことによって，その文が，話し手の感情を露骨に表出しないようにすることがある。

　　・A「これ，プレゼント」
　　　B「えっ。本当？　うれしい<u>わ</u>」
　　・A「何か飲む？」
　　　B「そうねえ。コーヒーが飲みたい<u>わ</u>」

　行為の実行を聞き手に表明する動詞の非過去形「する」に付加される例も多い。

　　・　時間が遅いから，もう帰る<u>わ</u>。
　　・　先生には私の方からお伝えしておく<u>わ</u>。

強い主張を表す文に「わ」が付加されて，主張をやわらげることもある。

　　・　あんなひどいこと言う人，私，絶対に許せない<u>わ</u>。

　名詞述語に「わ」が付加される文は，聞き手の存在しない非対話的な環境では自然であるが，対話ではやや容認性が下がることがある。

　　・［独話で］あ，もう３時過ぎだ<u>わ</u>。
　　・A「今，何時？」
　　　B「？もう３時過ぎだ<u>わ</u>」

3. 確認・詠嘆を表す終助詞

3.1 「ね」（「ねえ」）

[接続]

　「ね」は，「よ」と並んで頻出する終助詞であり，さまざまな表現類型に付加することができる。

　平叙文には自由に付加される。名詞述語に接続するときは，「だ」を介して付加されることが多いが，名詞に直接付加されることもある。名詞に直接「ね」が付加される文は，おもに女性が用いる表現である。

　　・　やあ，久しぶり。よく来た<u>ね</u>。
　　・　この問題，難しい<u>ね</u>。

- いい天気｛だ／φ｝ね。

「ね」は丁寧形にも接続する。
- やあ，久しぶりです。よく来ましたね。
- この問題，難しいですね。
- いい天気ですね。

認識のモダリティの形式にも例外なく接続する。
- 田中はきっと自信があるんだろうね。
- 佐藤さんが言うとおりかもしれないね。

「ね」は平叙文以外の表現類型にも幅広く接続する。行為要求文にも接続するが，命令形「しろ」と禁止形「するな」には付加しない。
- すぐ戻ってくるから，ここで待っていなさいね。
- 明日は絶対に来てくださいね。
- *これを読めね。
- *それに触るなね。

「ね」は意志形「しよう」にも接続することができるが，話し手の意志を表出する用法は聞き手に伝えることを意図しない非対話的な性質をもっているので付加しない。「ね」が付加できるのは聞き手に伝えることを意図する勧誘(例(1))や行為の申し出(例(2))のような用法である。
- *もう5時だからそろそろ帰ろうねと思った。
- 今度の日曜日にはいっしょに映画でも見に行こうね。……(1)
- 重いでしょう。荷物，お持ちしましょうね。……(2)

疑問文にも接続することがある。ただし，使用者に偏りがあり，おもに年配の男性が用いる。真偽疑問文に接続するときは「かね」という形になる。
- 君は本気でそんなことを言っているのかね？

補充疑問文に接続するときは，「のだ」を介して付加されるのが普通であるが，動詞に直接付加されることもある。
- だれがこんないたずらをしたんだね？
- もう1人参加してほしいんだけど，だれがやってくれるね？

[意味と用法の概観]

　「ね」は付加された文が表す内容を，心内で確認しながら，話し手の認識として聞き手に示すという伝達機能をもっている。「ね」の用法は，話し手の認識を聞き手に示す用法，話し手の認識を聞き手に示すことによって聞き手に確認を求める用法，話し手が聞き手を意識していることを示すにとどまる用法の3つに大別される。「ね」にはさらに間投的な用法もある。用法によっては，「ねえ」のように長音化して，詠嘆的なニュアンスが加わることもある。

[話し手の認識として聞き手に示す用法]

　第1の用法は，文が表す内容を心内で確認しながら，話し手の認識として聞き手に示すものである。この用法では，評価や感情を表す述語に「ね」が付加される例が多い。この用法では，「ねえ」という形をとることもある。「ね」は上昇イントネーションをとることが多いが，「ねえ」は下降イントネーションをとる。

- A「君は，相変わらず強情だね」
  B「あいにくと生まれつきそうなんだ」
- ［一口おかずを口にして］
  A「これ，おいしいね」
  B「お口にあったのなら，うれしいです」
- A「君が遅刻するとは，珍しいねえ」
  B「家を出るのが遅くなったうえに，渋滞につかまっちゃったんだよ」
- A「もう少し慎重に考えて態度を決めるつもりです」
  B「それは賢明ですね。私もそれがいいと思います」
- A「その仕事，命をかけてやり遂げます」
  B「大げさだね。気楽にいい仕事をしてください」

　話し手にも聞き手にも同様に成立する認識については，応答文にも「ね」「ねえ」が付加しなくてはならない。

- A「今日は暑いねえ」
  B「そうだ{ねえ／*φ}」

・A「今日のパーティは楽しいね」
　　B「そうです{ね／*φ}」
　この用法では，認識のモダリティの形式に「ね」が付加されることも多い。このような例では，認識のモダリティの形式によってその判断が話し手の認識として表される。
　・A「何かわかりましたか？」
　　B「犯人はここには立ち寄らなかったみたいですね」
　・A「本当に田中さんは怒って帰ってしまったんでしょうか？」
　　B「まあ，そうなんでしょうねえ」
　否定的な態度表明を表す述語に「ね」が付加した場合には，反抗的で，突き放したようなニュアンスが感じられることがある。
　・A「そろそろ仕事に戻りなさい」
　　B「嫌だね」
　・A「ねえ，田中さんどこにいるか知らない？」
　　B「知らないね」
相手の要求に対する否定的態度を表明するのに，一般性の高い理由を示すのではなく，「ね」によってそれが個人的な認識であることを示すところに，このようなニュアンスが生じやすい理由がある。
　この用法では，評価や感情を表す述語や，認識のモダリティの形式のように話し手の主観やとらえ方を直接的に表す形式に「ね」が付加されることが多いが，そのような形式が現れない文に付加されることもある。このような例では，その場で話し手が調べたり考えたりしたことを心の中で確認しながら聞き手に述べるということ(例(1)(2))を表したり，記憶を思い起こしているということ(例(3))を表す。
　・A「今，何時？」
　　B「ええと。3時20分ですね」　　　　　　　　　……(1)
　・A「名簿か何かに山本さんの連絡先が載っていませんか？」
　　B「あ，出てますね。たぶんこれで連絡できると思います」……(2)
　・A「その時，だれかに会いませんでしたか？」

B「ええと，そうですねえ，だれにも会わなかったです<u>ね</u>」……(3)

これらの例で「ね」を用いるには，時計や名簿を確認するという話し手の認識作業や記憶の検索作業が必要になる。したがって，このような確認作業が入り込む余地のない単純な知識には「ね」は付加しにくい。

　・A「あなたのお名前は？」
　　B「田中です {*ね／φ}」
　・A「誕生日はいつですか？」
　　B「11月20日です {*ね／φ}」

[聞き手に確認を求める用法]
　「ね」の第2の用法は，話し手の提示した認識に対して，聞き手に確認を求めるものである。これは，聞き手の方がより確かな知識や認識を持っていると見込まれる事柄について，話し手の認識を聞き手に示すところから派生する。

　・A「すみません。失礼ですが，田中さんです<u>ね</u>」
　　B「ええ，そうです」
　・A「佐藤さんをご存じです<u>ね</u>」
　　B「ええ，大学時代の友人です。彼がどうかしましたか」

確認を求める用法では基本的に上昇イントネーションをとる。また，「ねえ」という形にはならない。

　事実的な文に「ね」が付加されると，その事態の成立を話し手が決めつけて，聞き手に確認するようなニュアンスが強く感じられる。

　・A「君，3日前の夜7時に駅前の喫茶店で山本さんと会っていた<u>ね</u>」
　　B「そうですけど，何か問題がありますか？」

伝聞形式は話し手の判断を表すのではなく，他者から伝え聞いた情報であることを表すので，伝聞情報を表す文に「ね」が付加されると，他者から伝え聞いた情報の確認を聞き手に求める文になることが多い。

　・A「佐藤さんは一人っ子だそうです<u>ね</u>」
　　B「ええ，そうだったはずです」
　・A「君，会社，辞めるんだって<u>ね</u>」

B「もう耳に入りましたか。家業を継ぐことになったんです」

　「のだ」によって，相手の考えている内容を先取りしたり，相手の発言から推論した内容を表す文に「ね」が付加されると，その内容についての確認を聞き手に求めることになる。

・A「田中の様子に変わったことはなかったんです<u>ね</u>」
　B「ええ，何も気がつきませんでした」
・A「鈴木は病院に行くって言って，帰りましたよ」
　B「じゃあ，そんなにひどいけがじゃないんです<u>ね</u>」
　A「ええ。いっしょに行こうかと言ったら，大丈夫だと言ってましたから」

相手の発言を受けて納得した内容を表す「わけだ」や，相手の発話内容をまとめる「ということだ」のような形式に「ね」が付加された場合も同様である。

・A「ああ，そうか。この問題，そんなに難しく考える必要はないわけです<u>ね</u>」
　B「そういうことです」
・A「要するに，我が社との取引を中止したいということです<u>ね</u>」
　B「そうお考えいただいてけっこうです」

　この用法の「ね」は，話し手よりも聞き手の方が確かな認識を持っていると見込まれる状況で用いられる。話し手と聞き手の間に同様の認識が成り立たないので，確認を求められた相手は「そうですね」で応答することはできない。

・A「あの時，君は佐藤さんとその話をしたんです<u>ね</u>」
　B「そうです ｛*ね／φ｝」

[聞き手を意識していることを示す用法]
　「ね」の第3の用法は，話し手が発話を続ける際に，聞き手を意識しているということを示すものである。話し手が複数の文を続けて発話する場合に，重要な情報を伝える文の前提として，相対的に軽い情報を「のだ」によって表す文に「ね」が付加されるものである。このような「ね」は上昇イントネーションをとる。「ねえ」という形にはならない。

- 昨日，デパートに買い物に行ったんです<u>ね</u>。そうしたら，中学校時代の先生とばったり会って，少し立ち話をしたんですよ。
- A「大会に向けての準備が十分できなかったという意見がありますが」
  B「私は問題ないと思うんです<u>ね</u>。十分な準備なんて，どのチームでも難しいんですから」

この用法では，「ね」があってもなくても，意味にはそれほど大きな違いが出ない。文末に「ね」が現れているものの，聞き手に対する意識を表すだけであり，間投用法に近い性質をもっているためである。

重要な情報を表す「のだ」の文にはこの用法の「ね」は付加しない。

- A「どうして期限内に仕事ができなかったんだ？」
  B「別の仕事が入ったんです {*ね／φ}。そちらが急を要するものだったので，こちらが後回しになってしまいました」

[間投的な用法]

「ね」は，文末に現れるだけでなく，文中に現れる間投的な用法をもつ。

- それで<u>ね</u>，この間<u>ね</u>，みんなに会ったときに<u>ね</u>，君の話が出て<u>ね</u>，最近消息を聞かないけど，今どうしているんだろうって言っていたんだよ。
- 昨日<u>ね</u>，田中にばったり会ったんだけど<u>ね</u>，どうもいつもの元気がないんだよ。

間投的な「ね」は，話し手が聞き手を無視して一方的に話しているのではなく，聞き手を意識しながら話しているということを聞き手に示すものである。

3.2 「な」

[接続]

接続に関して「な」は「ね」とほとんど同じ特徴を示す。名詞述語に接続するときは「だ」を介して付加され，名詞に直接付加できない点が「ね」と違う。

- ほら，田中もそう言ってただろ？ 私もそう思う<u>な</u>。

- 今日はちょっと肌寒いな。
- これ，いい曲 {だ／*φ} な。

丁寧形には接続しにくい。これは，「な」が聞き手の存在を前提としない，非対話的な性質をもつからである。

- ?私もそう思いますな。
- ?今日はちょっと肌寒いですな。
- ?これ，いい曲ですな。

これらはまったく不可能というわけではないが，使用者がおもに年配の男性に限られるという点で，一般性を欠いた表現である。

認識のモダリティには自然に接続する。

- まあ，鈴木ならあの仕事ぐらい簡単にやるだろうな。
- なるほど，そうかもしれないな。

平叙文以外の表現類型については，話し手の意志を表す「しよう」には接続することができない。聞き手を勧誘する「しよう」には接続することが可能であるが，使用者はおもに男性に限られる。

- *もう5時か。そろそろ帰ろうな。
- A「ごめんなさい。今日は約束があるんです」
  B「残念。今度はいっしょに行こうな」

命令文は形式によって違いが出る。「しろ」には接続しない。「しなさい」には接続することがあるが一般的な表現ではなく，使用者は限られている。

- *ちょっとこっちに来いな。
- ちょっとこっちに来なさいな。

[意味と用法]

「な」にはかなり性質の違う2つのタイプがある。1つは，非対話的な性質をもっているタイプである。このタイプは使用者の制限がなく，男性・女性どちらにも用いられる。もう1つは聞き手に対するくだけた確認を表すものであり，対話的な性質をもっているタイプである。このタイプの「な」はおもに男性が用いるものである。

非対話的な「な」は，話し手が新たに認識した事態を表すものである。このような「な」は，「ね」に近い意味をもっている。「ね」は聞き手に対する伝え方を表す対話的な終助詞であるが，「な」はそれから聞き手に対する伝え方を表すという機能を取り除いたものである。

- あ，だれか来た<u>な</u>。
- 雨が降ってる<u>な</u>。傘，持って出かけなくちゃ。

これらの例ではだれかが来るという予定があるとか，雨が降る可能性があるといった先行する認識が存在する。その認識と新たに認識された事態とを突きあわせ，確認したことを表すのである。したがって，先行認識の成立しない発見の状況では，「な」は容認性が下がる。

- ？あ，財布が落ちてる<u>な</u>。
- ？おや，こんなところに何かある<u>な</u>。

発見の状況がふさわしい「ぞ」とは機能に違いがある。

　非対話的な「な」が，対話の中で用いられることもある。

- ここで君に会えるとはうれしい<u>な</u>。
- ええと，その話，聞いたことある<u>な</u>。
- 何か飲みたい<u>な</u>。ねえ，喫茶店にでも入らない？
- A「原因に何か心当たりはないんですか？」
  B「特別何もない<u>な</u>」

対話で用いられる場合でも，このような「な」は聞き手に伝えることを強く意識せず，感情や想起したことを独話的に述べるという伝え方になる。

　一方，対話的な「な」は，親しい間柄での確認を表すものである。このタイプの「な」はおもに男性が用いる。

- 残念だった<u>な</u>。またチャンスはあるよ。　……(1)
- やあ，おはよう。いい天気だ<u>な</u>。　……(2)
- 就職が決まったらしい<u>な</u>。聞いたぞ。　……(3)
- どうしたんだ。元気ない<u>な</u>。　……(4)

「ね」と同様，「な」にも，その内容を話し手の認識として聞き手に示す用法（例(1)(2)）と，話し手にとって不確かさの残る情報を聞き手に確認する用法

(例(3)(4))がある。

3.3 「なあ」
[接続]
　「なあ」は「な」と深い関係をもつ終助詞であるが，共通する性質と独自の性質の両面をもっている。接続に関しても基本的には同じところが多いが，「なあ」だけに見られる特徴もある。
　平叙文には広く接続する。名詞述語に接続するときは，「だ」を介して付加される。
- たくさん食べたなあ。お腹は大丈夫かい？
- 赤ちゃんはかわいいなあ。
- きれいな夕焼け{だ／*φ} なあ。

「なあ」は非対話的な性質をもっているので，丁寧形には接続しにくい。
- ？たくさん食べましたなあ。
- ？赤ちゃんはかわいいですなあ。
- ？きれいな夕焼けですなあ。

これらはまったく不自然というわけではないが，使用者は年配の男性に限られる。
　認識のモダリティの形式にも付加することができる。
- 先生は今日は授業がないから，学校に来ないかもしれないなあ。
- この分じゃ，締め切りには間に合わないだろうなあ。

平叙文以外の表現類型については，「な」と多少の違いが出てくる。「な」は勧誘や行為要求のモダリティを担う文であっても，形式次第では接続するものもある。一方，「なあ」は，詠嘆という意味と意志の表出や行為要求という機能がそぐわないため，直接的に行為に関わる形式にはいっさい接続しない。
- *5時か。そろそろ帰ろうなあ。
- *映画でもいっしょに見に行こうなあ。
- *窓を開けろなあ。
- *早くご飯を食べなさいなあ。

[意味と用法]

　「なあ」はある事態を認識したことから引き起こされる感情の高まりを詠嘆的に表す終助詞である。

　詠嘆の表現は，一般に，聞き手への伝達を意図するものではない。そこで，「なあ」は独話や心内発話のような非対話的な環境に現れるのが基本である。対話で用いられる場合も，それを話し手に伝えることが積極的に表されるわけではない。

・　お2人はいつも仲がいいですね。うらやましいなあ。
・　もう仕事終わったの？　すごいなあ。

　詠嘆の気持ちは，程度のはなはだしさから引き起こされるものである。そのため，「なあ」は形容詞述語に付加されることが多い。「なあ」が付加される形容詞は，その物や事態がもっている性質を表す場合もあるし，それから引き出された感情を表す場合もある。

・　これ，おいしいなあ。
・　この絵，きれいだなあ。
・　だれもいなくなって，寂しいなあ。
・　うれしいなあ。

程度性をもつ動詞述語も形容詞に準ずる存在である。

・　お腹減ったなあ。何か食べるもの，ないかなあ。
・　疲れたなあ。もう寝よう。

　出来事や動作そのものは詠嘆を引き起こしにくいので，「なあ」は付加しにくい。

・　？雨が降ったなあ。
・　？佐藤が来たなあ。

動詞述語であっても，詠嘆を引き起こす要因が副詞などによって示されれば，「なあ」は自然に付加される。

・　昨日はよく降ったなあ。
・　お客さん，たくさん来たなあ。
・　なるほどね。君，いいこと言うなあ。

待ち望んでいたことの実現や，時間の隔たりが詠嘆を引き起こすこともある。

- 春が来たなあ。
- A「ねえ，この本，知ってる？」
  B「高校生のころに読んだなあ」

忘れていたことに気がついたり，納得した内容を表す文に「なあ」が付加されることもある。

- そうか。今日は君の誕生日だったなあ。
- 一流選手ってやっぱり並の選手とは違う雰囲気をもってるんだなあ。

理解できない，わからないという心的状態を表す文に「なあ」が付加されることもある。

- A「鈴木さんは何が言いたいんだろう？」
  B「さっぱりわからないなあ」
- 思い出せないんだけど，あの人にはどこかで会ったことがあるなあ。
- A「田中はどうしたんだろう」
  B「うーん，遊びに行ったのかもしれないなあ」

3.4 「よね」(「よねえ」)

[接続]

「よね」は「よ」と「ね」が複合した終助詞なので，平叙文への接続に関しては，基本的に「よ」と同様である。名詞述語に接続するときは，「だ」を介して付加されることが多いが，名詞に直接付加されることもある。名詞に直接付加される文は，おもに女性が用いる表現である。

- 君もそこにいたよね。
- この部屋，暑いよね。
- あの人，サラリーマン {だ／φ} よね。

「よね」は丁寧形にも自然に接続する。

- 君もそこにいましたよね。
- この部屋，暑いですよね。
- あの人，サラリーマンですよね。

6章 ● 3節　伝達態度のモダリティ　　265

認識のモダリティの形式の中では,「かもしれない」などには自然に接続するが,「だろう」や「(する)そうだ」「らしい」には接続しにくい。

- 明日は雨が降るかもしれないよね。
- 明日は雨が降る {*だろう／?そうだ／?らしい} よね。

意志形「しよう」には接続しにくい。勧誘の解釈でも不自然である。

- *今日の晩ご飯はハンバーグにしようよね。

行為要求の文については,命令形「しろ」にはやや接続しにくいが,「よな」であれば接続する。おもに男性が用いる。

- ?早く食べろよね。
- 早く食べろよな。

「しなさい」や「てください」には接続する。

- たまには時間どおりに {来なさい／来てください} よね。

「よ」や「ね」は単独では疑問文に接続することがあるが,「よね」は接続しない。

- *だれがそんなこと言ったんだよね?
- *君もそう思ったのかよね?

[意味と用法]

「よね」は,聞き手にも受け入れられるものとして話し手の認識を聞き手に示すという伝達機能をもっている。用法としては,話し手の認識として聞き手に示すもの,話し手より聞き手の方が優位にある認識を示すことで確認を求めるものの,2つの用法がある。

「よね」の第1の用法は,聞き手に受け入れられると見込まれる話し手の認識を示すものである。「よねえ」のような形になることもある。

- A「学生時代は楽しかったよね」
  B「充実していたよね」
- A「あの作家の作品,私,好きなんですよ」
  B「私も好きです。いいですよねえ」
- フォークダンスの曲って,聞いていると,なんだか悲しい気持ちにな

るよね。

この用法では、話し手と聞き手に共通する経験、聞き手にも受け入れられると見込まれる一般的な意見を表す文に「よね」が付加される。評価や心理状態を表す述語に対して用いられることが多い。

話し手の個人的な知識や考えを表す文に「よね」を用いることは難しい。

・A「海外旅行中に財布を落としたそうですが、大丈夫でしたか？」
　B「？あの時は困りましたよね」

このような文は、「のだ」によって、聞き手に対して説明しようとする態度を明示すれば、自然な文になる。

・A「海外旅行中に財布を落としたそうですが、大丈夫でしたか？」
　B「あの時は困ったんですよね」
・A「この問題をどうすればいいとお考えですか？」
　B「いろいろな解決法があると思うんですよね。条件次第ですけど」
・　私、時間がないときでも、食事だけは自分で作るようにしてるんですよね。

「よね」の第2の用法は、聞き手に直接関わることや、聞き手の方が確かな情報をもっていると見込まれる事柄に対して、確認を求めるものである(⇒確認要求の「よね」については、第2章第3節4.2を参照)。

・A「佐藤さんはたしか今年就職したんだよね？」
　B「ええ。貿易関係の仕事だったと思います」
・A「中学校のときの先生、覚えてるよね？」
　B「もちろんです。忘れられませんよ」

このような例で「ね」を用いると、その情報を話し手が確定的ととらえていることになる。聞き手の知識状態に関わる事柄にこの種の「ね」が用いられると、はっきりとは知らない情報を話し手が決めつけているような印象を与えることがある。

・　佐藤さんはたしか今年就職したんだね？
・　中学生のときの先生、覚えているね？

「よね」は、聞き手が当然そうするはずだ、という見込みのもとで確認する

こともある。
- 明日，来るよね？
- この間貸したお金，返してくれるよね？

「でしょ」や「ね」のように聞き手に確認を求める形式は，話し手の認識を押しつけたり，聞き手の知識を推し量ったりするものが多いので，目上の聞き手に対しては用いにくいことがある。一方，「よね」は聞き手の知識への配慮が表されているので，目上の聞き手に対しても用いやすい。
- A「先生，覚えていらっしゃるでしょうか。私の同期に田中という学生がいました ｛?でしょ／?ね／よね｝？」
  B「よく覚えてるよ」

4. 終助詞相当の形式

4.1 「とも」

[接続]

接続助詞が終助詞化した「とも」は，平叙文に接続する。名詞述語に接続するときは，「だ」を介して付加される。
- A「忙しいところを悪いんだけど，来てくれるかな？」
  B「もちろん出席するとも」
- A「これ頼まれてくれない？」
  B「ああ，いいとも」
- A「君の故郷はどんなところなの？」
  B「とてもいいところ ｛だ／*φ｝ とも」

丁寧形にも自然に接続することができる。
- もちろん出席しますとも。
- ああ，いいですとも。
- とてもいいところですとも。

「にちがいない」や「だろう」のような認識のモダリティの形式に接続することもできるが，「かもしれない」や「らしい」には接続しにくい。
- きっとそうだよ。そうにちがいないとも。

- なるほど。そうだろう<u>とも</u>。
- そうだね。そう {？かもしれない／？らしい} <u>とも</u>。

　平叙文以外の表現類型に関しては，意志文「しよう」，命令文「しろ」には，どちらにも接続しない。
- ＊そろそろ食事にしよう<u>とも</u>。
- ＊ここで待っていろ<u>とも</u>。

ただし，意志の表明を表す動詞の非過去形「する」に付加される例はしばしば見られる。
- どんな用事があっても必ず行きます<u>とも</u>。

［意味と用法］

　「とも」は相手の発言に対して，相手の意向に添いながら，話し手がそれを当然だと認識していることを表す。相手の発言は依頼や疑問といった文であることが多い。
- A「ちょっと待っててくれる？」
  B「ああ，いい<u>とも</u>」
- A「この仕事を手伝ってくれたらありがたいんだけど」
  B「手伝う<u>とも</u>。そのために今日は来たんだ」
- A「田中さんって人，知ってますか？」
  B「知ってます<u>とも</u>。田中さんにはお世話になっています」

「とも」は基本的に相手からの発言に対する応答の文に用いられる，対話的な性質をもった終助詞である。

　「とも」はそれが当然だという話し手の認識を聞き手に伝えるので，不安を感じたり，疑問を感じている聞き手を安心させるという表現効果をもつことが多い。
- A「みんな来てくれるかな」
  B「来る<u>とも</u>」

「とも」は，補充疑問文に対する応答には用いられない。
- A「今来ている人の中で，君はだれを知ってる？」

B「*田中さんを知っているとも」
　・A「だれが来てくれるかな？」
　　　B「*鈴木君だとも」

4.2 「もの」(「もん」)

[接続と形]

　形式名詞が終助詞化した「もの」(「もん」)は，「だ」を補って「ものだ」という形には言い換えられないので，「ものだ」の「だ」が脱落したものではない。「もの」自体が終助詞として機能している(⇒「ものだ」及び「もの」を含む形式については，第5章第4節2.を参照)。

　・もう帰るよ。待ちくたびれたんだ {もの／*ものだ}。

話しことばでは，「もん」という形をとることが多い。

　「もの」は，平叙文に広く付加される。名詞述語に接続するときは，「だ」を介して付加される。

　・A「いつまでテレビを見てるの！」
　　　B「だって，試合がどうなったか気になるもん」
　・A「明日が雨だなんて，どうしてわかるの？」
　　　B「風が湿っぽいもの」
　・朝食はご飯がいいな。日本人 {だ／*φ} もん。

丁寧形にも自然に接続できる。

　・試合がどうなったか，気になりますもん。
　・風が湿っぽいですもの。
　・朝食はご飯がいいです。日本人ですもん。

認識のモダリティの形式にも接続することはあるが，「だろう」には付加できない。

　・だって，もう会えないかもしれないもん。
　・*だって，もう会えないだろうもん。

意志文「しよう」や命令文「しろ」のような平叙文以外の表現類型には接続しない。

- ＊そろそろ帰ろうもん。
- ＊ちょっとこっちへ来いもん。

ただし，意志のモダリティを帯びた文の中でも意志の表明を表す動詞の非過去形「する」には付加されることがある。
- ぼく，もう，帰るもん。

[意味と用法]

「もの」の主要な用法は，聞き手が事情がわからないと考えている内容について，話し手が個人的に理由だと考えていることを示すものである。
- A「どうして食べないの？」
  B「食欲，ないんだもの」
- A「どうしてそのおもちゃがほしいの？」
  B「だって，みんな持ってるんだもん」

現在の状況の背景説明として用いられることが多いので，「もの」は「のだ」とともに用いられることが多い。また，「だって」のような理由を導く接続表現とともに用いられることも多い。

「もの」は動かしがたいものとして理由を説明するものである。そのため，その理由の正当性をゆずろうとしないという，独りよがりで幼い言い方になる。あらたまった場面では用いにくい。
- A「先生，明日は休講ですか？」
  B「？出張しなくちゃいけないんだもの」

また，話し手以外の人の行為に対する説明にも用いにくい。
- A「佐藤はどうして怒っているの？」
  B「？だって，君が変なこと言うんだもん」

聞き手の疑問に対する説明ばかりではなく，話し手が自分が言った内容に対する理由説明として「もの」を用いることもある。
- 心配しないで。私，あんな話，気にしてないもの。
- 鈴木には会いたくないな。気が進まないんだもん。

「もの」には理由の説明のほかに，聞き手に対する反抗を表す用法がある。

- A「トマト，また残したでしょ？」
  B「食べた<u>もん</u>！」
- A「大学生になったら，お年玉は要らないよね？」
  B「要る<u>もん</u>！」
- 強情だなあ。いいよ，もう帰る<u>もん</u>。

反抗の用法は，聞き手の認識（「トマトを残した」「大学生になったらお年玉は要らない」）と逆の内容を，当然のこととして主張するところから派生したものである。

4.3 「の」

[接続]

「の」は丁寧体の述語の非過去形・過去形に接続する。
- あの方には娘が大変お世話になりました<u>の</u>。
- 仕事が進みません<u>の</u>。どうしましょう。

普通体にも「の」が接続することがあるが，これは「のだ」の「だ」が脱落したものである。

[意味と用法]

平叙文や疑問文の文末に用いられる「の」には，終助詞化したものがある。これは，おもに女性が用いる表現であり，丁寧体の述語に接続する。
- 今日は時間がありましたので，歩いてまいりました<u>の</u>。
- お昼にはおそばをいただきました<u>の</u>。
- 何か問題があります<u>の</u>？

このような「の」の機能は，「のだ」と変わらない（⇒「のだ」の機能については，第5章第2節を参照）。丁寧体の述語に接続するという点で，「のだ」と区別されるだけである。

さらに，「んです」に接続する「の」がある。このような「の」は，文にやわらかく，上品なニュアンスを付け加える。
- 先日，学生時代のお友達にばったり会ったんです<u>の</u>。

- うちの子，もう今年就職なんです<u>の</u>。

「のだ」に接続する「の」は，「のだ」の「だ」が脱落したものと考えることはできない。

4.4 「っけ」

[接続]

「っけ」は，動詞やイ形容詞述語に接続するときは，過去形に付加されるのが普通である。ナ形容詞や名詞述語に接続するときは，過去形「だった」だけでなく，非過去形「だ」に付加することもできる。

- 高校生のころは，鈴木先生によく叱られた<u>っけ</u>。
- 去年の大学祭は楽しかった<u>っけ</u>。
- え，あの辺，そんなに静か {だ／だった} <u>っけ</u>。
- [心内で] そうか。佐藤さんはまだ大学生 {だ／だった} <u>っけ</u>。

[意味と用法]

「っけ」は，過去の経験を回想したり，忘れていたことを想起したことを表す。

- そうだなあ。そう言えば，そんなこともあった<u>っけ</u>。
- 4年前の今ごろは，中国を旅行していた<u>っけ</u>。
- あ，お湯を沸かしていたんだ<u>っけ</u>。

出来事自体は未実現であっても，それを予定として決めた時点が過去であれば，「っけ」を用いることができる。この場合，「のだ」を介して付加される。

- 田中さんも今日来るんだ<u>っけ</u>。

話し手の記憶を聞き手に確認する質問文にすることもできる(⇒「っけ」の質問文としての機能については，第2章第3節4.5を参照)。

- 君，今度いつ来るんだ<u>っけ</u>？

4.5 「ってば」

[接続]

「ってば」は引用形式に由来する形式なので、さまざまな文に接続することができる。

- ねえねえ，だれかがそこにいるってば。（平叙文）
- もういいから，早く帰ろうってば。（勧誘文）
- 早くこっちへ来いってば。（命令文）
- わかったから，そんなに泣くなってば。（禁止文）

ただし，意志文や疑問文には接続しにくい。

- 5時か。？もう帰ろうってば。（意志文）
- ？元気かってば。（疑問文）

[意味と用法]

「ってば」は，話し手が聞き手に話したことがあるということを，あらためて聞き手に思い起こさせようとする機能をもっている。

- A「何度もごめん。待ち合わせ時間はいつだっけ？」
  B「5時半だってば」

聞き手に話したことがなくても，「ってば」が用いられることがある。このとき，それが言うまでもなく当然だというニュアンスが出る。

- A「本気なの？」
  B「本気だってば」
- A「あれ，佐藤さんとけんかでもしたの？」
  B「違うってば」

参考文献

　以下にあげる文献は，モダリティ全般を記述したもの，この巻の記述内容に直接関わるものに限っている。モダリティ関連の重要文献を網羅しているわけではない。

第1章　モダリティの概観

尾上圭介 (2001)『文法と意味Ⅰ』(第3章第4節～第6節), pp. 431-488, くろしお出版.

佐治圭三 (1991)『日本語の文法の研究』ひつじ書房.

寺村秀夫 (1984)『日本語のシンタクスと意味Ⅱ』くろしお出版.

中右実 (1994)『認知意味論の原理』大修館書店.

仁田義雄 (1991)『日本語のモダリティと人称』ひつじ書房.

仁田義雄・益岡隆志 (編) (1989)『日本語のモダリティ』くろしお出版.

野田尚史・益岡隆志・佐久間まゆみ・田窪行則 (2002)『日本語の文法4　複文と談話』(第1章), pp.1-62. 岩波書店.

益岡隆志 (1991)『モダリティの文法』くろしお出版.

宮崎和人・安達太郎・野田春美・高梨信乃 (2002)『新日本語文法選書4　モダリティ』くろしお出版.

森山卓郎・仁田義雄・工藤浩 (2000)『日本語の文法3　モダリティ』岩波書店.

山田小枝 (1990)『モダリティ』同学社.

Palmer, F. R. (2001) *Mood and Modality* (Second edition), Cambridge University Press.

第2章　表現類型のモダリティ

安達太郎 (2002)「現代日本語の感嘆文をめぐって」『広島女子大学国際文化学部紀要』10, pp.107-109, 県立広島女子大学国際文化学部.

佐藤里美 (1992)「依頼文 ― してくれ，してください ― 」言語学研究会 (編)『ことばの科学5』, pp.109-186, むぎ書房.

仁田義雄 (1991)『日本語のモダリティと人称』(第4章，第5章，第7章，第8章), pp.135-164, pp.165-183, pp.203-224, pp.225-262, ひつじ書房.

樋口文彦 (1992)「勧誘文 ― しよう，しましょう ― 」言語学研究会 (編)『ことばの科学5』, pp.175-186, むぎ書房.

南不二男（1985）「質問文の構造」水谷静夫（編）『朝倉日本語新講座4　文法と意味Ⅱ』，pp.39-74, 朝倉書店.

宮崎和人・安達太郎・野田春美・高梨信乃（2002）『新日本語文法選書4　モダリティ』（第1章，第2章，第5章，第6章），pp.18-41, pp.42-77, pp.174-202, pp.203-227, くろしお出版.

村上三寿（1993）「命令文 ─ しろ，しなさい ─ 」言語学研究会（編）『ことばの科学6』，pp.67-115, むぎ書房.

森山卓郎（1990）「意志のモダリティについて」『阪大日本語研究』2, pp.1-19, 大阪大学文学部日本学科（言語系）.

第3章　評価のモダリティ

奥田靖雄（1996）「現実・可能・必然（中）─「していい」と「してもいい」─」『ことばの科学7』pp.137-173, むぎ書房.

高梨信乃（1995）「シテモイイとシテイイ ─ 条件接続形式による評価的複合表現② ─ 」宮島達夫・仁田義雄（編）『日本語類義表現の文法（上）単文編』pp.244-252, くろしお出版.

宮崎和人・安達太郎・野田春美・高梨信乃（2002）『新日本語文法選書4　モダリティ』（第3章），pp.80-120, くろしお出版.

森山卓郎（1997）「日本語における事態選択形式 ─ 「義務」「必要」「許可」などのムード形式の意味構造 ─ 」『国語学』188, pp.(左)12-25, 国語学会.

第4章　認識のモダリティ

寺村秀夫（1984）『日本語のシンタクスと意味Ⅱ』（第6章1.），pp.223-260, くろしお出版.

森山卓郎・仁田義雄・工藤浩（2000）『日本語の文法3　モダリティ』（第2章），pp.81-159, 岩波書店.

益岡隆志（1991）『モダリティの文法』（第2部第3章），pp.108-123, くろしお出版.

宮崎和人・安達太郎・野田春美・高梨信乃（2002）『新日本語文法選書4　モダリティ』（第4章），pp.121-171, くろしお出版.

森山卓郎（1989）「認識のムードとその周辺」仁田義雄・益岡隆志編『日本語のモダリティ』，pp.57-120, くろしお出版.

第5章　説明のモダリティ

佐治圭三（1991）『日本語の文法の研究』（第3部），pp.179-261, ひつじ書房．

田野村忠温（1990）『現代日本語の文法Ｉ　「のだ」の意味と用法』和泉書院．

寺村秀夫（1984）『日本語のシンタクスと意味Ⅱ』（第6章2．），pp.261-311, くろしお出版．

野田春美（1997）『日本語研究叢書9　「の（だ）」の機能』くろしお出版．

宮崎和人・安達太郎・野田春美・高梨信乃（2002）『新日本語文法選書4　モダリティ』（第7章），pp.230-260, くろしお出版．

第6章　伝達のモダリティ

上野田鶴子（1972）「終助詞とその周辺」『日本語教育』17, pp.62-77, 日本語教育学会．

陳常好（1987）「終助詞 ─ 話し手と聞き手の認識のギャップをうめるための文接辞 ─ 」『日本語学』6-10, pp.93-109, 明治書院．

仁田義雄（1991）『日本語のモダリティと人称』（第6章），pp.185-202, くろしお出版．

野田尚史（1998）「「ていねいさ」からみた文章・談話の構造」『国語学』194, pp.(左)1-14, 国語学会．

宮崎和人・安達太郎・野田春美・高梨信乃（2002）『新日本語文法選書4　モダリティ』（第8章），pp.261-288, くろしお出版．

複数の章に関わるもの

庵功雄・高梨信乃・中西久実子・山田敏弘（監修：松岡弘）（2000）『初級を教える人のための日本語文法ハンドブック』スリーエーネットワーク．

庵功雄・高梨信乃・中西久実子・山田敏弘（監修：白川博之）（2001）『中上級を教える人のための日本語文法ハンドブック』スリーエーネットワーク．

グループ・ジャマシイ（編著）（1998）『教師と学習者のための日本語文型辞典』くろしお出版．

工藤浩（1982）「叙法副詞の意味と機能 ─ その記述方法を求めて ─ 」『国立国語研究所報告71　研究報告集3』秀英出版．

国立国語研究所（1951）『国立国語研究所報告3　現代語の助詞・助動詞 ─ 用法と実例 ─ 』秀英出版．

益岡隆志・田窪行則（1992）『基礎日本語文法 ─ 改訂版 ─ 』くろしお出版．

松村明（編）（1969）『古典語現代語助詞助動詞詳説』學燈社．

宮島達夫・仁田義雄（編）(1995)『日本語類義表現の文法（上）単文編』くろしお出版.
宮島達夫・仁田義雄（編）(1995)『日本語類義表現の文法（下）複文・連文編』くろしお出版.
森田良行・松木正恵(1989)『日本語表現文型　用例中心・複合辞の意味と用法』アルク.
森本順子（1994)『日本語研究叢書7　話し手の主観を表す副詞について』くろしお出版.
森山卓郎・安達太郎（1996)『日本語文法セルフマスターシリーズ6　文の述べ方』くろしお出版.

索引

【あ】
あきらめ 251
あきれ 223, 226
「あたかも」 166
「ありません」 232
「あるいは」 154

【い】
「いいえ」 24
言いさし 76
言い伝え 177
「いいよ」 68, 72, 244
意外 47, 88, 184
「いかにも」 174
意見の疑問文 44
意向 118, 123
意志形 10, 42, 52, 53, 61, 62, 63, 64, 184, 232
意志性 67
意志の疑問文 42
意志の表出 53
意志の未決定 43
意志のモダリティ 5, 16, 52
意志文 52
1人称者 19, 160, 161, 216
「いつ」 27
「今にも」 173
依頼(文) 71-75, 80, 199
因果関係 170, 204, 212
イントネーション
　下降イントネーション 183, 242
　　上昇イントネーション 102, 145, 177, 256
引用(節) 141, 176, 184

【う】
疑い(の疑問文) 34, 74, 88, 138, 144, 179
促し 43
「うれしいことに」 141
噂 178
「噂では」 169, 176
「運悪く」 141

【え】
詠嘆(文) 88, 150, 227, 263
婉曲 165, 166

【お】
応答表現 24
「お〜ください」 76
「お／ご」 237
「おそらく」 147, 149, 154
「おそれがある」 155
驚きを表す文 88
「思う」 183

【か】
「(〜)か」 2, 23, 29, 49, 137, 145, 155, 183, 187
「が」(格助詞) 55, 57, 84
「が」(接続助詞) 76
「かい」 23
「がいい」 101
「〜が言うことには」 169, 176
外観 173
蓋然性 140, 151
回想 222

索引　279

確信（的な判断） 146, 152, 158
確信の度合い 134, 147, 149, 154, 159, 181, 182
確認・詠嘆を表す終助詞 254
確認要求（の疑問文） 37, 149, 160, 161, 181, 182, 267
下降イントネーション 183, 242
過去形 136
「かしら」 34 「かしれない」 155
「〜が」節 138, 206, 211
傾き 31
仮定（条件） 138, 140, 149, 154
「かどうか」 25
「かな」 34, 73
「かね」 255
「かねない」 156
可能性 119, 133, 140, 151, 153, 162
「可能性がある」 155
「かのようだ」 166
「かも」 153
「かもしれない」 3, 119, 134, 148, 152, 174, 180, 181, 251, 266, 268
「かもしれぬ」 155
「かもわからない」 155
「〜から聞いたところによると」 169, 176
「〜から」節 138
「からだ」 204, 212
「〜かろう」 150
感覚述語 20
関係づけ 189, 198, 199, 202, 203, 224
換言 199, 203, 209, 228
観察 140, 164, 165, 166, 168, 173
感情述語 19
感情表出 182

感心 223, 226
間接的表現 237
感嘆 228
感嘆のモダリティ 5, 11, 16, 82
感嘆の誘因 82
感嘆文 82
間投的用法 260
願望 30, 69, 99, 223
勧誘 43, 247
　グループ型の勧誘 63, 64
　引き込み型の勧誘 63, 64
勧誘のモダリティ 5, 16, 62
勧誘文 62

【き】
記憶 147, 148, 154, 161, 162, 182, 184
聞き手不在発話 184
聞き手めあて 176
「聞く」 183
危惧 130
「聞くところによると」 169, 176
帰結 208, 209, 213
「聞けば」 169, 176
「気だ」 60
期待 77
「きっと」 147, 149, 159, 162
詰問 26, 211
疑念 35
希望 75
義務 163
疑問語 26, 33, 104, 120, 150, 155
疑問のスコープ 182
疑問のモダリティ 4, 15, 21
疑問文 21, 144, 148, 171, 176
　意見の疑問文 44

意志の疑問文　42
疑い（の疑問文）　34, 74, 88, 138,
　　144, 179
確認要求（の疑問文）　37, 149, 160,
　　161, 181, 182, 267
肯定疑問文　30, 72
真偽疑問文　23, 145
選択疑問文　25
問い返し疑問文　47
否定疑問(文)　29, 72, 179, 182
補充疑問文　26, 33, 100, 181
逆接条件節　149
逆接　130, 161, 206
客観的必要(性)　3, 109
客観的許容(性)　3, 119
客観的非許容　130
客観的不必要　124, 127
教示　199, 201
強制(力)　67, 71, 108
共有知識　40
許可　76, 92, 117
許容　92, 117
禁止　79, 106, 129
　　阻止的な禁止　80
　　予防的な禁止　80
禁止形　79

【く】
グループ型の勧誘　63, 64

【け】
傾向　220
形式名詞　192
決意の確認　57
結果　208, 212
「けど」　76

原因・理由　138, 168, 204, 212
謙譲語　237
「現に」　147
言表事態　1
言表態度　1

【こ】
行為系の表現類型　4, 9, 15
行為の宣言　57
行為の提案　54
行為の申し出　54
行為要求のモダリティ　5, 16, 66
後悔　94, 99, 103, 106, 108, 118,
　　123, 126, 130, 191, 204
抗議　243
肯定疑問文　30, 72
誤解　185
告白　199
ゴザイマス体　231
個人的な主張　184
「こと」（形式名詞）　192, 219
「こと」（終助詞的用法）　228
「こと」（命令）　70
コト　1
「ことか」　227
「ことがある」　157
「ことだ」　78, 92, 111, 192, 219, 225
「ことだろう（か）」　150, 227
「ことと思う」　227
「こと(は)ない」　93, 111, 126, 226
「この」　84
懇願　76
「こんなに」　88

【さ】
「さ」　239, 249
再確認　158, 161, 162

索引　281

再認識 204
「さいわい」 141
「さぞ」(「さぞかし」) 149, 159, 180
誘い 76
錯覚 187
「ざるを得ない」 92, 114
3人称者 223, 226
「残念ながら」 141

【し】
「しかない」 92, 114
思考過程 35
思考動詞 183, 184
思考内容 141
自己確認 183
指示 76
指示語 83
「事実」 147
事実(の提示) 133, 141, 145, 147, 158
事情 189, 199, 202, 203, 204, 210
「(し)そうか」 138
「(し)そうだ」 134, 170
「(し)そうで〜ない」 171
「(し)そうなものだ」 223
「(し)そうになった」 173
「した」 69
「した方がいい」(「方がいい」) 77, 91, 92, 102, 107
「したら?」(「たら?」) 77, 102
「したらいい」(「たらいい」) 91, 92, 98, 103
実現寸前 173
実行命令 67
叱責 70
質問(文) 21, 138, 144, 145, 171, 182

「して」 74
「しておけ」(「ておけ」) 69
「してくれ」(「てくれ」) 71
「してたまるか」(「てたまるか」) 50
「してはいけない」(「てはいけない」) 81, 92, 93, 128, 216
「してほしい」(「てほしい」) 19, 75
「してみせる」(「てみせる」) 57
「してみろ」(「てみろ」) 69
「してもいい」(「てもいい」) 3, 91, 92, 117, 122, 123, 130, 156
「してやる」(「てやる」) 57
「しない」 80
「しないか」 65, 70
「しないつもりだ」 58
「しないでくれ」 80
「しないでくれないか」 80
「しないわけにはいかない」(「ないわけにはいかない」) 92, 114, 216
「しなくてはいけない」(「なくてはいけない」) 92, 107, 108, 163
「しなくてもいい」(「なくてもいい」) 92, 118, 122
「しなさい」 3, 67
地の文 137, 152, 157, 168, 180
自問(的な疑問文) 148
「じゃない(か)」 29, 182
修飾表現[実質名詞]! 83
終助詞 230
終助詞相当形式 239, 268
従属節 138, 148, 152, 157, 168, 205
主観的な評価 146
主述関係 83, 86, 87
「しよう」 10, 52, 62, 150, 247
「しようか」 42, 50
状況可能 215

条件接続形式　100
証拠（性）　134, 140, 164, 168, 170, 174
叙述のモダリティ　4, 15, 17
授受の補助動詞　72, 75
上昇イントネーション　102, 145, 177, 256
将然　173
焦点　22, 195
譲歩　154, 158
情報系の表現類型　4, 9
情報系のモダリティ　15
情報源　169, 176
助言　79, 112, 225
助動詞　92, 134, 192
「しろ」　10, 67
真偽疑問文　23, 145
親疎　236
心内発話　35, 53, 57, 59, 179, 181, 184, 229, 235, 239, 245, 253, 264

【す】
推定　133, 165, 168
推量　133, 140, 143, 148, 150, 180
推論　158, 159, 161, 214
「〜すぎる」　146
スコープ　23, 33, 195, 206
　　疑問のスコープ　182
勧め　78, 99, 103, 106
スタイル　235
ストラテジー　237
「ずに(は)いられない」　117
「する」　52, 56, 69, 254
スル形　183
「するしかない」（「しかない」）　92, 114
「(する)そうだ」　134, 152, 164, 169, 174, 183, 266
「するといい」（「といい」）　92, 98, 103
「するな」　79, 129
「する方がいい」（「方がいい」）　77, 91, 92, 102, 107
「すれば？」（「ば？」）　102
「すればいい」（「ばいい」）　91, 92, 98, 103

【せ】
「ぜ」　239, 247
制御可能　94, 118, 123, 126, 129
制御不可能　94, 119, 124, 127, 130
「せざるを得ない」（「ざるを得ない」）　92, 114
「せずに(は)いられない」（「ずに(は)いられない」）　117
「絶対に」　147
説明のモダリティ　6, 8, 162, 187, 189
「ぜひ」　77
選択疑問文　25
選択肢　25

【そ】
「ぞ」　57, 239, 244
「そうか」　49
想起　182, 191, 204
「そうだ」（「(し)そうだ」）　134, 170
「そうだ」（「(する)そうだ」）　134, 152, 164, 169, 174, 183, 266
「そうです」　24
「そうですね」　257
「そうではない」　171
「そうにない」　171
「そうもない」　171
「そうに」　173

阻止的な禁止 80

【た】
「たい」19
態度表明 184
「たいものだ」223
対話的終助詞 239
「たしか」147, 162
「だって」48, 176
「だって」(接続表現) 270
妥当 106
「たぶん」147, 149, 154, 162, 180
「たら」100
「たら?」77, 102
「たらいい」91, 92, 98, 103
「たらいかが?」77
「〜たら」節 205
「だれ」26
「〜たろう」147
「だろう」1, 3, 37, 86, 134, 143, 147, 153, 180, 183, 184, 232, 241, 266, 268, 270
「だろうか」34, 50, 138, 144, 148, 181
「だろうと」149
「だろうね」39
断定 133, 140, 143
断定回避 149
断定形・「φ」138, 140, 143, 184

【ち】
「違います」24
知覚動詞 183
知識状態 40
忠告 103, 112, 113, 225
徴候 171, 174
直感的な判断 159

【つ】
「っけ?」45
「っけ」(終助詞相当形式) 239, 273
「って」48, 176, 251
「ってば」239, 274
「つもりだ」58
「つもりではない」58
「つもりはない」58
「であろう」148

【て】
提案 43
「ていい」119, 124
提示 190, 197, 199, 209, 210
「ていただけないか」72
「ていただけるか」72
丁寧形 136, 231
丁寧さのモダリティ 7, 9, 12, 229, 231
丁寧体 229, 231
丁寧な依頼 73
「ておきなさい」69
「ておけ」69
「てください」71
「てくれ」71
「てくれないか」72
「てくれるか」72
テ形 74
テ形・連用形による節 206
「てごらん」69
「でしょうか」34, 73
「です」144, 231, 233
デスマス体 231
「てたまるか」50
「てっきり」186
「てはいけない」81, 92, 128, 216

「てはだめだ」130
「ではないか」38, 160, 161, 182
「てはならない」92, 129
「てはならぬ」129
「てほしい」19, 75
「てほしいものだ」223
「てみせる」57
「てみろ」69
「ても」120
「てもいい」3, 91, 92, 117, 122, 129, 156
「てもかまわない」121, 125
「てもらいたい」75
「てもらいたいものだ」223
「てもらえないか」72
「てもらえるか」72
「てやる」57
伝言 169, 175, 176
伝達態度のモダリティ 7, 8, 239
伝達のモダリティ 7, 9, 11, 229
伝達を表す終助詞 241
伝聞 134, 148, 168, 169, 174, 227
伝聞的な知識 40

【と】
「と」100
「といい」77, 91, 92, 98, 103
「という」177
「ということだ」177, 228, 259
「ということも考えられないわけではない」157
「と言うと？」47
「というのか」50
問い返し疑問文 47
問いかけ性 180
「どっ」27

当為 221
同意 175, 177
「どういう」28
当為判断 94
動作主体 53, 56
動詞述語文 182
「どうしたか」29
「どうして」27, 34, 50
「どうするか」28
「当然」162
当然(視) 152, 161
「どうも」166, 168, 169, 174
「どうやって」27
「どうやら」166, 168, 169, 174
「どうりで」162, 187, 212
「と思う」141, 146, 148, 183
「と思うか」44, 50
「と思った」186
「と思っていた」186
「と思っている」185
「とか」178
「と聞く」183
特別丁寧体 232
独話 7, 17, 35, 49, 53, 56, 59, 69, 75, 158, 179, 182, 183, 184, 197, 229, 235, 239, 242, 245, 247, 250, 253, 262, 264
「どこ」27
「ところだ」172
「どちら」(「どっち」) 28, 104, 237
「どの」28
「とのこと(だ)」177
「どのように」27
「とは」88
「とは思っていなかった」188
「とは思わなかった」187

索引 285

「とは限らない」155
「と見える」183
「とも」239, 268
「とも考えられる」(「ということも考えられる」) 156
努力命令 68
「どれ」28
「どんなに〜ことだろう」88

【な】
「な」7, 239, 260
「なあ」223, 230, 263
「ない」93
「ないか」(「しないか」) 65, 70
「ないです」232
「ないで(は)いられない」116
「ないといけない」92, 108
「ないとだめだ」110
「ないとも限らない」156
「ないわけに(は)いかない」92, 114, 216
「ないわけにもいかない」114
「なきゃ」108
「なくちゃ」108
「なくていい」124
「なくてかまわない」126
「なくてはいけない」92, 107, 108, 163
「なくてはだめだ」110
「なくてはならない」92, 109
「なくてもいい」92, 93, 118, 122
「なくてもかまわない」121, 125
投げやり 250
「なければいけない」92, 108
「なければだめだ」110
「なければならない」3, 92, 108
「なぜ」27, 34, 50

納得 49, 161, 162, 187, 194, 209, 211, 212
「何」26
「何を」50
「何をするか」28
「〜なら」節 138, 205
「なんで」27
「なんて」(驚き) 88
「何でも」169, 176
「なんと〜ことか」86
「なんと〜ことだろう」86
「なんと」(「なんて」)(感嘆) 85
「何と」(「何て」)(疑問語) 28
「なんと〜のだ」87
「なんと〜のだろう」87

【に】
「〜に言わせると」169, 176
「にきまっている」159
二重否定 215, 216
「に相違ない」159
「にちがいあるまい」150
「にちがいない」134, 148, 151, 157, 163
2人称者 216, 223, 226
「には及ばない」128
「〜によると」(「〜によれば」) 169, 176
認識のモダリティ 5, 8, 18, 109, 119, 133, 251

【ね】
「ね」3, 37, 56, 68, 153, 175, 223, 230, 239, 254
「ねえ」254
「ねばならない」108
「ねばならぬ」108

【の】
「の」(格助詞) 84
「のか」24, 32
「の」(終助詞相当形式) 239, 272
「のだ」2, 6, 70, 76, 113, 136, 146, 158, 179, 182, 189, 193, 195, 209, 224, 242, 255, 272
「のだが」206, 211
「のだから」205
「のだった」182, 202, 204, 211
「のだったら」205
「のだろう」170
「ので」207
「のであって」206
「のであり」206
「のであれば」205
「のではない」197, 214
「のではないか」29, 179
「のではないかしら」179
「のではないかな」179
「のではないだろうか」179
「のではなかったか」32, 179, 182
「のなら」205
「〜の話では」169, 176

【は】
「は」55, 57, 87
「ば」100
「ば?」102
把握 190, 197, 202, 209, 210
「はい」24, 68, 71
「ばいい」91, 92, 98, 103
「ばかり」186
「はずがない」160, 162
「はずだ」109, 134, 151, 160, 187, 192, 212
「はずではない」160
「はずはない」160, 162
「〜ば」節 205
働きかけ 94
発見 40, 182
発話現場での認識の成立 182
発話時現在 148
反抗 271
反語解釈 45, 50
反語的な主張 34
反事実的な条件文 146
判断不明 35

【ひ】
比較 103
非関係づけ 198, 201
引き込み型の勧誘 63, 64
比況 140, 165, 167
非許容 93, 128
非対話的終助詞 239
必然(性) 114, 140, 151
「必要がある」110, 127
必要(性) 92, 98
「必要はない」110, 127
否定 93, 213
否定疑問(文) 29, 72, 179, 182
否定形 93, 136
否定推量 134, 150
非丁寧形 231
否定文 149
非難 34, 49, 70, 206, 243
皮肉 236, 243
否認 175
評価的な述語 20, 146
評価的な副詞的表現 141
評価的複合形式 91
評価の前提 142

索引 287

評価のモダリティ 5, 8, 78, 81, 91, 156, 163, 216
表現類型のモダリティ 4, 15
表出 19
「ひょっとすると」(「ひょっとしたら」「ひょっとして」) 154
開き直り 250

【ふ】
不安 30
フォーカス 22, 33, 195
フォーマリティ 236
不可能 81
不可避 114
不許可 117
「不思議ではない」 156
普通体 231
不必要 93, 122
不満 94, 99, 103, 106, 108, 112, 118, 123, 126, 130

【へ】
平叙文 17
「べき」 105
「べきだ」 92, 105
「べきではない」 105
「べく」 105
「べし」 106

【ほ】
「方がいい」 77, 91, 92, 102, 107
「方がましだ」 105
報道的な文体 177
方略 237
「ほか(に)ない」 114
補充疑問文 26, 33, 100, 181
補足節 155

本質 220
「本当は」(「本当なら」) 162

【ま】
「まい」 60, 150
「参る」 237
前置き(表現) 206, 238
「まさか」 149, 162
「ます」 2, 231, 233
「ません」 232
又聞き 178
「間違いなく」 147
「〜まで」節 186
「までもない」 128
「まるで」 166

【み】
「見える」 183
「みたいだ」 134, 167
「見たところ」 166
未知(情報) 146, 154, 163, 168, 184
見通し 172, 174
未来の事態 145
「見るからに」 174

【む】
無意志動詞 68
ムード 1
無助詞 55, 56, 87
無標形式 135

【め】
名詞修飾節 140
名詞述語文 146, 182, 196
[名詞]の…[形容詞-さ]! 83
[名詞]の…修飾表現[こと]! 84
命題 1
命令 67, 199, 201

実行命令　67
　　努力命令　68
命令形　67
目上・目下　236

【も】

「も」　54, 63
申し出　43
「申す」　237
「もう少しで」　173
「もしかすると」(「もしかしたら」「もしかして」)　154, 180, 181
モダリティ　1
　　意志のモダリティ　5, 16, 52
　　感嘆のモダリティ　5, 11, 16, 82
　　勧誘のモダリティ　5, 16, 62
　　疑問のモダリティ　4, 15, 21
　　行為要求のモダリティ　5, 16, 66
　　叙述のモダリティ　4, 15, 17
　　情報系のモダリティ　15
　　丁寧さのモダリティ　7, 9, 12, 229, 231
　　説明のモダリティ　6, 8, 162, 187, 189
　　伝達態度のモダリティ　7, 8, 239
　　伝達のモダリティ　7, 9, 11, 229
　　認識のモダリティ　5, 8, 18, 109, 119, 133, 251
　　評価のモダリティ　5, 8, 78, 81, 91, 156, 163, 216
　　表現類型のモダリティ　4, 15
モダリティを十分にもたない文　12
「もの」(「もん」)(終助詞)　225, 239, 270
「もの」(形式名詞)　104, 192, 219
「ものか」　50, 224

「ものだ」　92, 111, 192, 219, 220
「ものではない」　112
「ものと思われる」　224
「ものらしい」　224
「もんだ」　111, 220

【ゆ】

有題文　22

【よ】

「よ」　2, 7, 53, 56, 68, 153, 230, 239, 241
「ようだ」　134, 164, 169, 174, 183, 251
様態副詞　173
「ような」　166
「ように」　69, 166, 185
予感　172
予想　141, 172, 186
予想外　187
予定　145, 148, 154, 161
「よね」　37, 239, 265
「よねえ」　265
予防的な禁止　80

【ら】

「らしい」　135, 152, 153, 166, 167, 174, 251, 266, 268

【り】

理由　204, 212
理由説明　271

【れ】

歴史的事実　177
連用形による節　138

【ろ】

論理的可能性　119
論理的推論　161, 194
論理的必然性　109, 163, 208, 209

【わ】

「わ」239, 252
「わかった」68, 71
「わけがない」162, 217
「わけだ」162, 187, 189, 193, 208, 259
「わけだが」211
「わけではない」213
「わけにはいかない」215

【ん】

「んじゃない」197
「んじゃない(か)」29, 179
「んだ」196
「(ん)だい」26
「んだって？」46
「んだって」176, 251

《現代日本語文法総目次》

●第1巻●

はじめに
―『現代日本語文法』の立場と構成―

第1部　総論
　第1章　文法とは何か
　第2章　文の基本構造
　第3章　文法カテゴリー
　第4章　文の成分

第2部　形態論
　第1章　形態論の概観
　第2章　品詞
　第3章　活用
　第4章　語形成

総索引

●第2巻●

第3部　格と構文
　第1章　格と構文の概観
　第2章　さまざまな格
　第3章　名詞をつなぐ助詞
　第4章　補助動詞構文
　第5章　さまざまな構文
　第6章　あり方の副詞的成分

第4部　ヴォイス
　第1章　ヴォイスの概観
　第2章　受身
　第3章　使役
　第4章　ヴォイスと関連する構文

●第3巻●

第5部　アスペクト
　第1章　アスペクトの概観
　第2章　スル形とシテイル形
　第3章　アスペクトに関わる形式
　第4章　アスペクトに関わる副詞的成分
　第5章　アスペクトから見た動詞の分類

第6部　テンス
　第1章　テンスの概観
　第2章　主文末における非過去形・過去形
　第3章　従属節内での非過去形・過去形
　第4章　テンスに関わる副詞的成分

第7部　肯否
　第1章　肯否の概観
　第2章　否定の形式
　第3章　否定の機能
　第4章　否定の周辺

●第4巻●

第8部　モダリティ
　第1章　モダリティの概観
　第2章　表現類型のモダリティ
　第3章　評価のモダリティ
　第4章　認識のモダリティ
　第5章　説明のモダリティ
　第6章　伝達のモダリティ

●第 5 巻●

第 9 部　とりたて
　　第 1 章　とりたての概観
　　第 2 章　累加を表すとりたて助詞
　　第 3 章　対比を表すとりたて助詞
　　第 4 章　限定を表すとりたて助詞
　　第 5 章　極限を表すとりたて助詞
　　第 6 章　評価を表すとりたて助詞
　　第 7 章　ぼかしを表すとりたて助詞
　　第 8 章　疑問語・数量語につく
　　　　　　とりたて助詞

第 10 部　主題
　　第 1 章　主題の概観
　　第 2 章　主題を表す「は」
　　第 3 章　「は」と「が」の使い分け
　　第 4 章　「は」以外の主題の表現

●第 6 巻●

第 11 部　複文
　　第 1 章　複文の概観
　　第 2 章　補足節
　　第 3 章　名詞修飾節
　　第 4 章　条件節
　　第 5 章　時間節
　　第 6 章　目的節
　　第 7 章　様態節
　　第 8 章　等位節・並列節

●第 7 巻●

第 12 部　談話
　　第 1 章　談話の概観
　　第 2 章　指示
　　第 3 章　接続表現
　　第 4 章　応答表現と間投表現
　　第 5 章　語順
　　第 6 章　談話における文法カテゴリー
　　第 7 章　文体とジャンル

第 13 部　待遇表現
　　第 1 章　待遇表現の概観
　　第 2 章　敬語
　　第 3 章　丁寧体と普通体
　　第 4 章　待遇的意味をもつそのほかの
　　　　　　表現
　　第 5 章　待遇表現の運用

《日本語記述文法研究会メンバー一覧》

仁田義雄（代表）

○安達太郎, 阿部忍, ○雨宮雄一, 庵功雄, 石黒圭, 岩崎卓, 岡部寛,
川越菜穂子, 黄淑燕, 小林英樹, 佐野由紀子, 塩入すみ, 渋谷勝己,
清水佳子, 白川博之, ○高梨信乃, 高橋美奈子, 張麟声, 中西久実子,
中畠孝幸, ○野田春美, 野田尚史, 浜田麻里, 林雅子, 日高水穂,
前田直子, ○宮崎和人, 森山卓郎, 八亀裕美, 山田敏弘, 渡部学

○…本巻の執筆担当者

現代日本語文法 4 ●	編者 日本語記述文法研究会
第 8 部 モダリティ	代表 仁田義雄
2003 年 11 月 15 日第 1 刷発行	発行人　岡野秀夫
2023 年 8 月 1 日第 6 刷発行	発行所　くろしお出版
	〒 102-0084
	東京都千代田区二番町 4-3
	TEL. 03-6261-2867　FAX. 03-6261-2879
	http://www.9640.jp
	装丁　庄子結香
	組版　mariposa
	印刷　モリモト印刷

© Nihongo Kizyutu Bunpô Kenkyûkai, 2003

●落丁・乱丁はおとりかえいたします。無断複製を禁じます●

ISBN978-4-87424-285-8